生徒に恵まれる
スクール&教室
開業・経営
BIBLE《バイブル》

佐藤 仁 Hitoshi Sato

技術評論社

はじめに

私はスクールを経営されている方々から、
「とにかく生徒を集める方法だけを教えてほしい」
「生徒の退会を少なくする方法だけが知りたい」
という相談をよく受けます。

確かにスクールを開業して、安定、成功に導くには「生徒募集」や「退会防止」は必要不可欠な事項です。

しかし生徒募集だけがうまくいったとしても、本当にスクール経営が安定するのでしょうか？　退会防止だけがうまくいったとしても、本当にスクール経営が成功するのでしょうか？

どのビジネスでもそうですが、バランスが必要です。それはスクールビジネスも例外ではありません。またノウハウを上辺だけ真似して、その場だけうまくいったとしても、根底にある基本的な考え方や原理原則を理解しなければ、「成功」へはつながりません。

中国の格言に「授人以魚　不如授人以漁」というものがあります。

和訳すると、「人に授《さず》けるに魚を以《も》ってするは、漁を以《も》ってするに如《し》かず」

この言葉を、現代の意味に訳すとこのようになります。

「ある人に魚を一匹与えれば、その人は一日食える。しかし、魚の取り方を教えれば、その人は一生を通して食える」

つまり、お腹を空かした人に魚を与えることは、その人の空腹を満たしてあげるための手っ取り早い方法になりますが、それでは、その人は空腹になるたびに誰かから魚をもらい続けなければいけなくなります。

したがって、少々面倒でも、釣り針を与えて魚の釣り方を教えれば、空腹になっても自らの力で魚を捕まえて食べられるようになるということです。

目先のことを満たすことが、「本当に相手のためになる」とは限りません。「本当に相手のためになることとは何か？」を、しっかりと考えて対処することが大

はじめに

切だと教えてくれる格言です。

「とにかく生徒を集める方法だけを教えてほしい」という経営者のスクールは、生徒募集が前年比でプラスに推移しても、生徒の退会が多く、純増になっていないという場合もあります。

一方、「生徒の退会を少なくする方法だけが知りたい」という経営者のスクールでは講師の管理ができておらず、講師が短期間で代わり、安定しないという場合もあります。

中国の格言で「魚」に当たる「生徒募集方法」や「退会防止策」を伝えるだけでは、本当に繁栄するスクールにはなれません。

「釣り方」である「スクール経営」を伝えることにより、初めて繁栄するスクールになると考えます。

私はこの格言を念頭に、コンサルタントとして様々なスクールの経営に携わっています。

本書でもこの格言を念頭に、スクール経営に必要な基本的な考え方や原理原則について紹介していきます。

構成は次の通りです。

まず第1章では、スクールビジネスのビジネスモデルや、市場状況について解説します。

第2章では、独立してスクールビジネスを始められる方に心構えも含め、必要な準備について具体的に解説します。

第3章では、私が開業資金ゼロから2年間で6500名の生徒を集めたスクールの独自戦略を紹介します。どのように戦略を立てていけばいいのかについても解説しています。

第4章から第6章にかけて、スクールビジネスを成功させるための、ファーストステップ、セカンドステップ、サードステップとして、各章で具体的な方法を解説します。

ファーストステップでは選ばれるスクールになるために重要な4つの要素や、消費者がどのようにして通うであろうスクールを決めているのかというプロセスを紹介します。セカンドステップでは生徒数アップにつながる体験レッスンの施策を解説します。サードステップではブランド戦略から多店舗展開について解説します。

第7章では、スクールビジネスを失敗させないためにクレームとその対応策について触れています。また、事業継承に関しても解説します。

加えて、第8章では、数字から分析するスクール経営の採算性についても触れています。

第9章では、具体的な質問事項に対しての、トラブルシューティングを解説します。

最後の巻末付録では、本書の要点をチェックシートにまとめているので、確認してください。


本書がこれからスクールビジネスを始められる方や、すでにスクールビジネスを行われている個人経営者、中小スクール経営者、営業担当、教務担当など、皆さまのスクール経営にお役に立てることができれば幸いです。

2015年9月

佐藤 仁

C O N T E N T S

生徒に恵まれるスクール&教室 開業・経営バイブル

CONTENTS

第3章 スクールビジネスを成功させる戦略

CONTENTS

第5章 スクールビジネスを成功させるセカンドステップ

CONTENTS

第7章 スクールビジネスを失敗させないために

CONTENTS

第9章 スクール運営のトラブルシューティング

第1章

なぜ今、スクールビジネスなのか？

1-1

最強のビジネスモデルとは？

成功へ導くビジネスモデルを構築するためには？

日本市場の成熟化に伴い、様々な商品（サービス）は消費者が選択し、購入しやすい時代になったといえます。新商品もまた、新しい市場で売れ始め、年々高い成長率を上げています。しかしながら、多くの消費者が買い保有すると、販売成長率は次第に落ちていきます。

つまり、普及率が高く、販売市場の拡大が望めない、成長率が停滞状態の中では、ビジネスを行うに当たって、「簡単にものが売れない市場」だということを覚悟しなければなりません。したがって、「景気が上向けば、昔のように売れる」といった考え方は忘れましょう。

成熟市場において、ビジネスを展開していく上で、「リピーターの重視」は非常に大切なことです。

成熟市場では、新規のお客様を探すことは非常に難しいので、既存のお客様を満足させて、固定のお客様を獲得します。そして、最終的には、お客様をファンにすることが、安定したビジネスの条件になります。

昨今、多くの企業は、顧客のリピート化に様々な知恵を絞っています。たとえば、顧客リストをセグメント化してサービスの継続を促し、ポイント付与やマイレージを活用して顧客の囲い込みを行っています。

中でも、デルやアマゾン・ドット・コムは顧客1人ひとりの趣向やニーズに対応し、商品やサービスを紹介して提供を働きかける「ワン・ツー・ワン・マーケティング（One to One Merketing）」を行い、顧客のリピート化に力を入れている企業です。

顧客のリピート化に関しては、20世紀初頭に剃刀メーカーのジレットが作り出したビジネスモデルが、未だに優れた手法の1つではないかと私は考えています。

ジレットが作り出したモデルとは、髭剃り用剃刀の柄だけを安価で提供し、その後、消耗品である替え刃で利益を得るというビジネスモデルです。

このビジネスモデルは「ジレット・モデル」と呼ばれ、現在でも使われています。

ジレット・モデルを展開している、日本の代表的な企業はキャノンです。

キャノンは、コピー機やプリンター本体を販売し、その後、インクカートリッジで利益が出るような仕組みを作り上げました。つまり、ジレットの替え刃同様に、キャノンの製品を購入すれば、キャノンのリピーターにならざるを得ないわけです。

ジレット・モデルが成り立つためには、次の3つの条件があります。

- **継続的な利用があること**
- **付属品から一定の収益が上げられること**
- **本体と付属品の互換性が閉鎖的であること**

以前、キャノンが他社製品の互換インクカートリッジに対して法的措置を取ったのは、これらの条件からもわかるように、ビジネスモデルの存立が危ぶまれると判断したからでしょう。

また最近、ジレット・モデルで成功している企業に、食品メーカーのネスレ日本があります。

ネスレ日本が日本向けに開発したインスタントコーヒー専用のコーヒーマシン「ネスカフェゴールドブレンドバリスタ」は、専用のネスカフェゴールドブレンドの「エコ&システムパック」をセットし、タンクに水を入れて、5種類のメニューの中からボタンを押すだけで、エスプレッソ、カフェラテ、カプチーノなど本格的なコーヒーが飲める商品です。

つまり、バリスタというマシンが、髭そりやプリンター本体に相当し、コーヒーのカートリッジが替え刃やインクカートリッジに当たります。

これらの事例から、現在でも、ジレット・モデルは優れたビジネスモデルであると私は感じています。

片や、近年では「会員制ビジネス」も、外すことができないすばらしいビジネスモデルだと私は考えています。

成功しやすいビジネスモデルを構築するためには、

次の４つの条件があります。

- 小資本で始められる
- 在庫がない（あるいは少ない）
- 利益率が高い
- 毎月の定期収入が確保できる

つまり、これらの条件を満たしているビジネスモデルが「会員制ビジネス」ということです。

たとえば、携帯電話のコンテンツ提供は会員制ビジネスモデルです。仮に、コンテンツ使用料が月額３００円だとすると、年間３６００円になります。会員の中には登録していることを忘れている顧客もいるため、リピーター率は自ずと高くなります。

また、フィットネスクラブも同様に、会費を支払っているだけで現われない人も一定数いるので、経営という側面から見れば、収益が見込めるというメリットがあります。

その他にも、年会費が数十万円以上のブラックカードやリゾート会員権、ゴルフ会員権など、顧客にステータスを感じさせて、必ずしも安さだけではない会員制ビジネスもあります。

次の４つは、会員制ビジネスのメリットです。

１．定期的かつ安定的な収入により経営の見通しが立てやすい

会費を月極めで取る場合、「会費×会員数」が毎月の収入になります。

多くのビジネスは売り上げに季節変動というものがあるのに対し、会員制ビジネスは安定的な収入を得ることができるので、売り上げの予測が立てやすいです。また、「顧客が利用する、しない」にかかわらず、毎月収入を得ることができます。

２．リピート率の高さ

顧客は「会費を毎月支払うのであれば、使わなければもったいない」という思考が働きます。

また、顧客が会員解除登録する場合、必要書類の記入や、解除を登録している会社からの引き留めなど、面倒なことが多いので、結局解除登録を行わず、同業他社へは流れにくいです。結果、リピート率を高めることにもなります。

3. 顧客情報を得られる

会員登録時に顧客の個人情報を得られるので、顧客のニーズを把握し「会員の退会防止」や、客単価や購入・来店頻度から「会員のリピート率」を高めることもできます。

また、顧客情報の質と量が高まると、新たなビジネスモデルに利用することも可能です。

顧客情報をもとに、小売業や顧客に今後販売を予定している商品の市場調査を行い、マーケティング情報を得ることもできます。

ただし、個人情報保護法には注意が必要です。

4. キャッシュフローが安定する

会員制の倉庫型小売業、コストコの例でいうと、顧客の会費を利用して、商品を大量に購入することで、顧客に安く商品を提供できます。

このようないいキャッシュフローを生み出すことも、このビジネスモデルのメリットです。

上述の「1」から「4」が会員制ビジネスのメリットになります。

そして、このビジネスモデルの代表的なのが、**「スクールビジネス」**です。

成功しやすいビジネスモデルを構築するための、4つの条件にも、スクールビジネスは当てはまります。

- **スクールビジネスは初期投資額が少なく、小資本で始められる**
- **商品がレッスンや授業になるので在庫がない（あるいは少ない）**
- **経費のバランスをしっかりと考えれば高い利益率になる**
- **月謝制にすることにより毎月の定期収入が確保できる**

さらに、スクールビジネスは会員制ビジネスの4つのメリットもしっかりと受けることができ、卓越したビジネスモデルの1つではないかと私は考えます。

1-2

スクール・ビジネス市場

スクール業界は大きなマーケット

子どもや大人も含めて、様々な知識や技能を得られる、学習塾、カルチャーセンター、習い事教室など、「民間教育事業」は現在の社会には欠かせない存在となっています。

平成24年度の民間教育事業の利用者の規模は、文部科学省と経済産業省の推計によると、カルチャーセンターや外国語会話スクールなどの受講者は1050万人、学習塾などの受講者は小学生175万人、中学生190万人、そろばんなどの習い事教室の利用者は小学生490万人、中学生110万人とされています。

矢野経済研究所の「お稽古・習い事市場に関する調査結果2015」（図1－1参照）によると、2014年度のお稽古・習い事市場規模は、受講料ベースで1兆9858億円です。分野別に見ると、スポーツ教室が6440億円（構成比32・4％）、日本文化教室（華道、茶道、書道、日本舞踊、囲碁、将棋、短歌、俳句、着付け）は3292億円（同16・6％）、英語教室（スクール・市民講座）は3070億円（同15・5％）、アート教室（絵画・彫刻、写真、陶芸、手芸、フラワーアレンジメント、ガーデニング）は2584億円（同13・0％）、ダンス教室（バレエ、社交ダンス、ジャズダンス・ヒップホップ他）は2245億円（同11・3％）が上位を占めています。

また、矢野経済研究所の「教育産業市場に関する調査結果2014」（図1－2から図1－8参照）によると、2013年度の学習塾・予備校の市場規模は9360億円です。加えて、資格取得学校市場が2030億円、英会話・語学学校市場は3029億円、資格検定試験市場は404億円、通信教育市場は2728億円、企業向け研修サービス市場は4790

図 1-1　2014年度のお稽古・習い事市場規模と分野別構成比

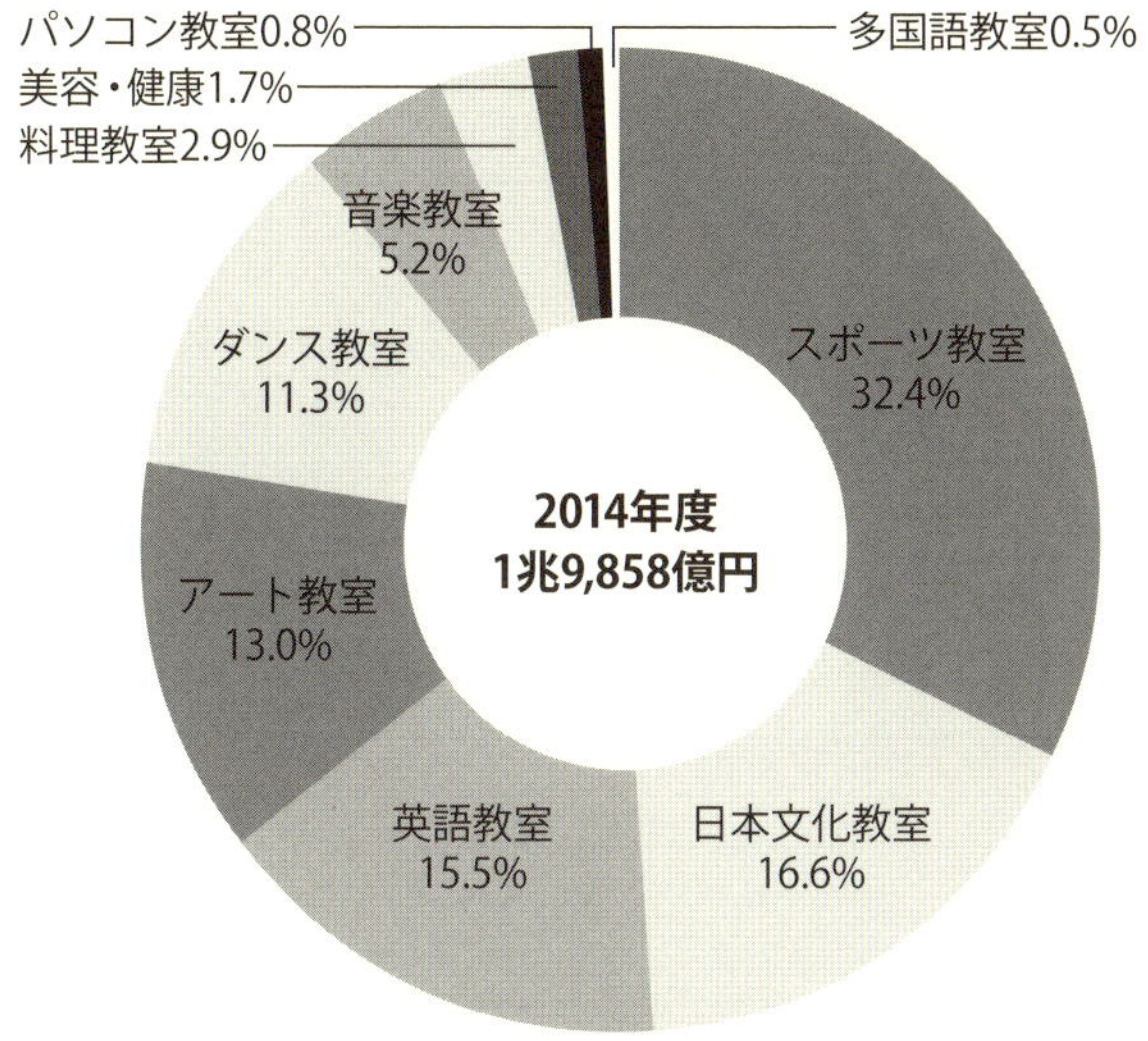

注1: レッスン受講者から支払われる受講料(月謝・年会費など)ベース
注2: 先生(師匠・講師・コーチなど)が一般消費者(大人・子供・幼児いずれも含む)に教えるお稽古・習い事をさし、資格取得やプロフェッショナル養成を目的とする専門学校は含まない。
出典:(株)矢野経済研究所「お稽古・習い事市場に関する調査結果2015」(2015年7月17日発表)

図 1-2　学習塾・予備校市場規模推移

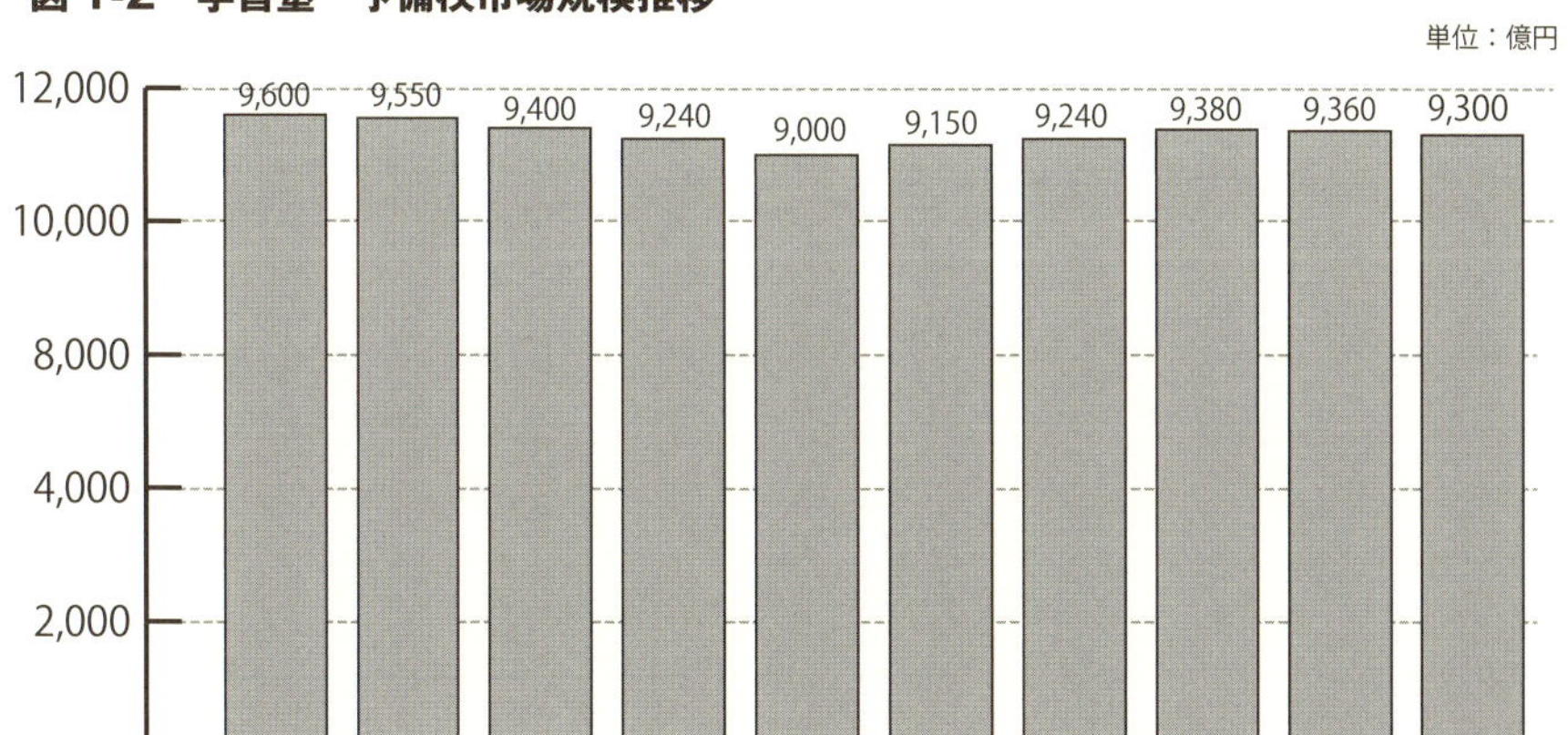

注1: 事業者売上高ベース　注2: (予)は予測値
出典:(株)矢野経済研究所「教育産業市場に関する調査結果2014」(2014年10月9日発表)

図 1-3　資格取得学校市場規模推移

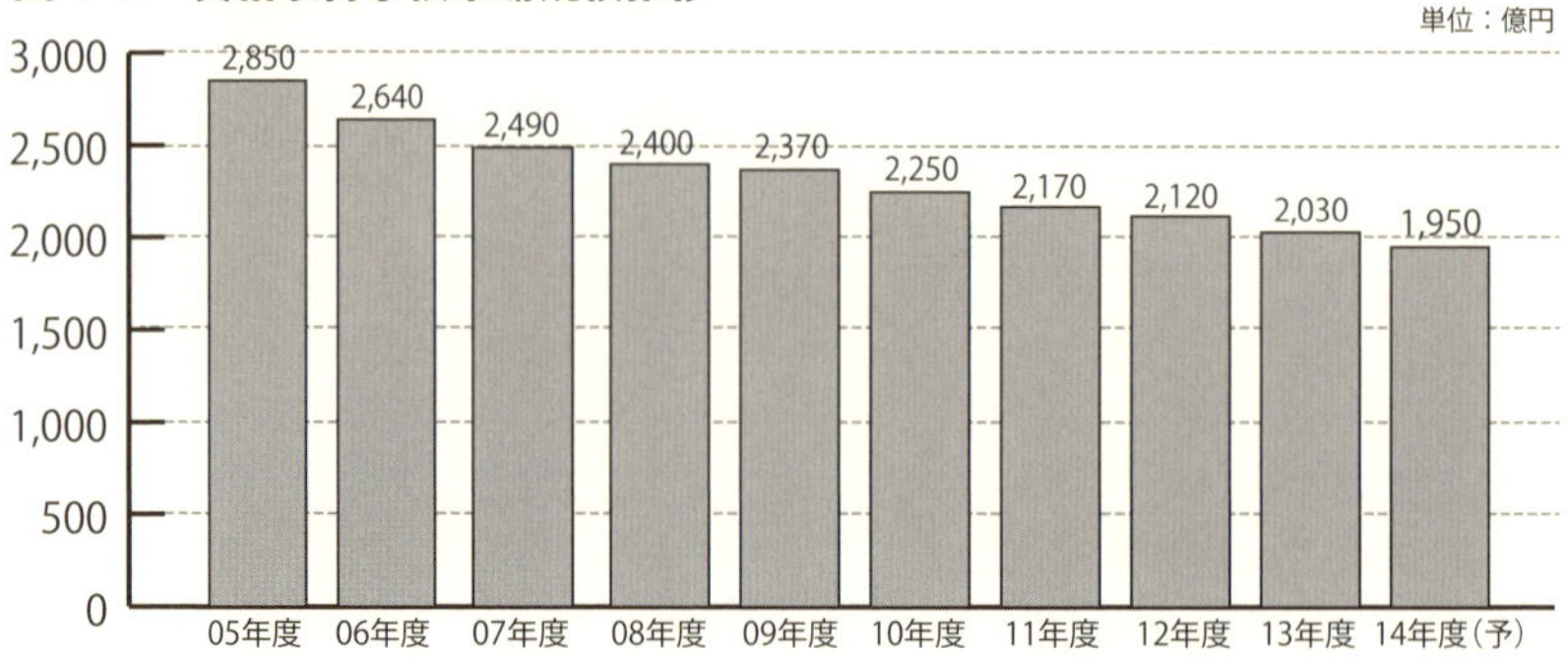

図 1-4　英会話・語学学校市場規模推移

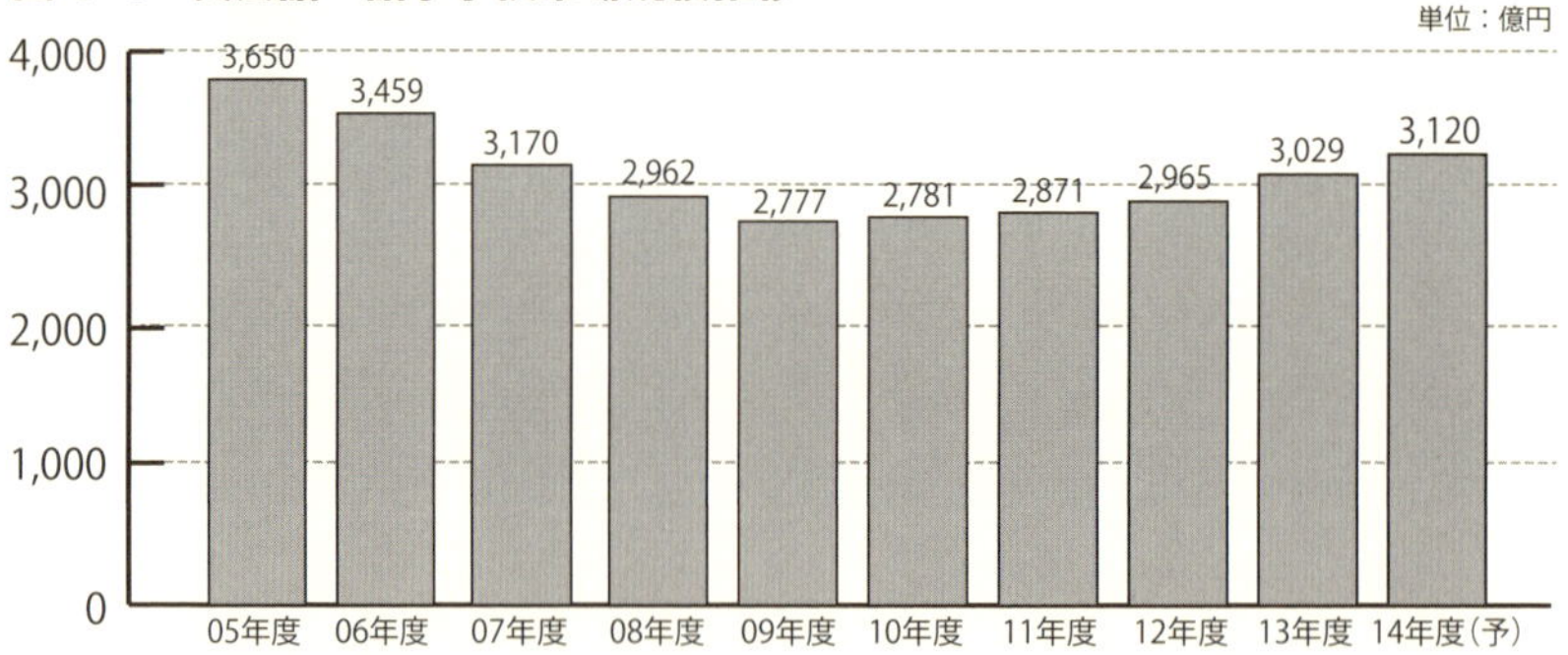

図 1-5　資格検定試験市場規模推移

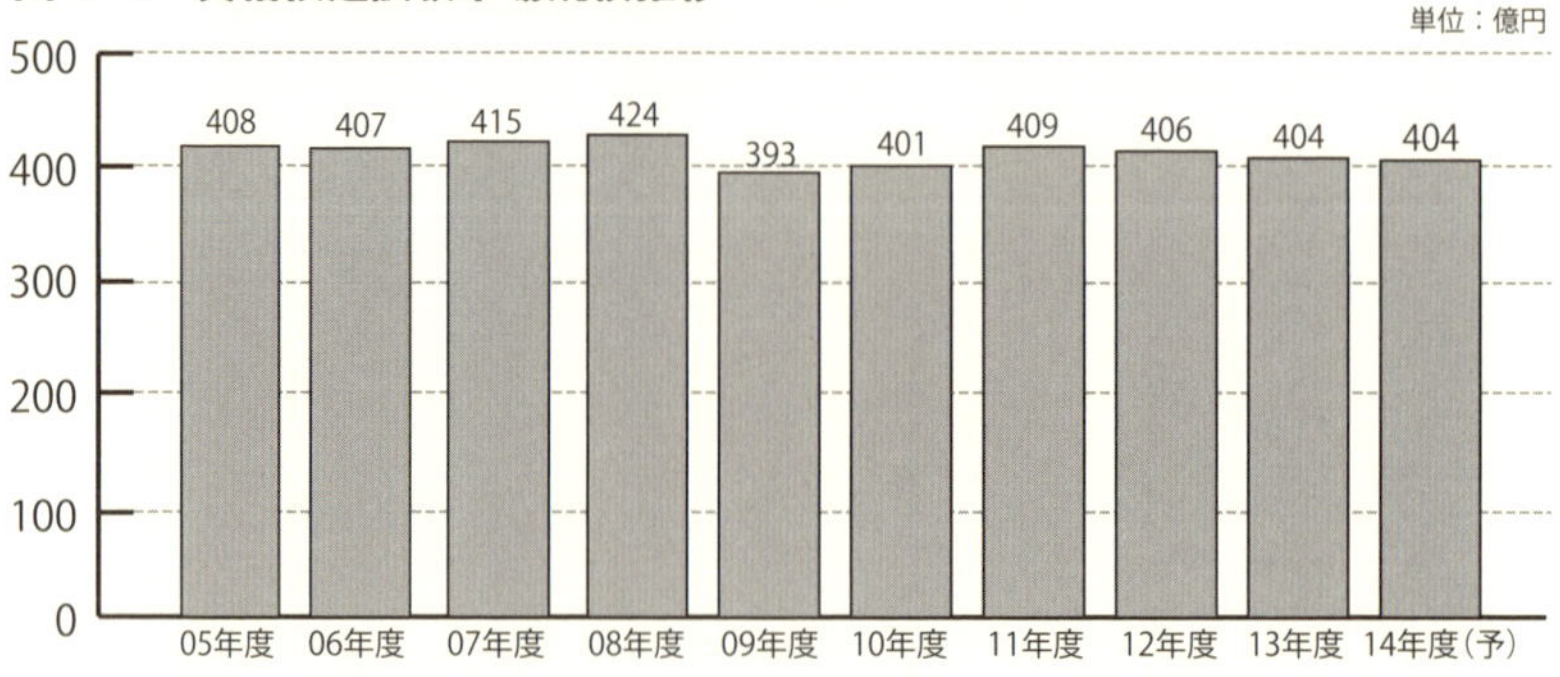

注1：図1-3から図1-5まですべて事業者売上高ベース　注2：(予)は予測値
出典：(株)矢野経済研究所「教育産業市場に関する調査結果2014」(2014年10月9日発表)

図 1-6　通信教育市場規模推移

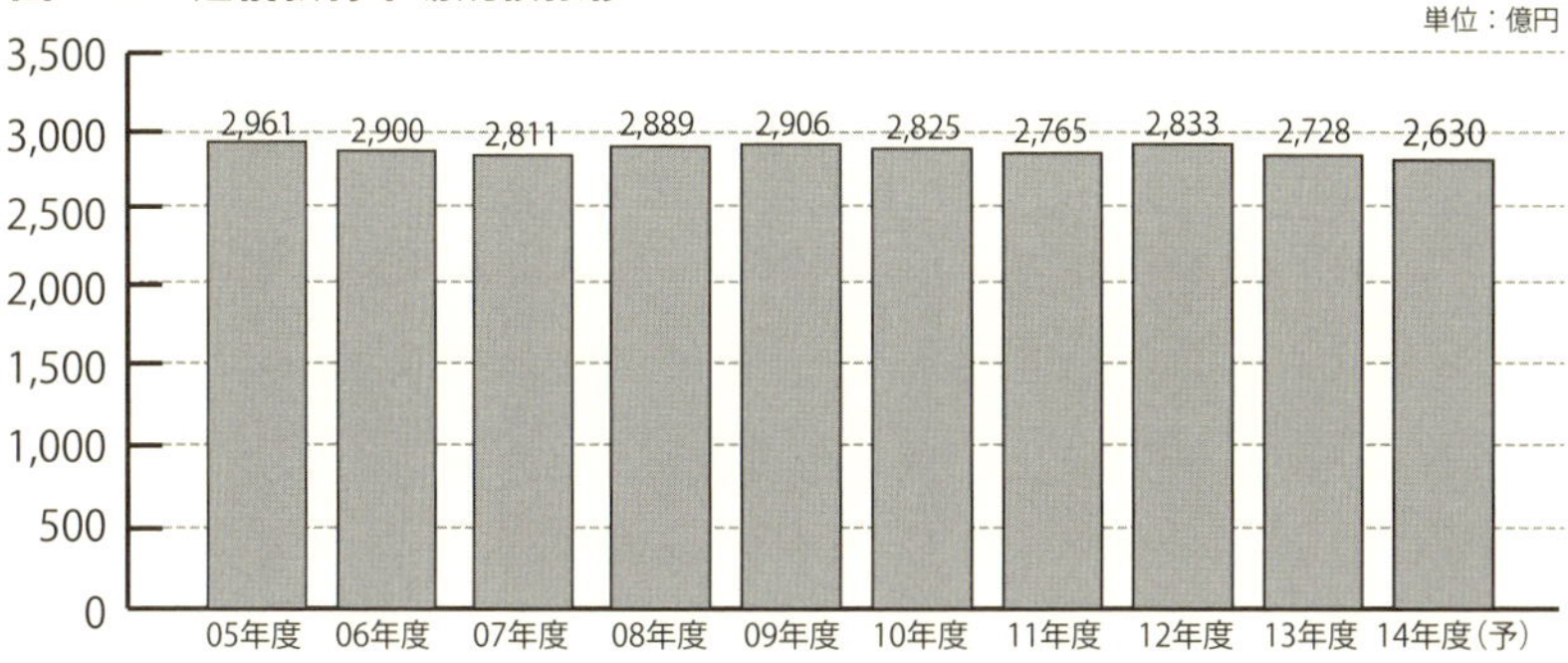

図 1-7　企業向け研修サービス市場規模推移

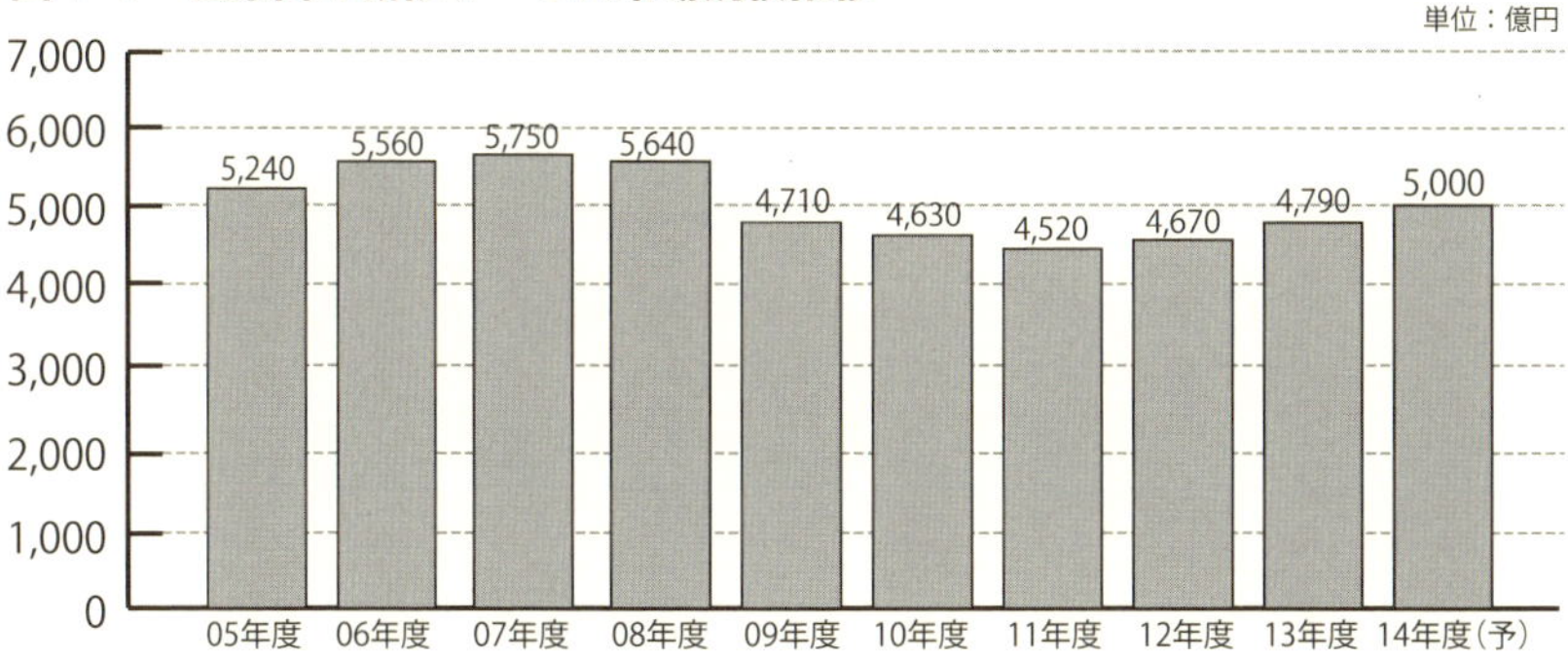

図 1-8　eラーニング市場規模推移

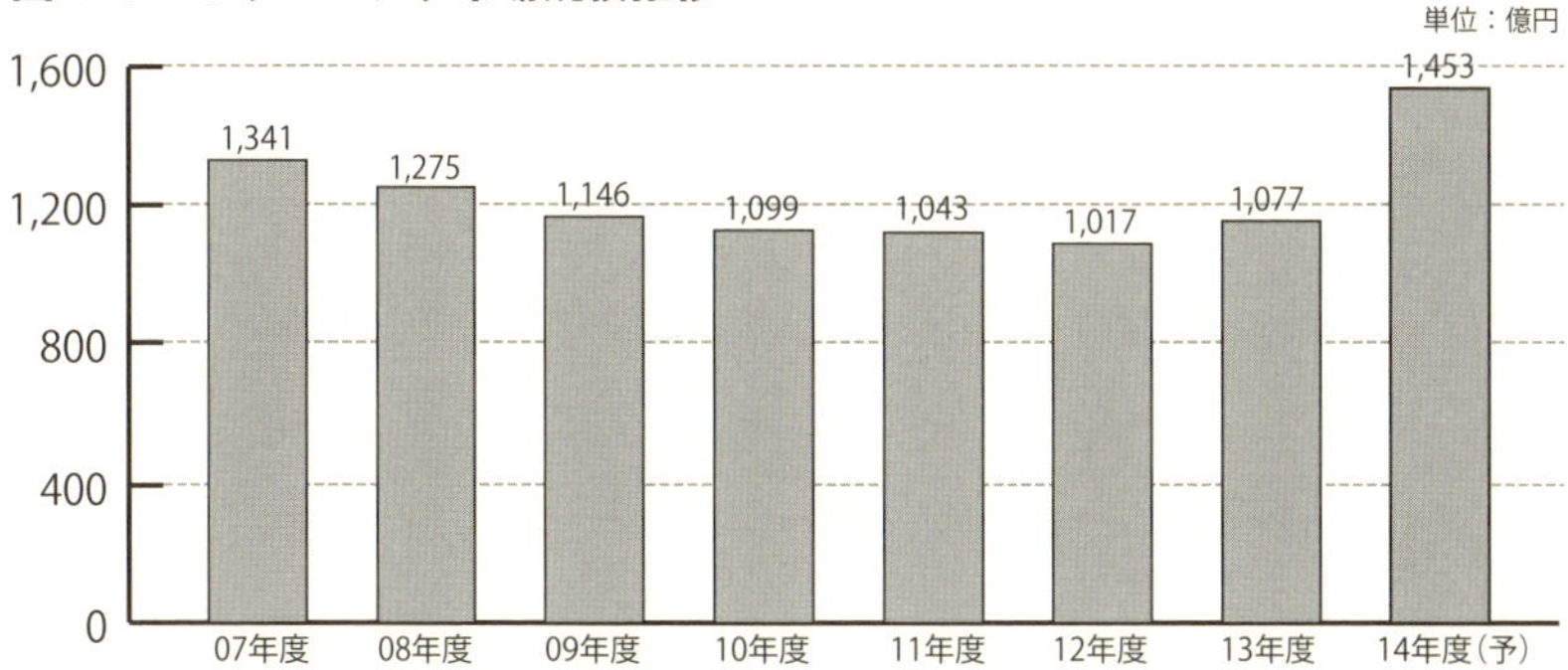

注1：図1-6から図1-8まですべて事業者売上高ベース　注2：（予）は予測値　注3：e ラーニング市場にはインターネット/イントラネット/衛星通信等のネットワークを利用した学習システム・サービスの他、携帯ゲーム機、携帯電話（スマートフォン含む）、携帯型デジタル音楽プレイヤー、PC 向け学習用ソフトウェア（ゲームも含む）などを含む。

出典：（株）矢野経済研究所「教育産業市場に関する調査結果2014」（2014年10月9日発表）

億円、eラーニング市場は1077億円となっています。

図1-2から図1-8をご覧になればわかるように、分野によっては多少縮小傾向があるものの、未だ、教育や習い事の市場規模は、3兆円弱という大きなマーケットです。

また、事業者の形態は、株式会社、学校法人、個人事業者など、経営規模も多様で、参入障壁が低いです。

とはいえ少子化によって、今後の日本では子どもの数がどんどん減少し、教育業界は今後先細りになっていくことが予想されています。

確かに少子化の影響は否めませんが、最近の教育業界全体を1990年代後半と比較すると、市場規模は2・5倍に拡大しています。

現在、日本の主要産業が軒並み苦戦を強いられている中で、教育業界は横ばいと安定的な状況にあります。

なぜならば、教育業界が不況に左右されないという特性を持っているからです。

不況で収入が減ると、家計は嗜好品や娯楽費、外食費などを減らす一方で、子どもに対する教育費を減らすことはあまり行いません。

また、大人もキャリアアップのために、資格取得やスキルアップのスクールに通うなど、自分に投資を行う人もいます。

したがって、教育業界は非常に不況に強く、成熟市場の中でも成長が見込まれる業界といえます。

高齢化社会を迎え、スポーツ関連分野の習い事に関しても、シニア層の健康への意識が高まり、フィットネスクラブでは、シニア層会員を獲得しています。

これらの要因から、当面は教育や習い事の市場は安定基調で推移されるものと予測されています。

また、子どもの運動能力の低下が指摘される中、昨今、スイミングスクールをはじめとする子ども向けのスポーツ教室が堅調な集客を継続しています。

さらに2020年の東京オリンピック・パラリンピック開催に伴い、よりスポーツに注目する環境が想定され、スポーツ教室（スクール）の選手育成コースの拡充が図られていることもプラス要因に考えられます。

次の下段のランキングは、ビジネスゲート株式会社が、2010年に「独立・新規事業・フランチャイズの人気業種ランキング」を発表したものです。

学習塾・スクールは4位にランクインしています。

このランキングから推察できるように、多くの業種がある中、学習塾・スクールが独立開業に選ばれるのは、市場に魅力があるからでしょう。

このようなビジネスモデルと市場を考えると、スクールビジネスが非常に魅力的なビジネスであることは間違いありません。

だからと言って、何も考えずに始めることはできません。

どのビジネスにも同じことはいえますが、「このビジネスモデルがいいと聞いたから」「市場が成長市場だから」といった考えだけではうまくいきません。

どうしてうまくいかないのかについては、次章で詳しく説明していきます。


独立・新規事業・フランチャイズ人気業種ランキング（1～10位）

1位	結婚相談・サポートビジネス
2位	リペア
3位	インターネットショップ
4位	学習塾・スクール
5位	宅配ビジネス
6位	リサイクル・質屋
7位	コインランドリー
8位	弁当屋
9位	居酒屋
10位	リフォーム・清掃

第2章

スクールビジネスを始めるために、必要なステップ

2-1 独立前に忘れてはいけない3つの心構え

あなたの決意は本物ですか？

日本政策金融公庫総合研究所の「２０１３年度新規開業実態調査」（図２−１参照）によると、新規事業の開業動機で最も多かったのは、「自由に仕事がしたかった」（５３・９％）で、「仕事の経験・知識や資格を生かしたかった」（４９・５％）、「収入を増やしたかった」（４７・３％）と続いています。

果たして、開業者はこれらのデータ通りに、思い描いた事業を軌道に乗せられているのでしょうか？

スクールビジネスは、他業種に比べて、比較的低い初期投資費用で開業できることから、脱サラや早期退職者を含め、独立希望者に人気のビジネスです。

とはいえ、現実はスクール同士の競争が激しくなりつつあります。

ほとんどの方がスクールを開業しても、オープン当

図 2-1　開業動機（三つまでの複数回答）

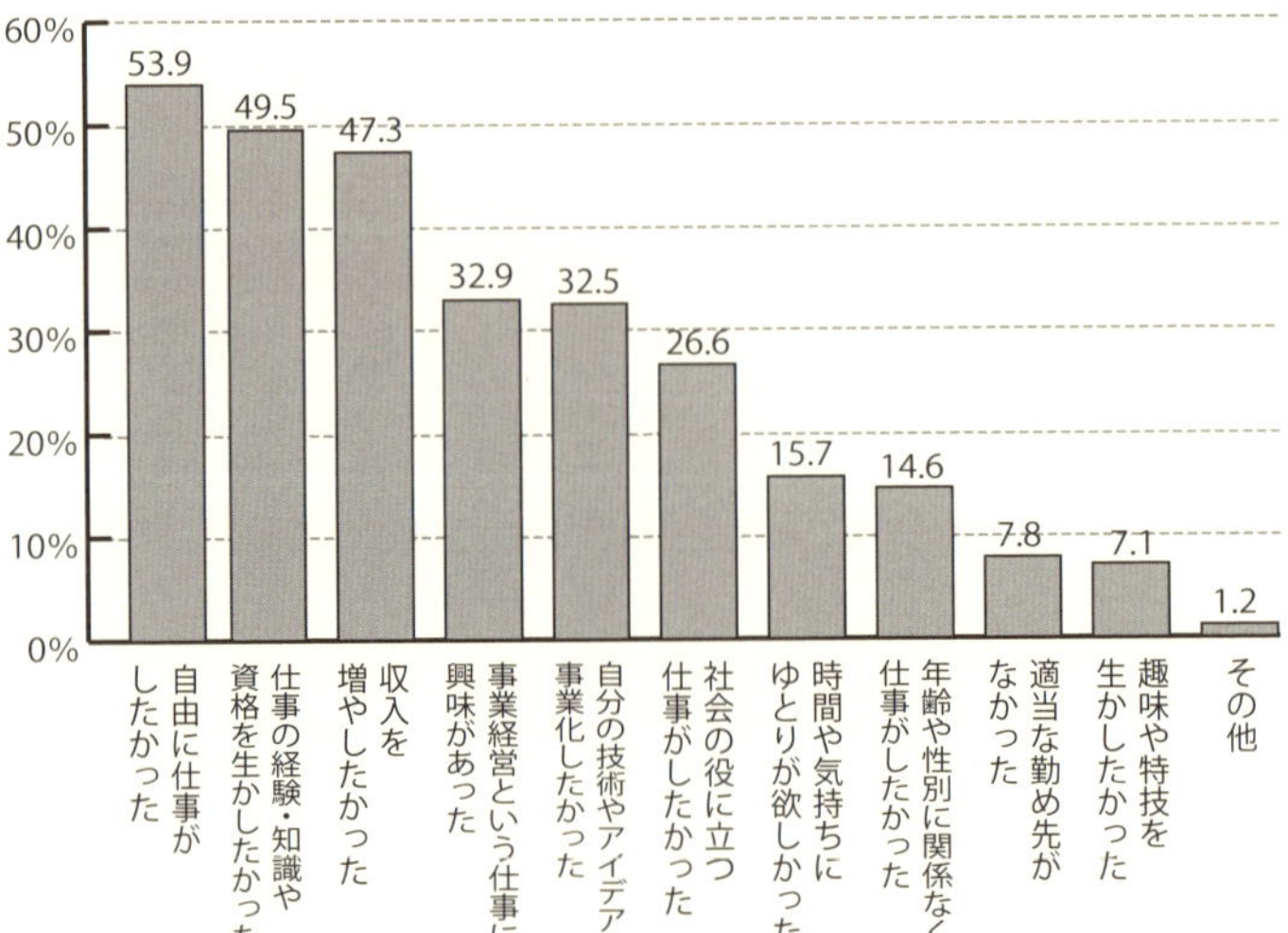

出典：日本政策金融公庫総合研究所「2013年度新規開業実態調査」

初は生徒がいない状況からスタートしているので、すぐに利益が見込めるわけではありません。

したがって、先行して運営している地域の同業スクールと競争し、生徒を集めなければなりません。

どのビジネスにも同じことはいえますが、**簡単に利益は上がらないことを覚悟する**必要があります。

ビジネスを行う上では、将来、困難な問題にぶち当たったとしても、不退転の決意を持って、ぶつかっていく心構えが必要不可欠です。

加えて、初期投資費用が少ないスクールは、他業種に比べて経営を断念した場合、比較的損失は少なく済みますが、それはあくまでもスクール側の話しで、何よりも生徒であるお客様には大きな損害を与えてしまいます。

またスクールビジネスの経営者の中には、生徒のことを第一に考え、たとえ数名でも通ってくる生徒のためにと、身銭を切って赤字でスクールを続けているところもあります。一方、投資額が多い場合、そのままスクールを閉鎖してしまうと、借金が残ることもあるため、やめるにやめられないスクールもあります。

厳しい言い方をすれば、**スクールの開業は気軽に始められる一方、商売という認識まで気軽になってしまうと、後悔することにもなりかねません。**

中小企業庁の「２０１４年版中小企業白書」によると、日本の企業数は３８６・４万社です。国税庁発表の「平成25事務年度 法人税等の申告（課税）事績の概要」によると、これらの企業の赤字申告の割合は70％を超えています。こういった状況の中、自分のスクールを黒字にしようと思うのであれば、経営をしっかりと知ることが必要になります。

スクールビジネスの向き不向きを知る心構え

開業を決意するに当たって、「自分が本当にスクール業に向いているかどうか」を確認することは、非常に大切なことです。

まず、あなたが選んだビジネスのコンテンツを、あなた自身が好きだと言えることは大前提です。

たとえば、子ども英会話スクールを開業するのであれば、「子ども」や「英語」が好きである必要があります。

よく「好きだけでは商売はできない」と言います

が、確かにそれは真実です。とはいえ、「好きでなければ続けてはいけない」ということも真実です。

スクール経営は、思っている以上にやることが多く、非常に手間のかかるビジネスです。「好き」という気持ちがあれば、商売を成功に導くために必要な知識やノウハウの習得も、熱意を持って取り組めるはずです。

また、ビジネスの目的や動機が明確で強いほど、経営が困難に陥ったとしても、それを乗り越えるだけの強い意志が生まれます。

一方、実際に商売を進めていく上で、スクール業界の動向を情報収集し、研究していくことはもちろん大切なことですが、自分の目や耳を使って、周辺の競合スクールの状況をチェックすることも重要なことです。

これらが、苦だと思う方は、スクールビジネスには向きません。

運営技術かレッスン技術のどちらかは身に付ける心構え

独立開業を考えている方は、スクール経営に不可欠な技術を身に付ける必要があります。この技術はスクール運営とレッスンに分けることができます。

もちろん、スクールの開校前までに、これらすべての技術を身に付けるのは理想ですが、最低でもどちらか1つは身に付けておきたいものです。

しかし、レッスンの質やカリキュラムの完成度に対しては、経営者であるあなたが最終的な判断を下さなければなりません。また、講師を雇用した場合、適切な指示が行える、最低限の知識と技術が求められることを十分に理解しておく必要があります。

すでにスクールに勤務しており、独立を考えている方はこれまでの業務を通して、スクール経営に必要な技術を習得されている方も多いと思います。

一方、経験不足を感じられている方は、どこか同業種のスクールに研修期間と考えて業務を学ぶことも必要です。

周りを説得する心構え

あなたの決意がどれだけ強いものでも、家族（夫や妻）、あるいは両親から反対される場合もあります。

独立開業する場合、スクールビジネスに限らず、家族の精神的、金銭的な協力ほど心強いものはありません。したがって、**家族の理解を得ることは、独立開業する上で、まず乗り越えなければならない、大きな壁**です。

もし、家族に反対された場合、真っ先に家族から「何が不安なのか」を具体的に聞き出し、その上で自分の考えや決意の固さを、時間をかけてじっくりと説明し、理解してもらうことです。

成功が保証されているビジネスはありません。

たとえば、妻が「子どもが好き」「英語が好き」「留学経験を活かして英語にかかわる仕事をしたい」と考え、自宅で子ども英会話スクールを開校したとします。その際、自分の子どもが学校で怪我や病気になったら、どうしますか？

妻が子どもを幼稚園や学校に迎えに行くことができればいいのですが、英会話スクールのレッスンがある場合、夫や両親に協力してもらわなければなりません。

また、家族の事情が短期間であれば、レッスンを休講にして他の日に振り替えることもできますが、もし長期間の場合はどうしますか？

一方、夫が脱サラをして、学習塾を開校したとします。夫は講師として教室に立ちながら、事務的な作業もこなしていきます。

その際、もし妻が協力してくれたら、もっと多くの生徒を受け持ち、授業することができないでしょうか？

このように、個人で独立する場合、家族の協力がなければ、スクールビジネスの成功はかなり難しいものになります。

2-2

開校するスクールをイメージする

あなたの想いを言葉にする、スクールのコンセプト

スクールのコンセプトを決定することは、とても重要です。

コンセプトがないと経営戦略は立てられません。戦略がないと戦術も作れません。

戦略と戦術は、経営を動かしていく上で非常に大切です。

極端な言い方かもしれませんが、コンセプトがないと事業展開はできません。

たとえば、コンセプトがない場合、次のようなことが起こり得ます。

- 近隣に新規開校したスクールの安価な月謝に惑わされてしまい、月謝の値下げを検討し始める
- 近隣にスクールが開校して、生徒を取られてしまう
- 生徒への対応方法がわからずに、生徒の退会が増えてしまう
- 何も伝えることができないありきたりのチラシを作ってしまい、問い合わせがこない

このように、スクールの柱であるコンセプトが明確でないと、周りに影響されるばかりか、お客様にもいい影響を与えません。したがって、スクールを開校する前にはしっかりとしたコンセプトを必ず決めておきましょう。

それでは、具体的なコンセプトはどのようにして考えればいいのでしょうか？

スクールの魅力を凝縮した一言を何とか表そうと、キーワードを無理矢理決める必要はありません。

まずは、スクールの魅力を表すキーワードをリストアップしていきます。キーワードはいくら多くても構いません。些細なキーワードでもいいので、とにかく

挙げていきます。

次にキーワードを厳選し、いくつかのキーワードを統合します。まとめられるものや重要度の低いものは削っていきます。

絶対に外せないキーワードが残ったところで、全体を通してコンセプトキーワードを考えます。ポイントは、聞いた瞬間に**「相手の心に浸透すること」「ベネフィットが伝わること」「イメージが広がること」**、この3つの条件を満たし、わかりやすくて想像力を刺激するフレーズを探します。

たとえば「60歳からのパソコン学習の駆け込み寺」「小学6年生で4級！　英検に強い英会話スクール」というようなフレーズです。

スクールのターゲット層を決める

スクールのターゲット層を決めるということは、ターゲットの絞り込みを行うことです。とはいえ、いざ、ターゲットを絞り込むとなると、開校しているスクールであっても、実行できるところは少ないと思います。

ターゲットを絞り込むというのは、決めた客層に集中することになり、極端な言い方ですが、他の客層は捨てることです。そのため、ターゲットを絞り込みたいと考えても、「もしうまく生徒募集ができなかったら……」「絞ったターゲットのニーズはあるのかどうか……」「このターゲットで大丈夫なのか……」など、経営者の頭には不安がよぎります。

その結果、ターゲットの絞り込みができず、広く浅くの生徒募集を行うスクールも多々あります。

たとえば、英会話スクールであれば、対象を子どもから大人までにしているところは多くあると思います。対象にしている年齢層すべてを満遍なく募集していきたいという考え方は、わからなくもありません。

だからといって、**すべての年齢層に訴求対象を合わせた宣伝広告では、どこの年齢層の生徒も確保することはできません。**

なぜなら、同じ大人であっても、主婦をターゲットにするか、サラリーマンをターゲットにするかでは、ターゲット層が求めているものが違うからです。趣味のために英会話を始めようと考える主婦と、仕事に必要だからと考えるサラリーマンとでは宣伝広告の訴求内容を変えなければなりません。

また、学習塾でも難関校を目指す子どもと、偏差値50の高校を目指す子どもでは訴求内容が変わります。

これは、どの業種業態でも同じことがいえます。

たとえば、ジュースを宣伝する際に、「誰にでも愛されるジュースです！」というよりも、「健康を第一に考えている女性のためのジュース」とうたうほうが、顧客には「あっ、これは私が求めているジュースだ！」と数多いジュースの中から選んでもらえます。

とはいえ、すべての年齢が求めているものに対して、分けて宣伝広告活動ができればいいのですが、そのためには宣伝広告費も必要になります。

よって、宣伝広告費を捻出することが難しい場合、ターゲットは絞り込み、そのターゲットに合わせた宣伝広告活動をすることが望ましいです。特に開業当初は資金にも限りがあります。ターゲットを絞り込むことで、何かを捨てることにより、何かを拾うことができます。

あなたのビジネスにおけるターゲット層をどこにするのか考えてみてから、実行するのはいかがでしょうか。


他業界の例では、ターゲット層の絞り込みで成功した企業に、株式会社スーパーホテルが運営する「スーパーホテル」が挙げられます。

「安全、清潔、ぐっすり眠れる」をコンセプトに年々店舗数を増やし、平成27年現在では１１２店舗を展開しています。また、売上も平成27年3月期で２４８億６５００万円と毎年増収を続けています。

ホテルに宿泊する顧客層は、ビジネスマン、カップル、ファミリー層となりますが、スーパーホテルはメインターゲットをビジネスマンに絞っています。

スーパーホテルは、ビジネスマンが求める1日の疲れを取り、次の日の仕事を迎えたいというニーズに対応したサービスを提供しています。

「サービス産業生産性協議会」では、２０１４年度ＪＣＳＩ（日本版顧客満足度指数）の第1回調査結果で、「スーパーホテルの顧客満足度は79・８％」と発表しました。

開業方法には独自開校とフランチャイズ開校がある

スクールの開業を検討されている方から、「独自に開業するか?」「フランチャイズに加盟するか?」という相談をいただくことがあります。

それでは、まずフランチャイズ（FC）について説明しましょう。

フランチャイズビジネスでは特権を与える者を「フランチャイザー（franchisor）」と言います。日本ではフランチャイズビジネスを運営する企業を指して、「本部・本部企業」と呼びます。

さらに、特権を与えられる者を「フランチャイジー（franchisee）」と言い、「加盟店・加盟者（社）」と呼ばれます。

フランチャイズとは、「フランチャイズ・パッケージ（franchise package）」としてフランチャイザーがフランチャイジーに提供するビジネスモデルのことです。

具体的には次の特権になります。

- フランチャイザーの商標、サービスマーク、チェーン名称を使用する権利
- フランチャイザーが開発した商品やサービス、情報など、経営上のノウハウを利用する権利
- フランチャイザーがフランチャイジーに継続的に行う指導や援助を受ける権利

ホームページや雑誌などで確認できる子ども向け学習塾やカルチャースクールのフランチャイズは、約100本部あります。

特に個別指導を行う学習塾の割合が多く、約6割となっています。残りの4割は英会話スクールをはじめとし、幼児教室、学童保育のFC本部があります。

では、スクールを開校する際、フランチャイズに加盟したほうがいいのでしょうか？

次のリストを見ればわかるように、独自開校とフランチャイズ開校にはそれぞれ、メリット、デメリットがあります。

「これだけではなかなか判断できない」という方もいるかと思われますが、私のところに相談に来られた方には、「カリキュラムが作れるのか、作れないのか？」を基準に考えてもらうようにしています。つまり、スクールの商品であるレッスンや授業のためのカリキュラムを作ることができるのであれば、独自開校も十分視野に入れることができ、一方、カリキュラムを作ることができないのであれば、フランチャイズ加盟も検討したほうがいいということです。また、「どの本部に加盟したほうがいいか？」という相談には、逆にどの本部のカリキュラムがご自身にとっていいのかを考えていただきます。

フランチャイズ本部の中には、生徒を増やすことよりも、加盟店を増やすことに力を入れ、加盟しても生徒が増えずに経営が成り立たないというスクールも少

独自開校と
フランチャイズ開校の
メリット、デメリット

独自開校のメリット

□自分の思うスクールを作ることができる

□加盟金、ロイヤリティーを支払わなくて済む

独自開校のデメリット

□すべて自分で決めて、行動しなければならない

□カリキュラムを自分で作らなければならない

□知名度がない

フランチャイズ開校のメリット

□知名度がある

□スクール運営ノウハウを教えてもらえる

□安定したカリキュラムを受けることができる

□研修などで仲間ができる

フランチャイズ開校のデメリット

□加盟金、ロイヤリティーを支払わなければならない

□スクール運営に制限ができる

□本部のよし悪しで経営が左右される

なくありません。また、「ロイヤリティーが高すぎて、生徒を増やしても一向に手元にお金が残らない」という経営者の声も聞きます。

一方、加盟から脱退を検討した場合、契約書に「競業避止義務条項」があり、脱退できないというケースもあります。

フランチャイズで開校するか、どこの本部に加盟するかは、よく考えてから決めましょう。

英会話スクールのフランチャイズに関する独自アンケート

英会話スクールが主となりますが、２０１１年に私が調査したフランチャイズに関するアンケートをまとめていますので、次にご紹介します。

英会話スクールのフランチャイズに関する独自アンケート

英会話スクールを経営している経営者２２０名を対象にした「英会話スクールフランチャイズ」に関する調査結果。スクール経営者の「フランチャイズ本部」に対する考え方や「フランチャイズ加盟」に対する満足度があきらかになる。

□スクール経営者は開校方法として、フランチャイズ加盟を選択できるが、加盟先を決める理由として「知名度・ブランド力」より「レッスンカリキュラム」を重視する場合が多い。

□スクール経営者がフランチャイズに加盟して開校する割合は、31.8%。

□フランチャイズ加盟者に満足度を確認したところ、「満足している」が21.4%、「満足していない」が31.4%、「どちらとも言えない」が40%となり、満足度の低さが目立つ。

□フランチャイズ本部に支払うロイヤリティーに対する不満よりも、本部によるサポート不足に対する不満が大きい。

□フランチャイズ本部に求めるものとして、生徒数50名以上のスクールの場合、生徒募集のノウハウを一番重要視する。50名未満のスクールの場合、レッスンカリキュラムを一番重要視する。

□フランチャイズ未加盟者は「今後、加盟を検討するか？」という質問に対し、９割が検討しないと回答。

□独自でスクールを行っている経営者の場合、フランチャイズ加盟は「独自性が失われ、制約が多い」と考えている。

図 2-2　英会話スクールのフランチャイズに関する アンケート調査結果（2011年）

◉アンケート回答内訳

合計回答数　220件
男性37件：女性183件

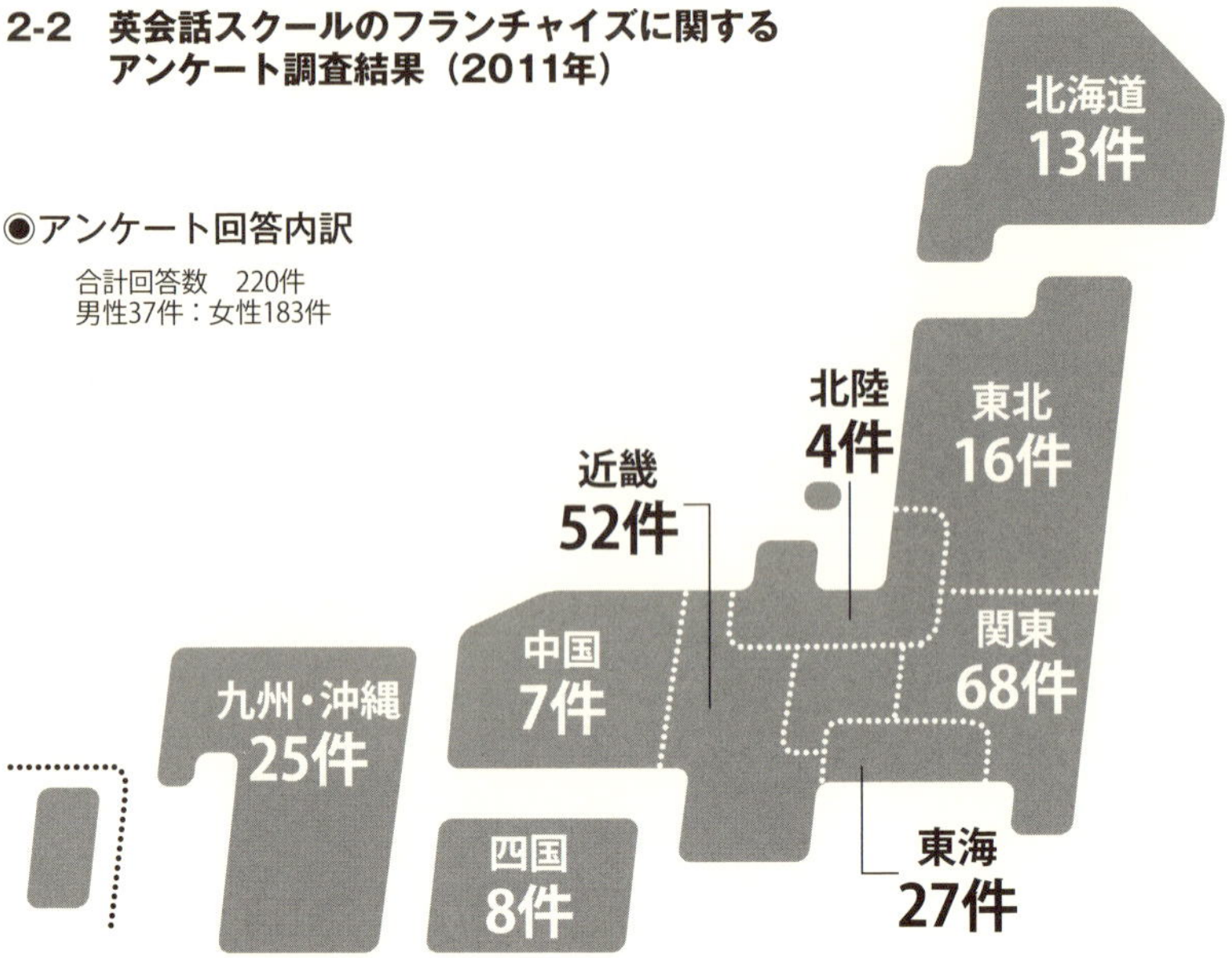

◉英会話スクール認知度（割合）

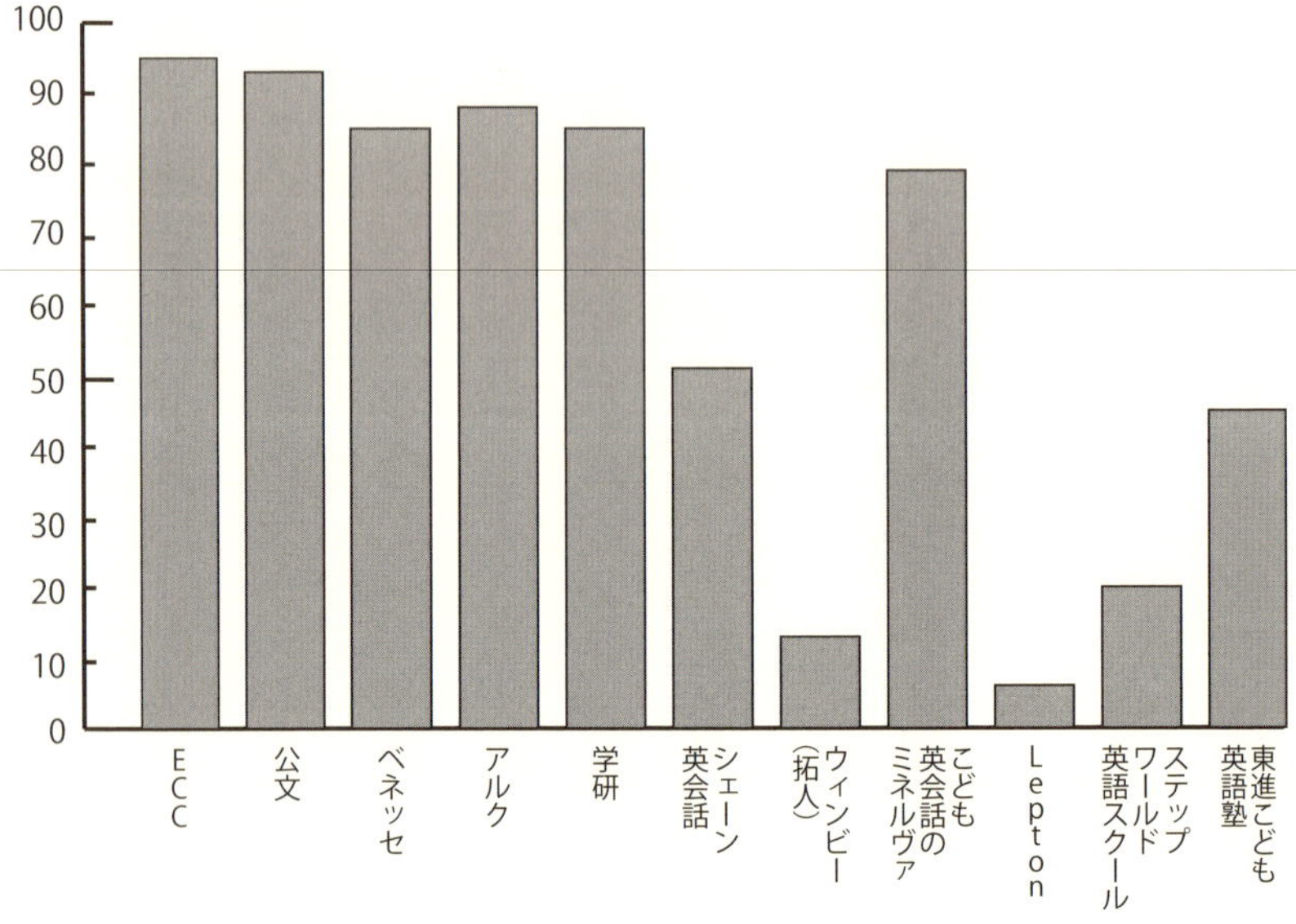

◉フランチャイズ加盟状況

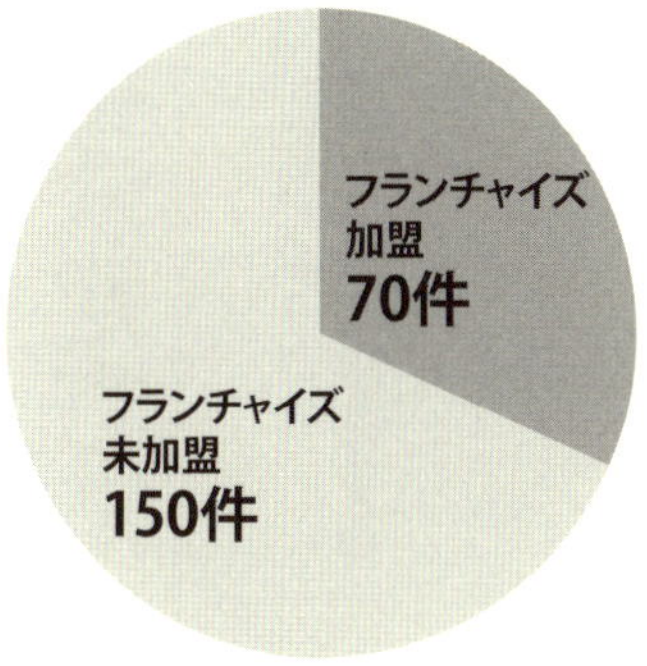

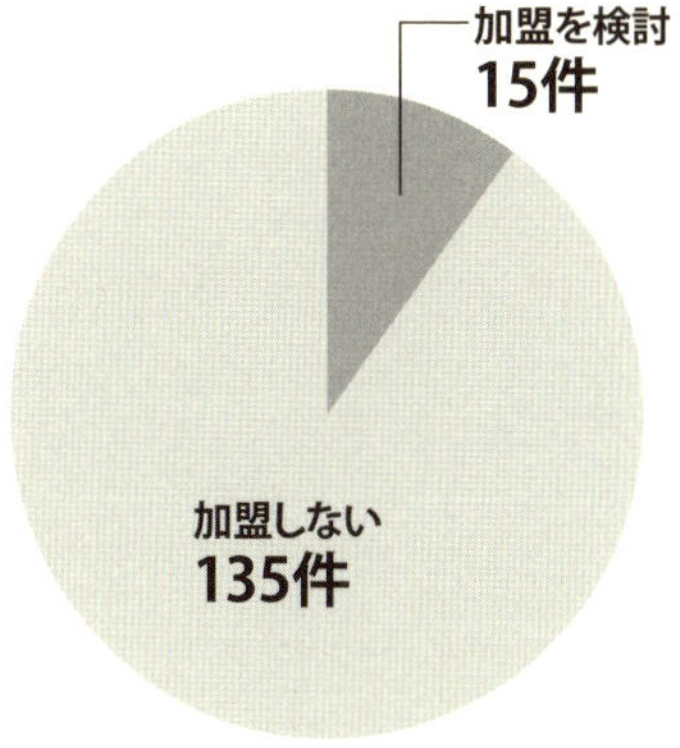

◉フランチャイズ加盟者満足度

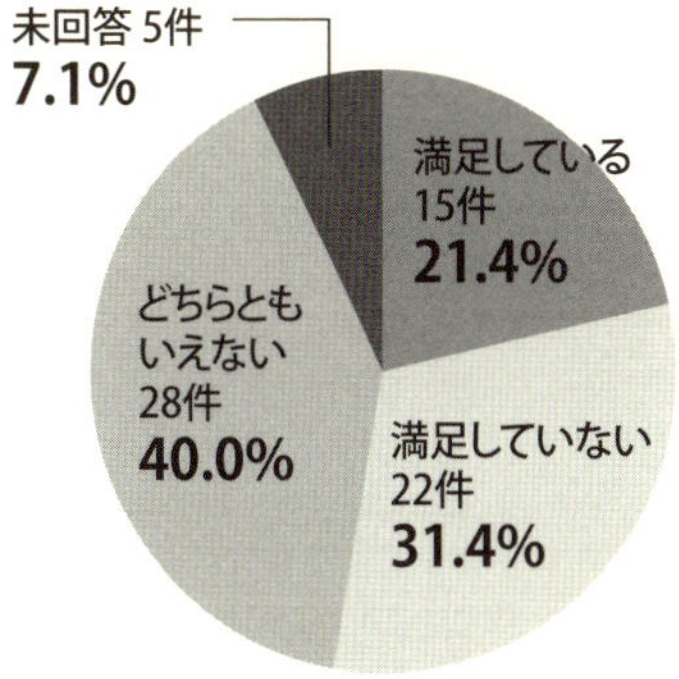

(回答数70件)

◉フランチャイズ本部に求めること

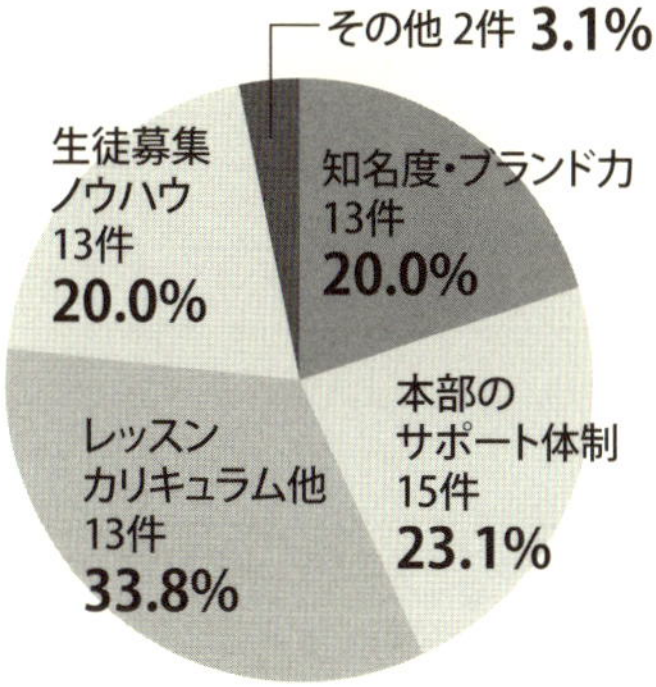

(回答数65件)

2-3 授業料の価格決定方法

地域の他スクールと同程度の価格に設定する

授業料の設定は、集客において重要なポイントです。一度決めた授業料は簡単に変更できません。それでは、どのような設定方法があるのかを見ていきましょう。

授業料の設定で最も使われているのは、地域性や他のスクールとの兼ね合いを考慮して設定する方法です。

自分が開校している（または開校しようと考えている）地域でいちばん多く生徒を集めているスクールの授業料を調べ、その金額と同額か、もしくは少し安めに料金を設定します。

無難な方法ではありますが、他のスクールとの違いを明確に打ち出せなければ、生徒募集は難しいと考えられます。

月々の必要経費や利益から割り出して価格設定する

次に、他のスクールのことは考えず、自分のスクールの経費や利益を基準にして設定する方法です。この場合、まず概算で必要経費を出します。たとえば毎月の家賃が10万円、光熱費が1万円、通信費が1万円、宣伝広告費が5万円、講師料（自分だけなら利益）が15万円、その他の経費が5万円だとすると、合計37万円になります。この額をもとに最低募集生徒人数と授業料を割り出します。最低募集人数を60名と考えれば、経費の37万円をまかなうための授業料は約6200円になります。最低募集生徒人数を少なく見積もるなら、その分授業料は高く設定する必要があります。これを**「利益逆算方式」**といいます。

私がクライアントのスクール立ち上げ時期からコンサルティングにかかわるとき、授業料設定には最も気を遣います。もし、立ち上げるスクールが他のスクールとの差別化を図れる場合は「利益逆算方式」で授業料を設定しますが、差別化が図れない場合はスクールに次のことを要望しています。

- ●他のスクールにはない強みを作る
- ●授業料で差別化を図る
- ●授業料を何通りか設定する

もちろん、他のスクールにない強みを作ることができれば問題ありません。しかしそれが難しい場合は、授業料を高額にするか低額にすることを考えます。そしてどちらの価格帯の生徒を集めたいか、あるいは集まりやすいかを考え、生徒層にマッチしたレッスンを作っていきます。

英会話スクールを例に取ると、開校予定地域（またはスクールを開校している地域）が「幼稚園で英語教育が導入されていない」「地域の小学校は英語教育に積極的でない」などの場合、地域に英語を普及させるという意味で授業料は低めに設定します。

授業料を低額にした場合、スクールの運営が厳しいならば、「低額クラス」「スタンダードクラス」「高額クラス」という具合に、クラスの種類を増やします。

また、低額クラスではグループレッスンの参加人数を増やし、レッスン時間を短くして採算性を上げます。

逆にクラスの定員を減らし、レッスン内容を専門的にすれば付加価値が高くなるので、高額な授業料でも生徒数は見込めます。

データから算出した価格の妥当性を考える

授業料については、調査会社が出しているデータを参考にして、検討するのもいいでしょう。

ベネッセ教育総合研究所の「学校外教育活動に関する調査２０１３」（図2-3参照）によると、習い事にかける月平均額は1万５０００円との結果でした。

２０１３年の学校段階別の平均は、幼児が６７００円、小学生は1万６２００円、中学生は2万２３００円、高校生は1万７２００円となっています。

また、世帯年収別の平均は、４００万円未満の世帯が８５００円、４００万円～８００万円未満の世帯は1万４１００円、８００万円以上の世帯は2万５６００円になっています。

図 2-3　1カ月当たりの学校外教育活動の費用

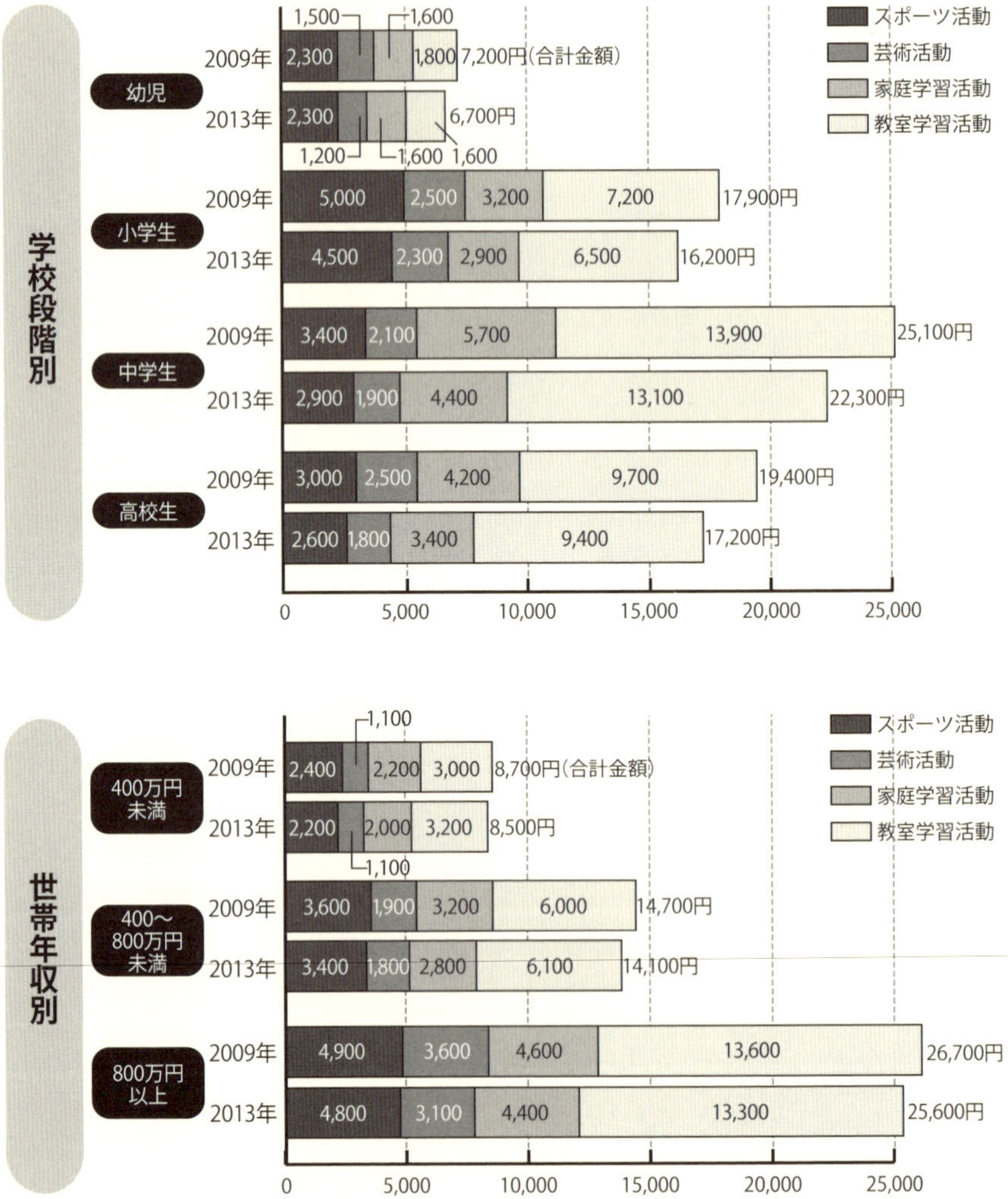

出典：ベネッセ教育総合研究所「学校外教育活動に関する調査2013」

一方、株式会社バンダイも「子どもの習い事に関する意識調査」（図2-4参照）を発表しています。

調査によると月平均額は、1万3899円との結果でした。

このデータは年齢別がさらに細分化され、3〜6歳未就学児童は8687円、小学1年生は1万1676円、小学2年生は1万2368円、小学3年生は1万1683円、小学4年生は1万2935円、小学5年生は1万6564円、小学6年生は1万6392円、中学1〜3年生は2万597円となっています。

これらをもとに授業料を考えると、幼児であれば7000円前後、小学生であれば1万円前後の価格設定が妥当になります。

ここで気を付けなければならないことは、1つのデータだけに頼らず、必ず複数のデータを参考にしていきましょう。

また、これらのデータはスクールを開校する地域に特化したマーケティングデータではありません。あくまで考えた授業料が一般的に妥当かどうかを判断するための、参考資料にしましょう。

授業料の設定以外にも、お客様へのクロージング資

図2-4　子どもの習い事にかかる1カ月の平均金額と1カ月にかかる金額

	全体	3〜6歳未就学児童	小学1年生	小学2年生	小学3年生	小学4年生	小学5年生	小学6年生	中学1〜3年生
平均金額	¥13,899	¥8,687	¥11,676	¥12,368	¥11,683	¥12,935	¥16,564	¥16,392	¥20,597

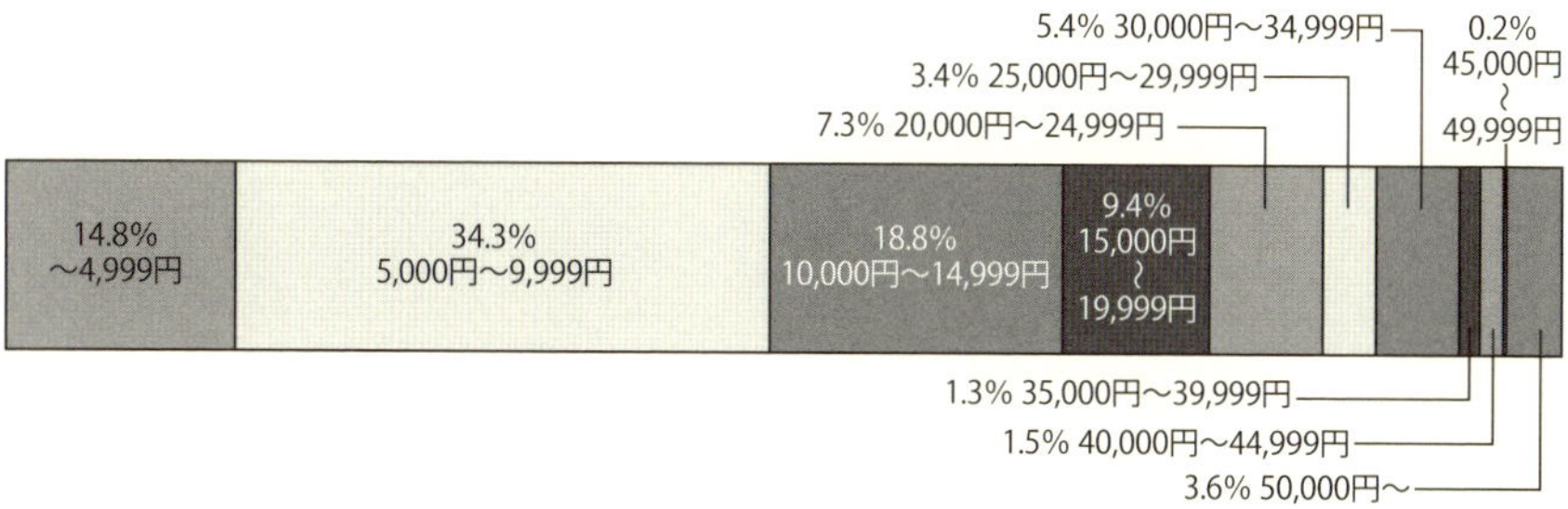

出典：バンダイこどもアンケートレポート「子どもの習い事に関する意識調査」、2014年3月

料として活用できます。

たとえば、文部科学省が公表している「子どもの学習費調査」（図２-５から図２-７参照）があります。

この調査は、子どもを公立または私立の学校に通学させている保護者が、子ども1人当たりにかける学習費と、学校外活動費の実態を捉え、教育に関する国の諸施策を検討、立案するための基礎資料とすることを目的に、１９９４年から隔年で実施しています。

子どもの学習費についての調査なので、子ども向けのスクールを開業される方には参考になるでしょう。

一方、住信ＳＢＩネット銀行の「習い事に関する意識調査」（図２-８参照）では、男女20代〜50代の習い事に関する調査結果を見ることができます。

調査によると、習い事にかける費用は、１カ月平均で1万２０２７円です。

年代別で見ると、20代は1万５５３円、30代は1万２４６４円、40代は1万４１６９円、50代は1万３６５円となっています。

加えて、習い事をしている割合は全体で27%となり、まだ市場規模の拡大が考えられます。

男女比では、習い事をしている男性は20%、女性が38%となっています。

男女ともに「自分の趣味のため」という理由が多く、語学系の習い事を始めたいと考えている人が多いです。

また、女性限定のデータになりますが、いしかわ主婦白書「習い事に関するアンケート」（http://www.woman-style.jp/i-hakusyo/questionnaire/201423.html）によると、１カ月のうち大人の習い事にかける費用は「５０００円〜１万円未満」が30%、「３０００円〜５０００円未満」が25%、「３０００円未満」が15%でした。

これらのデータから、成人の習い事は趣味を目的とした場合には、１万円前後が妥当だと思われます。

図 2-5　学年別補助学習費

区分		補助学習費							
		家庭内学習費		家庭教師費等		学習塾費		その他	
		公立	私立	公立	私立	公立	私立	公立	私立
幼稚園	平均	14,984	16,692	4,223	4,846	8,008	15,242	394	1,063
	3歳	5,974	9,900	2,605	3,086	3,600	6,938	388	872
	4歳	7,681	8,657	4,072	5,257	6,898	10,877	483	674
	5歳	23,820	30,572	4,874	5,960	10,344	26,775	325	1,617
小学校	平均	13,752	39,677	14,998	37,479	57,176	216,914	1,492	7,424
	第1学年	37,338	83,428	12,657	20,378	24,292	100,459	680	3,020
	第2学年	9,861	31,710	12,143	18,343	27,532	101,965	592	3,302
	第3学年	9,985	29,609	13,252	22,558	26,540	134,084	521	3,285
	第4学年	8,154	33,301	15,621	43,420	60,112	220,555	1,141	7,893
	第5学年	7,945	30,701	15,810	49,225	78,436	324,214	1,336	7,313
	第6学年	10,893	31,041	20,021	69,432	119,657	409,986	4,481	19,505
中学校	平均	15,007	23,155	28,544	33,490	175,222	129,954	5,636	5,139
	第1学年	16,496	31,646	25,686	25,683	103,642	95,539	2,416	3,952
	第2学年	13,780	17,914	28,200	39,038	158,995	131,437	3,300	4,511
	第3学年	14,766	19,963	31,717	35,680	262,342	162,985	11,171	6,968
高等学校（全日制）	平均	15,424	25,037	14,877	19,784	82,011	124,052	10,160	13,691
	第1学年	15,496	23,331	18,304	13,608	56,398	82,990	4,049	7,142
	第2学年	12,840	28,091	11,643	16,939	79,497	93,123	5,220	8,014
	第3学年	17,870	23,800	14,562	29,294	110,367	199,376	21,155	26,453

図 2-6 学年別その他の学校外活動費

区分		その他の学校外活動費							
		体験・地域活動		芸術文化活動		スポーツ・レクリエーション活動		教養・その他	
		公立	私立	公立	私立	公立	私立	公立	私立
幼稚園	平均	1,491	2,868	18,583	24,950	20,689	35,112	12,184	19,299
	3歳	1,285	2,337	8,605	9,457	11,906	16,638	7,500	12,577
	4歳	1,582	2,375	13,607	34,104	16,941	41,355	11,518	18,075
	5歳	1,485	3,818	25,858	29,244	26,581	44,885	14,250	26,334
小学校	平均	5,023	22,640	35,167	96,691	53,109	75,085	27,858	63,751
	第1学年	3,697	28,612	33,469	93,562	48,774	81,759	22,699	70,495
	第2学年	5,044	26,255	39,189	100,983	53,776	88,293	28,225	70,300
	第3学年	5,178	24,238	39,803	106,372	58,058	82,497	33,528	67,597
	第4学年	4,479	20,352	37,509	100,143	58,811	82,143	27,331	72,185
	第5学年	8,140	23,980	32,417	97,810	49,629	65,987	27,553	52,510
	第6学年	3,485	12,680	28,994	81,109	49,610	50,510	27,582	49,997
中学校	平均	2,384	13,664	18,273	41,411	23,147	22,362	14,479	25,075
	第1学年	2,286	7,463	23,199	41,899	29,088	25,334	16,447	25,006
	第2学年	3,919	12,229	18,411	41,152	23,725	21,013	13,507	20,952
	第3学年	937	21,347	13,261	41,185	16,691	20,753	13,510	29,342
高等学校（全日制）	平均	2,051	6,190	12,319	17,044	7,814	14,367	10,946	24,439
	第1学年	1,648	8,202	9,678	13,355	10,846	11,910	9,774	25,224
	第2学年	3,459	4,367	12,580	17,554	6,862	21,398	10,003	17,989
	第3学年	1,086	5,857	14,737	20,503	5,676	9,940	13,053	30,083

注：図2-5、図2-6の表中の網掛けは、私立別学年別における各支出項目別の最大値を示している。

出典：文部科学省「子どもの学習費調査」、2012年度

図 2-7　学習塾費の金額分布

(%)

区分	幼稚園		小学校		中学校		高等学校(全日制)	
	公立	私立	公立	私立	公立	私立	公立	私立
計	100.0	100.0	100.0	100.0	100.0	100.0	100.0	100.0
0円	84.5	76.8	58.1	28.9	29.8	47.2	66.2	62.7
～1万円未満	3.2	5.6	3.8	2.4	1.3	1.7	1.9	1.5
～5万円未満	6.9	7.7	10.6	8.5	6.5	7.3	4.4	5.0
～10万円未満	2.9	4.4	10.3	9.6	7.3	7.7	4.5	4.2
～20万円未満	2.1	4.1	9.8	15.7	17.0	10.0	6.9	6.3
～30万円未満	0.2	0.5	3.2	9.9	14.8	8.8	6.0	3.6
～40万円未満	0.0	0.6	1.3	6.7	10.8	8.5	3.9	3.4
40万円以上	上0.1	0.2	2.9	18.4	12.5	8.8	6.2	13.2
年間1円以上支出者のみの平均額(千円)	**52**	**66**	**136**	**305**	**249**	**246**	**242**	**333**

注:表中の網掛けは、「0円」を除いて金額段階別の構成比が最大となっている箇所である。

出典:文部科学省「子どもの学習費調査」、2012年度

図 2-8　習い事に関する意識調査

習い事をしている人
男性 20%、女性 38%

Q 現在、習い事をしていますか？

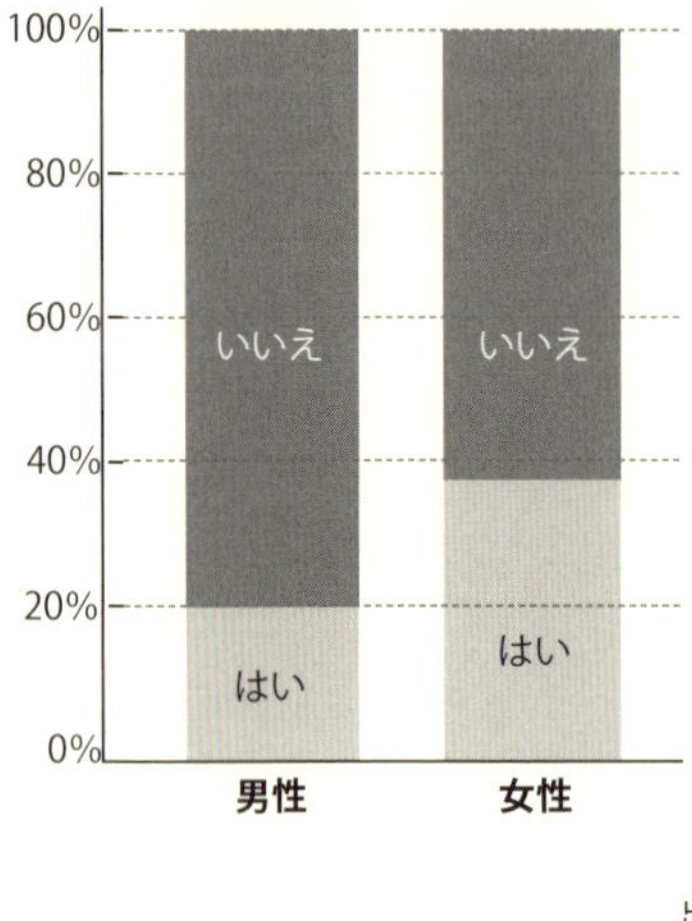

習い事の支出額（年代別比較）

	20代	30代	40代	50代	平均
平均(月間)	¥10,553	¥12,464	¥14,169	¥10,365	¥12,027

男女別比較

男性	20代	30代	40代	50代	平均
平均(月間)	¥11,059	¥12,347	¥12,515	¥10,308	¥11,583

女性	20代	30代	40代	50代	平均
平均(月間)	¥10,516	¥13,083	¥16,085	¥12,534	¥13,464

出典:住信SBIネット銀行「習い事に関する意識調査」、2011年

価格設定は「松竹梅」にする

価格設定に困った場合、同業だけではなく、他業種からもヒントを得ることができます。たとえば、飲食店などでは、料金価格を松、竹、梅と3つに分けています。

いわゆる上、中、下なのですが、こういった場合、人は真ん中を選ぶことが多いようです。

2つの選択肢で授業料を販売しているのであれば、あえてもう1つグレードの高い商品を加え、3つの商品で展開しましょう。今まで売れ行きのよくなかった高い商品が真ん中にくることで、売れ行きがよくなることもあります。

スクールの商品は2つ以上持つべきだと、私は考えています。なぜなら、1つではお客様が「それを始めるか、始めない」という選択肢になるため、2つ以上の選択肢にして、「どれを始めよう」と考えてもらうためです。

たとえば、ランチを食べに行ったとき、お店のランチメニューが1つしかない場合、「そのお店に入るか、入らない」という選択肢になります。一方、複数のランチメニューがあれば、「どのメニューにしようか」と考えるようになります。

また、テレビを買いに行った家電量販店に、テレビが1種類しかない場合、どれを買おうかと考える前に、「このテレビを買うか、買わない」という判断になります。

これはスクールビジネスでも同じことがいえます。1つのクラス設定では、お客様が「入会する」「入会しない」の判断になります。そのため、1つよりは2つ以上の選択肢があったほうが、お客様はどちらのクラスにしようかと考えます。

さらにクラスの授業料設定を松竹梅にすることで、今まであまり人気がなく入会者が少なかったクラスにも生徒が入る可能性は高まります。

とはいえ、すべての授業料設定を松竹梅にしてしまうと、今度はお客様が混乱しますので、その点はよく考えて設定しましょう。

一方、多くの選択肢を出せるほど、クラス設定がないと考える方もいるかもしれません。

選択肢とはクラスのレベル設定や授業料設定の他

に、クラスの時間設定でもかまいません。たとえば、お客様が選択できるクラスを複数に増やしたらどうでしょうか。お客様に、「こちらの曜日の○○時からと、こちらの曜日の△△時からのクラスがあります」とお話しできるようになります。選択肢があると、お客様の判断も変わってきます。

授業料の値下げは必要？

ここで、私が実際に相談を受けた内容を紹介します。C先生は、英会話スクールを経営されています。

目下の悩みは、生徒の集客数でした。

＊英会話スクール経営――C先生のケース

C先生「やはり授業料は安いほうが生徒を集めやすいですか？」

私「授業料ですか？」

C先生「はい、最近近くに同業の教室がいろいろとできて……。ウチの教室の授業料より安いところが気になって……」

私「なるほど、確かに近隣の教室は気になりますね」

C先生「そうなんです。何か生徒の集まりも悪くなってきたし、退会する生徒も増えて……。みんな、安い教室に通っているんじゃないでしょうか？」

私「そうですか。確かにどのような商品でも、消費者は、『価格は安く』と願っていますね。高いほうがいいと思っている人は、そうはいないですよね」

C先生「そうですよね。だから、私も授業料の値下げを！　なんて考えているんです」

私「でも、ちょっと待ってください。安くすれば、それだけで売れるのかといったら、そうではありませんよ」

C先生「えっ!?」

私「さらに言えば、高ければ売れないということもありません。高くても売れているものはたくさんあります。授業料を安くして、生徒が簡単に集まるのかといえば、正直な話、ただ安くしただけではなかなか生徒は集まりませんね。やり方次第で、生徒を大量に集めることは可能ですが、やり方を間違えてしまうと、スクールの経営を圧迫しますよ」

C先生「それだけに悩んでいるんです。どうしたらいいでしょうか?」

私「先生の教室の授業料はおいくらですか? 商品が売れない原因を価格に求め、『値下げをすれば売れる』と勘違いしてはいけません。消費者が商品を買うのは、商品の価値が、価格よりも高いと感じたときです。ですから、商品に感じる価値を、価格より高めることこそが重要なのです。つまり安易に値下げする前に、『なぜ、この商品はこの価格では売れないのだろうかと原因を追究する』ということが大切になります」

C先生「生徒が増えないことや退会者が出ることを授業料のせいにしていたかもしれません」

私「もう少し先生の教室を見て、原因を追究し、対策を立てていきましょう!」

C先生「わかりました! 別に原因があるかもしれません。よろしくお願いします!」

このあと、私はC先生のスクールの生徒募集方法を外部販促と内部販促に分け、募集計画を見直しました。また、既存生徒へはアンケートや面談等でスクールの問題点を洗い出し、内部の充実を図りました。一方、退会者をセグメント化し、原因の追究もしました。

そして1年後、C先生の英会話スクールは授業料を値下げすることなく、前年比で1・3倍の生徒数になりました。

このように授業料を値下げしなくても、お客様である生徒を増やし、経営を安定化させることはできます。

2-4 教室物件の探し方と選び方

あなたの理想に近い、物件の探し方

スクールビジネスは、特別な免許や大がかりな設備が必要なく、自宅でも開業できます。しかし教室の場所をどこにするかは、スクールを成功させるための重要なポイントです。

スクールビジネスは、対象とするターゲットや業態により求める立地が異なります。そのため、他業種でいわれる「駅から近いといい立地、遠いと悪い立地」というわけではありません。

たとえば、子どもを対象にしたスクールの場合、住宅地に立地していれば、子どもが集まりやすく、通いやすいと考えられます。

つまり、**想定しているターゲットや業態に適合した立地を探す**必要があります。

物件を探すときには、ターゲットや業態を考え、「どのような立地で開校したいか」というコンセプトを明確にした上で、不動産業者に自分の条件をしっかりと伝え、あなたの理想に近い物件を探してもらいます。

また、不動産業者に依頼する場合は、必ず複数の候補物件を探してもらい、比較検討します。比較材料がないと保証金や家賃、物件の設備に関する交渉が難しいからです。

加えて、候補物件の空室状況も調べておくといいでしょう。

一方、自分で歩いて物件を探す方法もあります。実際は空いていても、何らかの理由で不動産業者に斡旋依頼していない物件もあります。

私が物件探しをする際、不動産業者に依頼する前に、必ず開校予定エリアを歩きました。

歩くことによって地域のにぎわいや人の流れ、競合の状況などもわかるのでお勧めします。

周辺のターゲット人口と同業スクールを調べる

商圏範囲は、想定する教室物件を中心に半径1・5キロメートルが目安になります。

そこで、地方自治体のホームページに、男女別、年齢別、町別などのデータが出ているので、商圏人口を調べてみましょう。想定するターゲット層のボリュームを確認できます。

加えて、予定教室物件が河川や大通りなどで、ターゲット層が多い地域と分断されていないか、地図でも確認します。

予定立地周辺には、同業スクールが少ないに越したことはありません。

とはいえ、全く同業スクールがない地域ではその業態にニーズがない可能性もあるので、注意が必要です。

もし、地域にあなたの教室しかなかったら、顧客ニーズの掘り起こしからはじめ、集客に時間がかかります。

同業スクールは、周りに数カ所はあったほうがいいでしょう。

建物のチェックは慎重に！

いくらあなたが望んでいた立地物件でも、大きさや設備に問題があっては、借りてから後悔することになります。

そこで、必ず次の3点はチェックしましょう。

＊階数・駐輪場・看板

空中店舗（2階以上の物件）ではなく、出来る限り1階の物件を選びましょう。たとえば、子ども英会話スクールでは、「歌って、踊って」というカリキュラムを取り入れるところが多いため、レッスン中に子ども達がかなり動き回ります。したがって、騒音問題につながる可能性もあります。

また、子どもを対象にしたスクールの場合、駐輪場の確保が必要になります。子ども達が乗ってくる自転車がバラバラに止められ、他の店舗の方へ迷惑をかけないようにするためです。成人を対象にした場合はあまり考えなくてもいいことが、子どもを対象にした場合は考慮しなければなりません。この点に関しては第

４章で詳しくお伝えします。

次に看板の設置に関してですが、看板の大きさやどの場所に設置していいのかは、必ず不動産業者に確認しましょう。

＊設備の状況・広さ

物件には「スケルトン」「居抜き」などの種類があります。

スケルトン物件とは、内外装なしの裸状態で、当然、内外装工事費は借主持ちになります。一方、居抜き物件とは、前回借りられていた状態のままの物件で、基本的な内外装は施されているため、場合によっては大きく資金を抑えることができます。

スケルトン物件を教室として使用するのであれば、壁はもちろん床やトイレなどの水回りまで工事をしなければなりません。これは、かなりの費用がかかるため、あまりお勧めしません。

一方、居抜き物件を教室として使用するのであれば、以前入っていた店の状況によっては、少しのリフォームで使用でき、あまり費用をかけずに教室として使えます。とはいえ、あまりにもかけ離れた業種の場合、たとえば元洋服店では、服などを陳列していた棚やスポットライト、さらに鏡などがそのまま付いていることがあります。これらは教室には不要なものなので、取り除くとなると費用がかかってしまいます。

そこで、私が一番お勧めしたい物件は、事務所として使用されていた物件です。事務所だった物件であれば、取り外さなければならない棚はありませんし、スポットライトも付いていません。内装を教室仕様に簡単に変更でき、費用もあまりかかりません。

また、物件の面積が必要以上に広いと、収益計画にも影響を及ぼします。たとえば、デッドスペースを倉庫にした場合、その場所は収益を生み出しません。もちろん想定される家賃の範囲内であれば問題ありませんが、これは毎月のランニングコストに直結しますので、注意が必要です。

スクールのイメージを重視するのであれば、外観も重要になります。外観が古く感じるならば、外装は変える必要があります。

＊オーナー（大家）

気にされない方もいますが、実はオーナー（大家）

について知っておくことも重要です。

確認事項は2つあります。

1つ目は経済状態です。オーナーが破産したとき、預けた敷金や保証金などの返還がされない可能性がある他、退去を求められることがあります。実際に私自身もオーナーチェンジにより、「更地にする」や「建て替える」といった理由で何軒か退去を求められたことがあります。

2つ目は、オーナーの人柄です。一度開校したら、容易に引っ越しはできません。中には、急に賃料の値上げを要求して来たり、細かな利用条件を変えてきたりするオーナーもいます。

逆に、オーナーが非常に親身になり、オーナー自身がスクールの生徒になってくれたり、親族を紹介してくれることもあります。

近隣のテナントの方や不動産業者に長く付き合えるか、オーナーの評判を確認してみましょう。

自宅開校するためには？

個人経営のスクールでは、自宅で開校することが多いです。

自宅開校であれば、物件選びの時間や敷金や保証金、内装費など初期投資費用を抑えることができます。しかしそういったメリットがある反面、立地を選べないことや、プライベートと仕事の線引きが難しいなどのデメリットもあります。

そうならないためにも、居間ではなく、できれば玄関からすぐの部屋で、大きな窓がある採光のいい場所を選ぶと、プライベートとの線引きもしやすくなるでしょう。

自宅が使えず、賃貸物件を借りる資金もないのであれば、公民館やコミュニティーセンター、レンタル教室なども選択肢に入れて考えてみましょう（ただし、公民館やコミュニティーセンターの場合、営利目的の利用では借りられない場合があります）。

また最初は自宅で開校し、生徒が増えてきたら別の場所に教室物件を借りる方法もあります。その際の移転先は、在籍している生徒が無理なく通える範囲で決めるようにしましょう。

その他、実際に私が行ったのは、他業種スクールの教室を借りる方法です。

たとえば、あなたが子ども英会話のスクールを行っているならば、それ以外の業種のスクール（そろばん教室や習字教室など）が教室を開講していない曜日や時間に、他業種スクールの教室を借ります。他業種スクールにとっても、ただ教室を空けておくよりは、教室を貸すほうが少しでも家賃収入につながります。また、スクールの対象者が同じターゲット層であれば、お互いの生徒集客にもよい影響を与えます。

このような他業種コラボレーションの仕方もあります。

自宅開校のメリット、デメリット

メリット

□物件選びをしなくてもいい
□敷金・保証金や内装費などの初期費用を抑えられる
□家賃というランニングコストを支払わなくて済む
□通勤しなくても済む

デメリット

□場所を選べない
□近隣の方の理解が必要になる
□プライベートと仕事の線引きが難しくなる
□事業としては信用に欠ける
□床や廊下のメンテナンスが必要になる

2-5 開業資金は上手に調達しよう

開業時の悩みベスト3

日本政策金融公庫総合研究所の「２０１３年度新規開業実態調査」（図２-９参照）によると、開業時に苦労したこととして「資金繰り、資金調達」を46・1%と約半数の方が挙げています。

次に「顧客・販路の開拓」が44・7%、「財務・税務・法務に関する知識の不足」が29・3%と、この3つが開業時の悩みベスト3になります。

図 2-9
開業時に苦労したことおよび現在苦労していること（3つまでの複数回答）

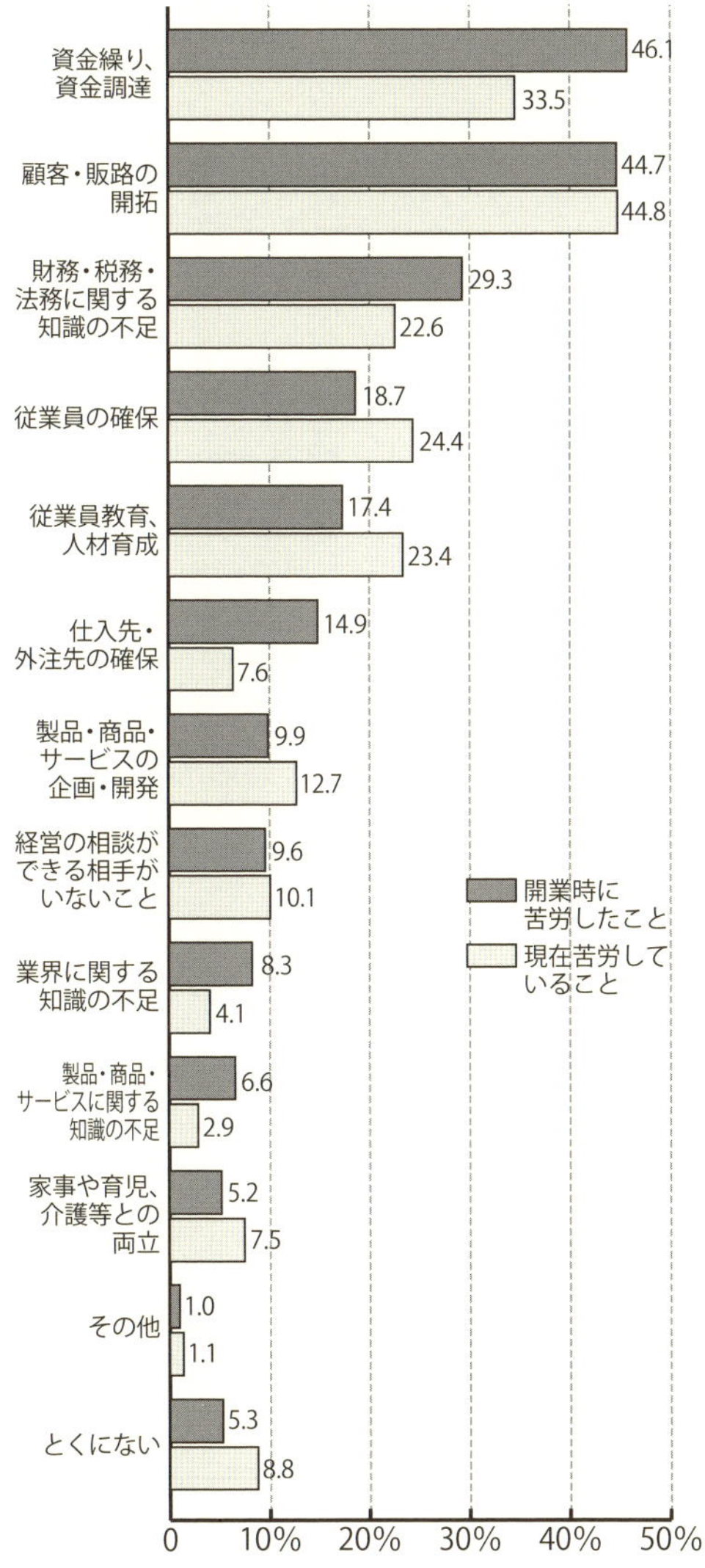

出典：日本政策金融公庫総合研究所「2013年度新規開業実態調査」

図2−9には、スクールビジネス以外の他業種も含まれていますが参考にしましょう。

資金調達の全体像とは?

事業を始める方から「創業資金を補助金や助成金だけで何とかしたい」という相談を受けることがあります。

しかしながら、起業時は原則として「公的な融資」を活用するしかありません。

図2−10は、「資金調達の全体像」です。

もちろん起業時に、補助金や助成金がないということではありませんが、これらにすべて頼ろうとすると、起業は難しいと言わざるを得ません。

補助金や助成金は、起業後ある程度の実績が出てからの活用をお勧めします。

図 2-10　資金調達の全体像

融資による資金調達	親、兄弟、親族、親類からの借入
	日本政策金融公庫からの融資
	信用保証付きの融資
	民間金融機関からのプロパー融資
	ノンバンク等からの融資
補助金・助成金による資金調達	研究開発系の補助金・助成金（経済産業省、総務省系、各自治体）
	労働系の補助金・助成金（厚生労働省系、各自治体）
直接金融（出資等）による資金調達	ベンチャーキャピタルからの資金調達
	中小企業投資育成株式会社からの資金調達
	個人投資家からの資金調達
	少人数私募債による資金調達
中小企業法の活用	中小企業新事業活動促進法による保証枠拡大（経営革新計画等）

日本政策金融公庫と自治体の創業融資制度

これから起業する方が利用できるのは、主に日本政策金融公庫の「新創業融資制度」と自治体の「融資制度」になります。

現在、起業する方はこの2通りの資金調達方法を活用しています。その他、プロパー融資やノンバンクからの資金調達も選択肢としてはあるのですが、あまり現実的ではありません。プロパー融資は、直接銀行から融資を受けます。

金融機関からのプロパー融資は、信用保証付き融資などの実績を積み重ねる必要があり、起業時に利用できる可能性は極めて低いです。

実際、私がスクールを起業したときの資金調達は、信用保証協会の創業資金でした。その後、設備資金や運転資金を信用保証付き融資で調達していましたが、プロパー融資への切り替えはできていません。それだけプロパー融資はハードルが高いものです。

また、ノンバンクからの融資についても、果たして高金利金融を活用してまで、資金調達する必要があるのか疑問が湧きます。同じように、金融機関が行っているビジネスローンもまた、金利は高めです。

日本政策金融公庫や自治体の窓口から融資を断られ、資金調達を高金利金融からと考えられている方もいますが、これらの窓口から創業資金の調達ができない場合、創業の計画自体再検討する必要があります。

片や、起業される方の中には、「個人より法人のほうが資金調達において有利である」と思われている方も少なくありません。確かに、そのように主張している専門家もいます。つまり、個人より法人のほうが、社会的信用が高いため、資金調達もしやすいという考えです。

とはいえ、かつてに比べて現在は、法人の設立も簡単になり、資本金が1円であっても法人設立は可能です。私の経験上、創業融資においては、個人、法人はあまり関係がないように感じられます。

補助金・助成金の可能性を探る

補助金・助成金は、制度によっては、これから起業される方が利用できるものもありますので、是非探してみましょう。とはいえ、補助金・助成金だけで創業資金を賄おうとする考え方はお勧めしません。

補助金・助成金は大きく2つに分けることができます。

- **厚生労働省系の補助金・助成金**
- **経済産業省・総務省系の補助金・助成金**

「厚生労働省系の補助金・助成金」は、様々な条件をクリアできれば、受給できる可能性が非常に高い制度です。起業後活用できそうな雇用関係助成金が多々ありますので、常にチェックしておきましょう。

次に「経済産業省・総務省系の補助金・助成金」は、技術開発や研究開発に対して補助・助成する制度です。制度にもよりますが、採択率は平均して5〜20％程度だと考えてください。

自治体の補助金・助成金制度の採択率は、20％以上のものもあります。

さて、私の経験からお話しすると、ベンチャーキャピタルや個人投資家からの出資を頼りに、起業された方はわずか数件で、現実には非常に難しいです。特に個人スクールの場合は、ほぼ不可能ではないでしょうか。

また、少人数私募債も1つの方法ではありますが、自身で資金提供者を探さなければなりません。経営者の人脈や人望が重要であり、即効性のある資金調達方法とは言い難いでしょう。

事業計画書と資金繰り表の必要性と活用法

個人でスクール経営をしている方の中には、「スクールの収支がトントンであればいい」という考えの場合もあります。

とはいえ、借入金の返済や所得税など、実際に支出していても損益計算書に反映されないものもあるため、収支をトントンにするためには、利益を黒字にしなければなりません。

スクールの経営状態を黒字に保つためには、収支を把握して事業計画を立て、計画を実現できるように図る必要があります。

そのためには**事業計画書や資金繰り表の作成が不可欠です。**

事業計画書とは、スクール経営における夢やアイデアを、他の人が見てもわかるように文字と数字で表したものです。

事業計画書を作ることでスクールの経営状態を客観的に見ることができ、計画を実現するために何をすべきかが明確になります。

たとえば、個人の英会話スクールで事業計画書を作成する場合、「スクール概要、開校した理由、スクール運営の詳細、資金計画、損益計画」などを項目に入れましょう。

資金繰り表とは、入ってくるお金と出ていくお金を一覧にして、収支の過程をあきらかにした表です。家計簿のようなものだと思ってください。

事業計画書には資金計画や損益計画が欠かせません

が、その資金計画が資金繰り表に当たります。この表があると、教材をまとめて購入する時期などがわかり、資金が必要になる時期と額が把握できます。**事業計画書と資金繰り表があれば、スクールの将来の状況を予測することができます。**

たとえば、「去年と同じ生徒数」「去年より2割生徒が増えた」「講師を1名増員した」「高学年の生徒がすべて退会した」など起こり得る状況や課題を仮説（予定・目標）として、現実と比較した上で、チェック、検証、修正、実行していきます。

また、事業資金を金融機関から借り入れる場合も、事業計画書が必要です。金融機関に事業計画書を提出し、毎年その結果や変更などを報告して信頼を得ると、資金の調達がしやすくなります。

次に、資金繰り表の作り方を説明しましょう。

パソコンのエクセルなど表計算ソフトを使用すると便利です。

最初にスクールの1カ月分の収支を明確にしましょう。まず、生徒からの授業料など、収入を出します。支出となる経費には、毎月必ずかかる固定経費（家賃や人件費、水道光熱費など）と変動経費（宣伝広告費、イベントにかかる経費など）があり、それらを書き出すことで1カ月の支出がわかります。

1カ月分の収支を入力したら、その列をコピーしてあとの11カ月の欄にペーストします。そして、宣伝広告費を投入する時期、生徒が増減する時期などを考慮して、数字を落とし込んでいきます。

3年から5年くらい先までの資金繰り表を作成しておけば、事業計画書に利用することもできます。

なぜなら、他業種と違い、スクール経営の主な収入源は授業料が現金だからです。小切手や手形による売掛金がなく、「売り上げ＝入金」になるので、資金繰り表が事業計画書として使えるのです。

業績が右肩上がりの計画を立てる人も多いとは思いますが、**計画書には必ず根拠を記述**しなければなりません。

事業計画書に根拠を記述する際、「将来、新しいスクールを展開するので生徒が増加します。また、既存の教室も売り上げをアップさせるので、業績は伸びていきます」と書くのではなく、具体的な数値を盛り込みましょう。

たとえば、「新しい教室を、○年△月に開校することにより生徒増加が見込まれ、○年には□百万円の売り上げ増につながります。また既存の教室では、新たなカリキュラムを導入することにより、売り上げ単価を上げ、○年には□百万円の売り上げ増につながります。また不採算性の教室を統合することにより、地代家賃を○年には□百万円、自然減とします。そして希望退職により人件費を○年には□百万円削減すると、利益は○年に□百万円、○年には□千万円になります」

　このような記述をすることで、事業計画書は訴求力を増します。

　図2-11は「創業計画書例」です。是非、参考にしてください。

図 2-11　創業計画書例

創 業 計 画 書

お名前　　佐藤 仁

・ この書類は、ご面談にかかる時間を短縮するために活用させていただきます。お手数ですが、ご協力のほどよろしくお願いいたします。
　なお、本書類はお返しできませんので、あらかじめご了承ください。
・ お手数ですが、可能な範囲でご記入いただき、借入申込書に添えてご提出ください。
・ お手数ですが、可能な範囲でご記入いただき、借入申込書に添えてご提出ください。
・ この書類に代えて、お客様ご自身が作成された計画書をご提出いただいても結構です。

1 創業の動機・事業の経験等

業 種	教育サービス業（英会話スクール）	創業（予定）時期	平成　26 年　1 月　1 日
創業されるのは、どのような目的、動機からですか？	2011年4月から小学5、6年生で英語が完全必修化され、平成25年度から高校で英語の授業が英語で行われております。社内公用語、新卒へのTOEIC点数の必須化を決める企業が増える中、子どもへの英語学習は必至です。しかし、教える英語の先生の質や経験が問われる今私の15年の英語教育の経験を、創業を通して、数多くの生徒に伝えるべきと思ったためです。		
過去にご自分で事業を経営していたことはありますか。	□事業を経営していたことはない。 □事業を経営していたことがあり、現在もその事業を続けている。 ☒事業を経営していたことがあるが、既にその事業をやめている。 ⇒やめた時期：　　年　　月		

この事業の経験はありますか。（お勤め先、勤務年数など創業に至るまでのご経歴）	年月	略歴・沿革
	2005年～　5年	〇〇学院株式会社
	2010年～　3年	△△株式会社
	有（　英検1級・TOEIC950点他　　）・ 特に無し	

2 取扱商品・サービス

お取り扱いの商品・サービスを具体的にお書きください。	① 子ども対象の英会話授業　（売上シェア　93 %） ② 大人対象の英会話授業　（売上シェア　7 %） ③　（売上シェア　%）
セールスポイントは何ですか。	競合他社は、6か月～1年でやっと、英語で名前を話したり自己紹介できるのですが、私共では、それを1か月でできるようになり、さらに、2か月以内にMay I borrow your pen? May I come in?が言えることが当然になります。さらに、発音が良いこどで有名で、他社から入学、口コミでの入学の実績もございます。また、英検と国連英検の指定校になり、信頼感も抜群です。

3 取引先・取引条件

	取引先名（所在地等）	シェア	掛取引の割合	回収・支払の条件	取引先名（所在地等）	シェア	掛取引の割合	回収・支払の条件
販売先	一般個人（〇〇町駅周辺の学生（近隣に保育園12園、幼稚園13園、小学校9校	100 %	0 %	25日までに翌月分を回収		%	%	日〆
	中学校5校、高校2校）、会社員及び近隣住民	%	%			%	%	日回収
仕入先	株式会社△△（東京都）（教材など）	100 %	0 %	当　日〆		%	%	日〆
		%	%	当　日回収		%	%	日回収
外注先		%	%	日〆		%	%	日〆
		%	%	日回収		%	%	日回収

従業員等			人件費の支払	
	常勤役員の人数	1 人		25 日　〆　末　日支払
	従業員数（うち家族）	2　（　2 人）		ボーナスの支給月　7 月　、　12 月
	パート・アルバイト	人		

4 必要な資金と調達の方法

平成　23 年　3 月　1 日　作成

	必要な資金	金額
設備資金	店舗、工場、機械、備品、車両など （内訳） ■物件契約等 ・保証金（家賃6か月分）108万円 ・礼金（家賃2か月分）36万円 ・仲介手数料（家賃1か月分）18万円 ・保険料　4万円 ■内装工事（見積のとおり）200万円 ■什器・備品 ・冷暖房設備・棚・机・椅子70万円 ■看板・カッティングシート代 30万円 ■教室内装費10万円 ■移転費用10万円	486 万円
運転資金	商品仕入、経費支払資金など （内訳） ・商品仕入（景品代・教材代）35万円 ・移転後宣伝広告費等233万円 ・移転後諸経費等246万円	514 万円
	合計	1,000 万円

調達の方法	金額
自己資金	500 万円
親、兄弟、知人、友人等からの借入 （内訳・返済方法）	0 万円
日本政策金融公庫からの借入	500 万円
他の金融機関等からの借入 （内訳・返済方法）	0 万円
合計	1,000 万円

4 事業の見通し（月平均）

		創業当初	軌道に乗った後 （　15 年　10 月頃）	売上高、売上原価（仕入高）、経費の根拠
売上高①		103　万円	130　万円	≪創業当初≫ ①売上高　客単価（月謝制）　生徒数103名 10,000円×103名=103万円 ②仕入高　原価率5% 103万円×5%=5万円 ※教材費・ステッカー代・景品代他 ③人件費　従業員2名分 専従者8万円、従業員20万円　その他5万円　合計33万円 ※給与、その他（社会保険料、労災保険他） ④支払利息 500万円×年2.0%÷12=1万円 ⑤その他　税理士費・通信費・光熱費・広告費・会議費・ コンサルティング費他　30万円 ≪軌道に乗った後≫ ①創業時から1.3倍は可能（マネージャー時と昨年の経験から） ※教室移転に伴い大々的な宣伝活動により生徒数30名増 ②仕入高は当初原価率を採用 ③人件費　売上増加に伴い5万円増 その他諸経費10万円増 ※生徒数増強のため広告費等増
売上原価② （仕入高）		5　万円	6　万円	
経費	人件費（注）	33 万円	38 万円	
	家賃	18 万円	18 万円	
	支払利息	1 万円	1 万円	
	その他	30 万円	40 万円	
	合計③	82 万円	97 万円	
利益①－②－③		16 万円	27 万円	（注）個人営業の場合、事業主の分は含めません。

ほかに参考となる資料がございましたら、計画書に添えてご提出下さい。（日本政策金融公庫　国民生活事業）

2-6

入会時に必要な書類とは？

入会申込書は契約書！活用できそうな項目を盛り込む

すでに開校しているスクールでも、入会時にお客様との契約書類を作成しておらず、契約書の必要性や重要性を認識していないことがあります。しかし、生徒であるお客様がスクールに通い、スクールがお客様にレッスンというサービスを提供することは、契約に基づくものです。

そのためにも開校前に入会申込書と受講規約は作成しておきましょう。

入会申込書とは、単に生徒の連絡先を記す書面ではなく、「双方の合意のもとにサービスを提供すること」を記した契約書です。また、入会申込書はお客様の情報を得る手段として使うこともできます。

お客様の情報はスクールにとって財産です。したがって、項目は出来る限り今後のスクール運営に活用できるものにしましょう。たとえば、大人を対象にしたスクールであれば、勤務先や家族の情報、子どもを対象にしたスクールであれば、兄弟や保護者の情報、さらには祖父母の情報なども盛り込んでおくといいでしょう。

受講規約でトラブル回避

スクールを運営するに当たって、経営者はスクールのルールを決めます。そのルールを書面化したものが受講規約です。口約束だけでは、あとで「言った、言わない」とトラブルになりかねません。それを回避するためにも、生徒には受講規約に同意してもらった上で、入会申込書を書いてもらうようにしましょう。

とはいえ、個人経営のスクールでは入会申込書は用意していても、受講規約を作成しているところは少ないです。生徒数が少ない段階であれば、特に問題が起きることもないのですが、生徒が増えてくるとルールを明確にしておく必要があります。

　したがって、小規模スクールでも開校前には受講規約の作成をお勧めします。

　受講規約に入れるべき事項は、「授業料、レッスンのキャンセル、休講、休会、退会、強制退会」などです。また、個人情報の扱いに関するプライバシーポリシーは必ず明記しておきましょう。

　図2-12「受講規約参考例」です。是非、参考にしてください。

「特定継続的役務提供」の対象か注意する

　お客様との契約においては、スクールの運営が「特定継続的役務提供」に該当していないか、注意しなければなりません。**特定継続的役務提供とは、特定商取引法で規定されているもので、語学学校や学習塾、パソコンスクールであれば、契約期間が2カ月以上で契約金（入学金、受講料、教材費や関連商品の販売などを合計した金額）が5万円以上の場合は、規制の対象となり、法で定められた事項を記載した概要書面と契約書面をお客様に渡す必要があります。**

　その他、「禁止行為」や「書類の閲覧の義務」などの決まりもあります。

　たとえば、長期契約のスクールやチケット制のスクール、1年分の教材費として十数万円ほどを請求するスクールの場合、特定継続的役務提供に該当する可能性があります。

　一方、月毎の契約とみなされる月謝制の場合は、基本的には規制対象外です。

　特定継続的役務提供の詳しい内容については、消費者庁の「特定商取引ガイド」(http://www.no-trouble.go.jp/search/what/P0204010.html) をご確認ください。

パンフレット作成のメリット

　スクールの案内チラシは作っても、「パンフレットは必要ない」と考えるスクールは、中小スクールや個人スクールには多いようです。

　とはいえ、**パンフレットはお客様に安心感と信頼感を与えるツール**です。私がスクールを設立した当初は、当然お客様に私のスクールは知られていませんで

図 2-12　受講規約参考例

〇〇スクール　受講規約

当教室のサービスを利用する時点で本規約の内容に承諾して頂いたものとしますので、必ずご利用前にお読み下さい。

この規約に同意できない場合は、残念ながら当教室のサービスのご利用をお控え下さいますようお願い致します。

また本規約の内容は必要に応じて変更する事があります。

〔受講規約〕

■ご契約、お申込みについて

入会金、初回授業料、教材費等のお支払い確認ができた時点をもって契約成立とさせて頂きます。

■月謝について

月謝は前月に翌月分を当教室指定の方法にてお支払い下さい。

また、物価及び公租公課の変動、その他の経済上の変化があった場合、月謝金額を変更する場合があります。

■レッスンキャンセルについて

レッスン開始日の午前 11 時までに電話にてご連絡ください。当教室が指定した時間内にて、振替レッスンを受講できます。
なお、レッスン開始日の午前 11 時までにご連絡がなく欠席された場合、無断欠席扱いとなり振替レッスンを受講することができません。その際授業料の払い戻しも致しませんのでご了承ください。また台風などの天候などでやむを得ずレッスンが休講になる場合があります。この場合、緊急連絡先に連絡させて頂き、改めて振替レッスンを行う日時をお知らせ致します。

■休会について

原則、休会される月の２ケ月前まで（5 月から休会の場合、2 月末まで）に休会の旨を当教室にご連絡ください。

休会期間は最大３ケ月とさせて頂きます。なお休会後３ヶ月を経過した場合は自動的に退会となり、再入会を希望される場合は改めて入会金が必要となります。

■退会について

原則、退会される月の２ケ月前まで（5 月から退会の場合、2 月末まで）に退会の旨を当教室にご連絡下さい。

なお、お客さまの都合による退会の場合、入会金、年会費の返金はできません。また月途中での急な退会の場合、月謝の返金はできませんのでご了承下さい。

■強制退会について

以下の場合において、やむを得ず退会して頂くことがあります。
①受講中レッスンに適切でない、また他会員への迷惑な行動などが頻繁に確認され、講師の注意、指導に従わなかった場合
②再三の請求にもかかわらず、3 ヶ月間以上月謝をお支払いいただけなかった場合
③書類上の個人情報等の記載内容に虚偽があった場合
④その他、当教室との信頼関係を損なう重大な過失を犯した場合

■個人情報について

会員の個人情報は当教室で責任を持って管理し、当該サービスの提供以外への利用および第三者への提供・開示は一切致しません。

■免責事項について

当教室では当該サービスとそれに関する情報の提供につきまして万全を期しておりますが、万一会員の期待とは異なる結果が生じたとしても責任は負い兼ねますのでご了承ください。また当該サービスに関連して生じた会員間または会員と第三者の間のトラブル等についても当教室は一切責任を負いません。

〇〇スクール
住所
連絡先
代表者名
【施行日　平成〇〇年〇月〇日】

した。そこで、簡単なチラシを作ると、逆にお客様から、胡散臭いと思われたことがありました。

私の経験から、中小のスクールや個人のスクールでもいいパンフレットがあれば、イメージアップを図ることができ、キャンセル防止にもつながると考えています。パンフレットのないスクールは、この機会に作成してみてはいかがでしょうか。

たとえば、個人スクールの場合、B4サイズの用紙を半分に折り、4ページ程度のパンフレットで十分です。

そして、パンフレットに掲載する「スクールの概要」「クラスの種類」など、内容や項目を決めていきます。

その際、紹介する順序や見せ方に工夫し、スクールの魅力がお客様に伝わるようなパンフレットを作ります。特に強調したい内容は、数ページにわたり掲載するのも効果的です。

かつて私が作成したパンフレットには、「レッスンの種類と特徴、スクールのシステム、レッスン開始までの流れ」など、それぞれのポイントごとに押さえて簡潔に紹介しました。

私は授業料を低く設定して他のスクールとの差別化を図ったので、全4ページのうち3ページが授業料についての記載になりました。

それでは、**パンフレット作成時の具体的なポイント**を次に紹介します。

＊伝えたいポイントを絞る

パンフレットには、あれこれと盛り込みたくなるものです。しかし要素が多すぎると、お客様にはポイントがわかりにくくなってしまいます。伝えたいことを絞り、たとえば「○○スクール7つのポイント」とまとめると、わかりやすくなります。また、**ポイントは、最低5つ以上あったほうがいいでしょう。**

＊写真やイラストを多めに使用する

写真やイラストは文章よりも効果的にお客様へメッセージを伝えることができます。たとえば、子どもが対象の場合ならば、楽しそうにレッスンを受けている写真を使用します。また大人が対象の場合でも、活き活きと顔を上げて講師と笑顔で会話している写真を使うといいでしょう。

パンフレットには、次のような写真画像を掲載することをお勧めします。

● 楽しそうなレッスン風景
● 講師がレッスンを行っている写真
● 生徒が「できた！」と笑顔で作品を持っている写真
● 生徒と講師（または経営者）の2ショット写真

このように、パンフレットに生徒の笑顔や講師の写真を載せることで、お客様に楽しさと同時に安心感を与えることができます。加えて、パンフレットに生徒や保護者の声を載せると、お客様に共感を与えます。また、お客様も入会後が具体的にイメージしやすくなります。

当たり前のことですが、パンフレットに生徒の写真を掲載する際は、必ず許可をもらうようにしましょう。知り合いのスクール経営者は、写真の許可を得ず、生徒をパンフレットに掲載したため、のちに生徒からクレームが起きました。その結果、すべてのパンフレットを廃棄したそうです。

そこで、入会申込書には「レッスン時の写真、動画撮影に対する許可」と一文を入れておきましょう。また、生徒をチラシやパンフレット、ホームページなどに掲載する際は、口頭ベースではなく、必ず文書ベースで許可をもらいましょう。

＊複数の業者から見積もりを取る

パンフレットの構成が決まったら、業者に印刷を依頼します。

大体、制作期間は2週間から1カ月を目安にします。インターネットで「パンフレット 作成」と検索をかけて、各社の料金表を参考に、複数の業者から見積もりを取ることをお勧めします。

使用する紙に関しては、少し厚手で光沢があり、写真がきれいに見えるものを選びましょう。また、スクールのイメージにも影響するので、紙の色選びも慎重に行います。

印刷部数はスクールの情報が変わる可能性を考えて、6カ月から1年程度で使い切れる数にしましょう。中には1枚の単価を安くするために、大量に印刷する方もいますが、情報や写真が古くなってしまえば、結局使い切れずに捨ててしまうことになります。

第3章 スクールビジネスを成功させる戦略

3-1 戦略はこうやって立てる

戦略の立て方

アメリカの経営史学者、アルフレッド・D・チャンドラーJr.は『組織は戦略に従う』（ダイヤモンド社、2004年6月）の中で、戦略とは「企業の長期の基本目標を定めた上で、その目標を目的を決定し、それら目標を実現するために行動を起こしたり、経営資源を配分したりすることを指す」と定義しています。

つまり、戦略は「目指す目標に向けて進む道筋」だと、私は考えています。

たとえば、「TOEICで950点を取りたい」と目標を掲げます。現状が600点の場合、リスニング能力と語彙力を向上するために、「いつまでに何をどのように勉強すればいいのか」と道筋を立てます。

その際、リスニングを強化するために英会話スクールに通うのか、オンライン英会話で強化するのか、またはどのような問題集や参考書を選んで勉強するのか……など、自分にとってどのプランが最適かを選択するのが戦略です。何も難しく考える必要はありません。複雑なものが必ずしもいい戦略だとは限らないからです。

重要なことは、明確な「目指す目標」の設定と、明確な「現状認識」の把握です。目指す目標は、具体的に決めましょう。また、現状認識は、正しく客観的に見ることが必要です。

それでは、スクールを開業するためには、具体的にどのような戦略を立てればいいのでしょうか。

私が考えるスクールビジネスにおける戦略の流れとは、「市場・競合」「独自経営資源」「強み・差別化」「お客様層」「メッセージ」「メディア」という順番で正しい現状認識を行い、目指す目標に向かいます。

これは、佐藤義典氏が『白いネコは何をくれた？』（フォレスト出版、2008年）の中で提唱した「戦略BASiCS」という経営戦略をもとに、私なりにアレンジしたものです。

これらの戦略の具体的な説明は次の①から⑥の通りです。

①市場・競合

「市場」では、自分のスクールが提供するサービスに対して潜在顧客が「購入」「入会」する意志や能力などを推測します。具体的には、市場規模（潜在顧客の数、地域構成など）や市場の成長性を理解することです。

「競合」は、競争状況や競争相手について考えます。「自分のスクールにとっての競合はどこか？」を明確にした上で、スクールの分析と同様、現状の強み、弱み、経営資源、戦略、業績を分析します。

②独自経営資源

「独自経営資源」とは、差別化されている部分が長期的に持続可能であることを指します。たとえば、「お客様からの信頼」「レッスンカリキュラムを作り出すことができる人」などです。また、講師の育成システムや講師の採用ルートも独自経営資源として考えられます。

③強み・差別化

「強み・差別化」は、潜在顧客が競合のスクールではなく、自分のスクールを選ぶ理由になります。強み・差別化は、「4P」で表せます。4Pとは、「製品（Product）」「価格（Price）」「流通（Place）」「プロモーション（Promotion）」の4つの頭文字からなるものです。つまり、商品・サービスの「顧客価値」、価格の「顧客コスト」、教室の場所・流通チャネルの「顧客の利便性」、宣伝広告・販売促進の「顧客とのコミュニケーション」の中に、強みや差別化を出す必要があります。強み・差別化については、のちほど詳しく説明します。

④お客様層

「お客様層」は、自分のスクールの商品やサービスを販売する「対象顧客層」です。重要なことはターゲット層を絞り込むことです。

具体的には、3つの層に分けます。

1. デモグラフィック……年齢・性別・職業などの人口統計学的な分け方
2. ジオグラフィック……どこに住んでいるか、どの

エリアで働いているかという地域的な分け方

3. サイコグラフィック……普段何を大事に思い、どんな行動をしているのかという内面的な分け方

⑤メッセージ

「メッセージ」は、市場・競合との独自経営資源を持つ強みや差別化に基づき、想定するお客様に伝えるキーコンセプトになります。つまり「差別化された価値をどのように提供するのか」を簡潔にまとめたものです。

「何をお客様が求めているのか？ 今、どういう気持ちなのか？ 何と言ってほしいのか？」など、お客様の心情を理解していなければ、メッセージは作れません。

⑥メディア

「メディア」は、メッセージをお客様へ伝える場所や媒体です。具体的な場所や媒体は次の「1」から「4」になります。

1. 電波を媒体とするメディア
  - ・テレビ
  - ・ラジオ
2. 紙を媒体とするメディア

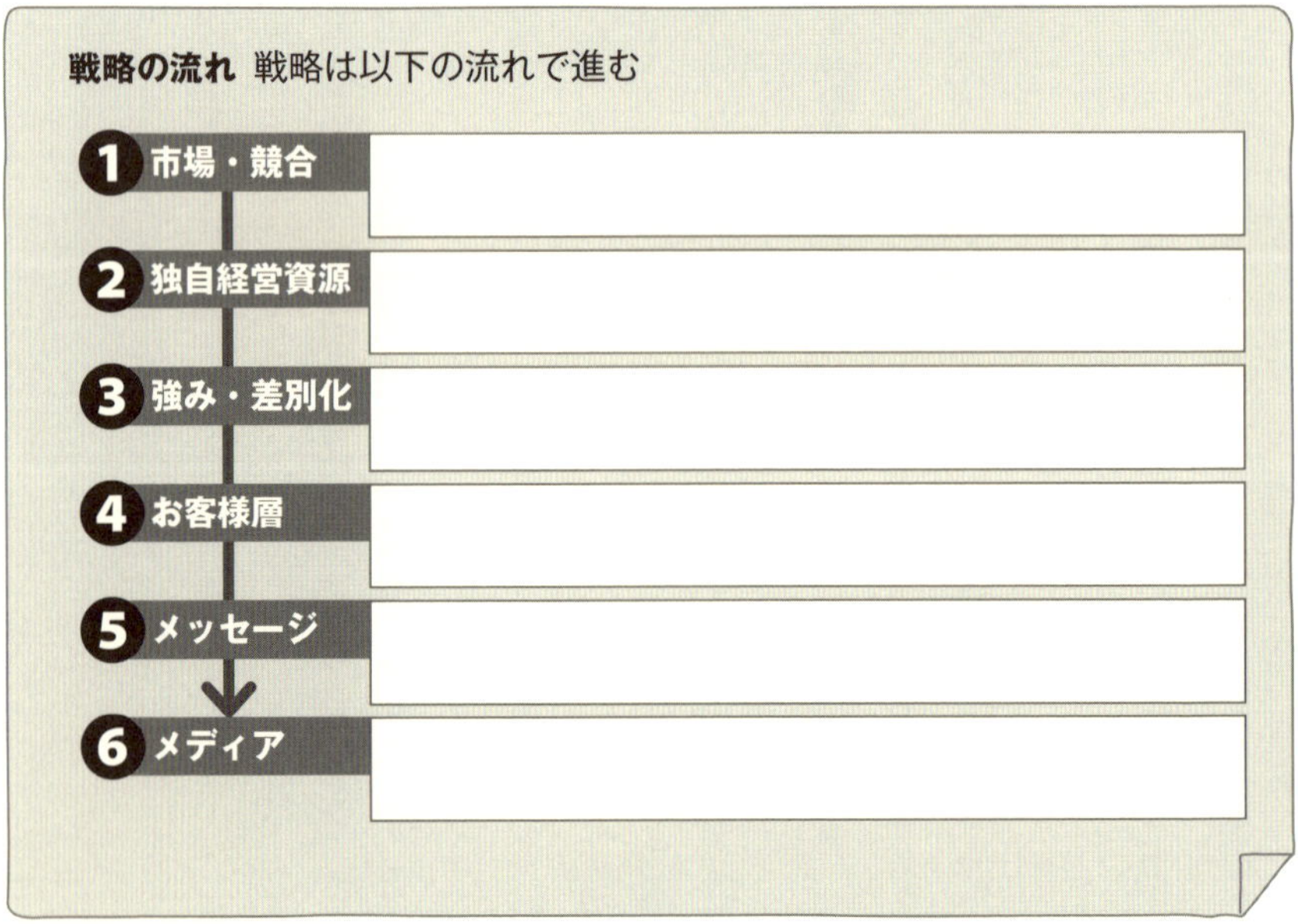

・新聞折り込みチラシ
・習い事の専門雑誌
・タウン誌
・フリーペーパー
・タウンページ
・新聞広告

3. インターネットを媒体とするメディア
・ホームページ、ブログ
・SNS（ソーシャル・ネットワーキング・サービス）
たとえば、Twitter、Facebook、LINE など
・インターネット広告
・メルマガ広告
・インターネット掲示板

4. その他のメディア
・口コミ紹介
・看板やカッティングシートによる外観アピール
・DM（ダイレクトメール）
・電車の中吊り広告
・チラシ配り
・ポスティング

これら一連の流れに必要なことは、お客様の視点ですべてを考えることです。**主語は、自分のスクールや自分のレッスン、商品ではなく、「お客様」**です。「お客様」とはあなたが明確に想定した顧客と、その顧客の置かれた状況です。

中小スクールや個人スクールは経営資源が少ないので、注力する方向を針のように鋭くして、戦略を考え抜かないと、大手スクールの持つ資金力とマーケットには穴を開けることができません。

そのためにも、「誰に」「何を」「どうやって」をしっかりと考える必要があります。

2年間で6500名を集めたスクールの戦略

それでは、実際に私が2年という期間の中で、6500名の生徒を募集した戦略を、次の①から⑥で紹介します。

①市場・競合について

市場は、子ども教育市場でした。2000年度、小学校から高校までの教育課程の制度として、「総

合的な学習の時間」がスタートしました。そして、2002年、学習活動の「国際理解」の中で英語が学習できるようになりました。そのため、大手英会話スクールを始め、学習塾業界も子ども英会話のレッスンに力を入れ始めました。

当時、市場自体は大手英会話スクールが全盛を誇っていたため、英会話スクールへの参入障壁は決して低いものではありませんでした。しかし、時代は確実に子ども英会話へと需要が広がっていました。

競合は大手、中小、個人英会話スクールをはじめ、その他の子ども教育関連スクールになります。

2013年に、Benesse教育研究情報サイトで行われた「『習い事、やめたいと言われたら?』子どもの習い事調査&アドバイス」(http://benesse.jp/blog/20130228/p2.html)の調査によると、「水泳」「音楽」のスクールの割合は比較的に高い結果でした。したがって「英会話」のスクールにとっては、これらのスクールは競合の他業スクールとして考えられます。

②独自経営資源

独自経営資源は、営業社員と講師です。通常マス媒体をメインに生徒募集するスクールが多い中、私は営業社員による生徒募集を行いました。営業社員の給与は人件費ではなく、宣伝広告費と考えていました。

たとえば、マス媒体で、30万円の宣伝広告費を使った場合、広告の内容で反応率を上げることは可能ですが、必ず決まった問い合わせ件数を得られるわけではありません。しかし、同じ30万円を営業社員の人件費として使った場合、最低限の教育をした社員であれば、ある程度決まった数の問い合わせを得ることが可能です。つまり、営業社員を使うことで、時期を問わずに確実な生徒集客を行えます。

講師は、正社員雇用した本部スタッフと業務請負契約をした非常勤講師を配置しました。当時、本部スタッフへの仕事のコミットや、コミットしたことを実行できるようにする育成マニュアルは他社にはないものでした。また、非常勤講師への報酬は、時間単価ではなく、生徒1名につき、いくらという報酬制度を取っていました。

たとえば、ある講師の受け持ち生徒数が30名であれば、30名×1500円=4万5000円という報酬になります。クラス編成を考えれば、講師は週1回の

戦略の流れ 実例

スクールコンサルタント佐藤仁が創った、2年間で6,500名を集めたスクールの戦略

1 市場・競合	子ども教育市場　大手、中小、個人英会話スクールを始め、その他の子ども教育関連スクール
2 独自経営資源	営業社員 講師
3 強み・差別化	教室の立地、広さおよび内装、授業料の価格、キャラクター作り、お客さま相談センター開設
4 お客様層	高額な授業料を支払うことができない低所得、中間所得層
5 メッセージ	英会話スクールの価格破壊、教材費なし
6 メディア	対象者がいる場所にて直接アプローチする

図 3-1　月毎のアポイント数と入会人数

	月	アポイント数	クローズ数	ネット率	契約率	入会人数
1年目	8月	313	166	53%	38%	63
	9月	431	296	69%	60%	178
	10月	461	337	73%	43%	176
	11月	571	380	67%	37%	165
	12月	373	239	64%	34%	99
	1月	532	311	58%	42%	157
	2月	539	379	70%	45%	200
	3月	580	412	71%	48%	245
	4月	570	392	69%	49%	256
	5月	595	388	65%	42%	264
	6月	763	473	62%	41%	283
	7月	741	438	59%	48%	319
平均		539.08	350.92	65%	43.9%	200.42
2年目	8月	531	453	85%	56%	332
	9月	538	389	72%	57%	381
	10月	554	452	82%	60%	364
	11月	680	506	74%	59%	391
	12月	555	413	74%	59%	409
	1月	478	340	71%	59%	356
	2月	536	412	77%	66%	373
	3月	579	392	68%	59%	387
	4月	613	472	77%	65%	407
	5月	432	338	78%	72%	415
	6月	618	424	69%	56%	377
	7月	480	351	73%	61%	343
平均		549.50	411.83	75.1%	60.8%	377.92
	合計	13,063	9,531	70%	52%	6,940
	平均	544.3	381.4	70%	52%	289.17

受け持ちが可能です。

もし、これが時間給であれば、この金額には到達できません。仮に週1日で3時間のレッスンを時間給2000円で受け持つとしたら、3時間×2000円×4週間＝2万4000円になります。

本部スタッフの役割

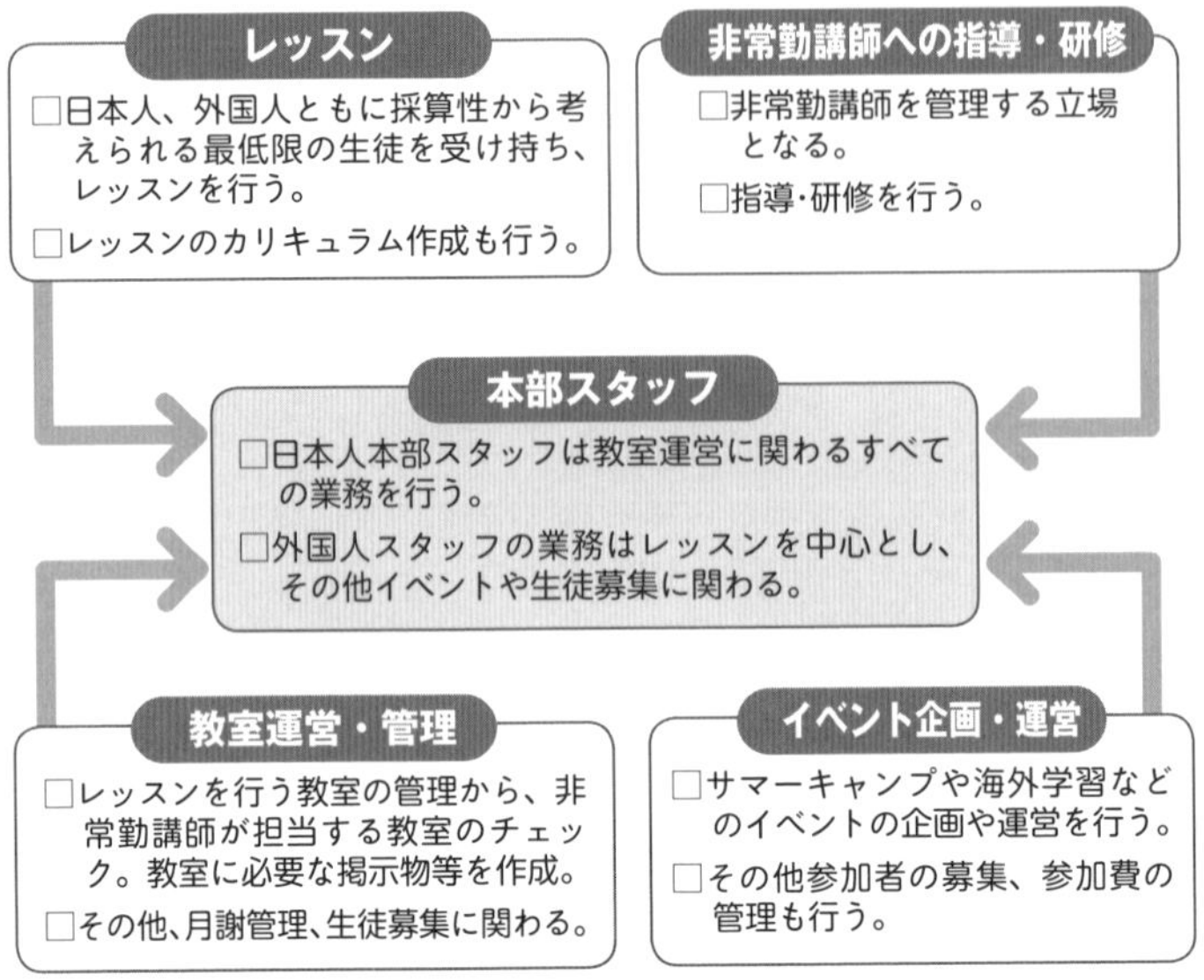
レッスン
□日本人、外国人ともに採算性から考えられる最低限の生徒を受け持ち、レッスンを行う。
□レッスンのカリキュラム作成も行う。
非常勤講師への指導・研修
□非常勤講師を管理する立場となる。
□指導・研修を行う。
本部スタッフ
□日本人本部スタッフは教室運営に関わるすべての業務を行う。
□外国人スタッフの業務はレッスンを中心とし、その他イベントや生徒募集に関わる。
教室運営・管理
□レッスンを行う教室の管理から、非常勤講師が担当する教室のチェック。教室に必要な掲示物等を作成。
□その他、月謝管理、生徒募集に関わる。
イベント企画・運営
□サマーキャンプや海外学習などのイベントの企画や運営を行う。
□その他参加者の募集、参加費の管理も行う。

そこで私は「講師が生徒を入会させると報酬が増え、退会させると報酬が減る」という受け持ちの生徒数によってダイレクトに報酬が変わる設定を取りました。

その結果、講師に生徒数の維持と、新規生徒への集客という意識を持たせることができました。

③強み・差別化

私が、強みと差別化で打ち出したものは、授業料の「低価格路線」でした。当時、競合スクールの平均授業料は7000円～1万円の中、私は日本人講師クラスを4000円、外国人講師クラスを5500円という価格に設定しました。

また、教室の立地も、大手スクールが出店する主要な駅付近ではなく、住宅街にある駅前に開校しました。そして、個人スクールでは少し躊躇する賃料と広さのある物件を借りていました。

当時、私は大手スクールでもまだ設置が珍しかったお客様相談センターを、自分のスクールに開設しました。

通常、お客様相談センターは総合窓口として、「各種窓口案内」「サービスのお問い合わせ」「資料請求」などの要求に対応するインバウンド型です。

しかし、私はただお客様の問い合わせや、相談を待つだけではなく、半年に一度既存の生徒への状況を確認するアウトバウンド型の相談センターを設置することにしました。これが、他のスクールとの差別化になりました。加えて、テレフォンアポインターも導入して、見込み客の掘り起こしをしました。

④お客様層

私は他のスクールが高所得者を顧客ターゲット層にしている中、低価格路線を強みにすることで、それ以外の顧客層をターゲットにしました。

というのも、競争相手の多い市場ではなく、競争がまだ起きていない市場、つまりマーケティングの世界でよくいわれる「ブルー・オーシャン戦略」でお客様にアプローチしたほうがいいと考えたのです。もちろん、授業料の未回収というリスクも生まれます。しかし、授業料の回収方法をリスクヘッジとして確立していたため、その市場に踏み込めました。

私が経営していたスクールでは、授業料の未納が0％でした。したがって、貸し倒れも0円でした。毎月授業料を徴収するシステム（年間払い、2カ月前払いなどは行っていません）だったので、この驚異的な数字を同業スクールの方々は不思議に思っていたようです。いろいろな会社の方から、私はノウハウを聞かれました。

それでは、どのように回収すれば、未納は防げるのでしょうか？　この点について見ていきましょう。

まず、私は代金回収をすべて代行業者に依頼しました。この方法には引き落とし手数料がかかるというデメリットもありますが、未納になり貸し倒れが発生することを考えれば、引き落とし手数料は決して高いものではありません。

また、指定口座への振り込みや月謝袋による回収システムでは、お客様に面倒をかける上、お客様が忘れてしまうリスクもあります。さらに、生徒の人数が多くなると、授業料の回収管理の事務負担が相当の量になります。その際に発生する人件費を考えれば、引き落とし手数料は安いものです。

代金回収の代行業者は、銀行系とクレジット会社系があります。大体一名の引き落としに対して、手数料は100~150円くらいです。

この手数料も生徒の人数が増え、引き落とし件数がまとまってくれば、業者に対し金額交渉をすることも可能になります。私のスクールでは、一名の引き落とし手数料が60円程度まで下がりました。

とはいえ、代金回収業者を利用しただけでは、授業料の未納率は0%になりません。私が、引き落としで回収できたのは平均97%です。残り3%は残高不足などが理由で引き落とし不能になりました。

この残り3%の回収方法に、実は未回収0%の秘訣があります。

まず、講師に授業料回収を徹底させます。業者より引き落とし結果が届き次第、講師別の未納者リストを出し、各講師に伝えます。また各講師の報酬は、授業料が入金されなければ、支払われないようにしておきました。たとえば、100名の生徒を受け持っているとしても、授業料が97名分しか入金されなければ、97名分の報酬しか支払わない、ということです。これは講師との報酬契約が、時間給や日給ではなく、「生徒1名につきいくら」という報酬制度だからこそできました。したがって、講師は授業料の回収に力を入れるようになります。

スクールからも、未納者へは3日以内に連絡を入れていましたが、未回収をゼロにしたのは、やはり講師の果たした役割が大きかったと思います。

再三、講師が連絡しているにもかかわらず、授業料の入金がない場合、私はまず講師以外の社員にその生徒宅へ訪問させました。その後、内容証明を送り少額訴訟も辞さないことを伝えます。ここまで行うと、授業料より、人件費や手間のほうがかかります。しかし、絶対に未納は許さないという姿勢を社員や講師、生徒に示す意味では十分に意義のあることでした。

また、生徒の募集時期に関しても、競合のスクールが生徒募集をしていない時期に、募集活動を行いました。この活動によって、生徒の集客ができました。

私が子どもをメインターゲットにした理由は、継続年数が長いからです。この点が実証されている「Benesse教育情報サイト」(http://benesse.jp/blog/20130228/p2.html)のアンケート結果があるので紹介しておきます。

子どもが「6年以上」続けている習い事として、

図 3-2　お子さまは習い事をどれくらいの期間続けていますか？

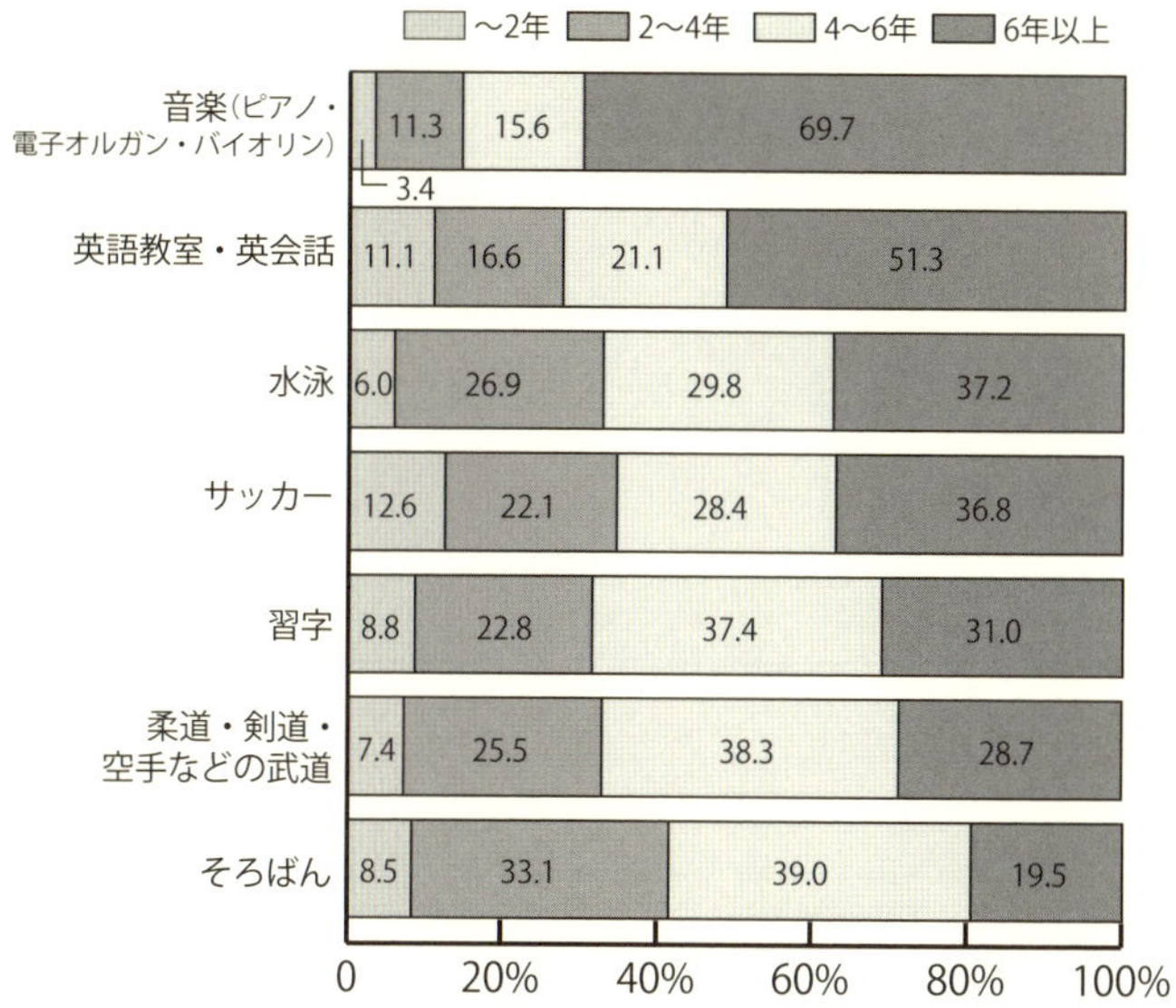

出典：Benesse教育情報サイト、2013年
http://benesse.jp/blog/20130228/p2.html

「音楽（ピアノ・電子オルガン・バイオリン）」が7割近くとなっており、「英語教室・英会話」が約5割、「水泳」「サッカー」「習字」が3割台となっています。

⑤メッセージ

お客様へのメッセージは、とにかく低価格路線の授業料を伝えるために、私は「英会話スクールの価格破壊」「教材費なし」と授業料の価格をメインに打ち出しました。

２００２年ころは、世間一般的に子どもの英会話スクールの教材は高額というイメージがありました。また、当時の英会話スクールは、授業料の価格を明記していても、入会する際にかかる他の教材費など、全体的な受講費用がわかりにくい費用体系でもありました。そのため、「教材費なし」というメッセージは、お客様にインパクトを与えました。

⑥メディア

メディアは、新聞折り込みチラシも行いましたが、主に私のスクールでは、営業社員が対象となる子ども達やその保護者がいる場所へ直接行き、英会話の必要性や重要性を伝えていきました。

独自経営資源の作り方とは？

私がセミナーで独自経営資源について話しをすると必ず聞かれる、「営業社員の育成方法」について、ここではお伝えします。

「人と話しをするのが苦手」という方にも参考になる事例なので、「その人にはできても、私にはできない」と考えないでください。

それでは、私の会社の社員を事例に、営業社員の育成方法を紹介します。人見知りの彼女は、私が考える「お客様と積極的にコミュニケーションを取り、自分のスクールのよさや自分のレッスンのよさをお客様に話すことで、入会してもらえるようになる」という方法論を行動に移したことで、営業社員として結果を出しました。

この方法を活用すれば、きっと「初対面の人と話しをするのが苦手」と思っているあなたでも、結果を残せるはずです。

＊人見知りの新入社員——Tさんの場合

Tさんは4年制大学を卒業後、私の会社に入社した新入社員です。もちろん、社会人経験はありません。

大学で英文学科を専攻していたTさんは、もともと講師を希望していました。しかし、講師としては英語力がレベルに達していないため、教室運営のスタッフとして働いてもらうことになりました。

入社当初から「私は人見知りがすごいんです」というTさんはその言葉通り、同僚や先輩にすら話しかけることはありません。また、周りから話しかけられると、少しおびえた表情を見せました。

実際、社員研修の自己紹介でも、人前で話し始めたTさんは声が震え、うまく話せないでいました。

とはいえ、いくら人見知りのTさんをかわいそうだと思っても、私が彼女を社員として雇用した以上、スクールのPRや生徒募集をできる社員に育てる責任があります。

そこで、私はTさんへ「営業社員の育成方法」を始めました。

まず、はじめに、Tさんには先輩社員の外回り営業に同行させて、どのようにスクールのPRをしているのかを見てもらいました。また外回りの営業から戻ってからは、社内でスクールと英語について書かれた特製のバインダーを使って、営業時のトークを練習させました。

私の会社では、新入社員の社員研修で特製バインダーの使用方法をまず勉強させます。このバインダーはマニュアルになっており、「スクールの説明」から「英語の必要性」「教室に通うメリット」「体験レッスンの申し込み」など、お客様にスクールの内容をスムーズに説明する方法が書かれています。したがって、新入社員には1週間以内に、バインダーを使いこなせるような指導をしていきます。

バインダーの使い方を覚えれば、お客様にスクールの説明から体験レッスンの申し込みまで、一通りの話しができるようになります。

そしてバインダーを使いこなすことで、社員の大半はお客様に対して臆せずに話しができるようになります。

もちろん、Tさんもバインダーの流れを一生懸命に覚えようとしていました。しかし、Tさんはいざトークの練習になると、ぎこちなくなり、途中で話すことを忘れてしまいます。そこで、私はTさんに毎日最低1時間、このバインダーでトークの練習をさせました。

Tさんは必死に練習しました。しかし、いざ現場でお客様との会話になると、彼女は「こんにちは」と言ったあと、緊張して全く話しをすることができません。

「このままでは、彼女はどんどん自信を失くし、この仕事を続けることがイヤになってしまうだろう」と思った私は、Tさんにある指示を出しました。

その指示とは、「毎日、お客様と30分間話しをしてくること」です。お客様との話しの内容は雑談でも構いません。とにかく、「お客様と30分間話しをする」という指示です。

最初の指示にTさんが馴れてきたころ、次に出した指示は、「毎日3人のお客様と30分間話しをしてくること」です。そして次は、「毎日子どもと30分間遊んでくること」、その次は「毎日5人の子どもと30分間遊び、子どもにノートへ感想を書いてもらうこと」など、Tさんの進捗によって指示をどんどん変えていきました。

結果、指示を始めてから2週間が過ぎたころには、Tさんは体験レッスンのアポイントを取り始め、Tさんのチラシを見たという問い合わせも増えてきました。

そして、初めての指示から1カ月が経ち、Tさんは20名の生徒を入会させることができました。さらに翌月は40名、また翌々月も40名以上の生徒を入会させています。

ここで、私がTさんに指導したことを振り返ると、次の2つです。

●バインダーを覚えること

●人と話しをすること

この2点のみをTさんには徹底して指導し、進捗状況を管理していただけです。毎日、お客様と雑談することで、Tさんは人と話しをすることに慣れてきました。

その際、Tさんとお客様の会話は雑談ですから、スクールの説明や体験レッスンの紹介など、商品の説明は一切ありません。押し付けがましい営業はしないので、お客様からもイヤな顔をされることはありません。

一方、毎日、人と話すということは、それなりに話題が豊富でなければ続きません。そこで、Tさんはバインダーの知識を必要としました。とはいえ、30分の間、人と話しをするためには、他の話題も必要です。

そこで私がTさんにしたアドバイスは、「必ず、最低でも3つの話題を持つこと」です。この3つの話題とは、たとえば「英語」「ドラマ」「芸能関係」など、本人が興味関心のある話題であれば何でもいいです。人は必要に迫られると、その知識を得ようと努力します。

Tさんの場合、3つの話題の1つが英語でした。

したがって、Tさんの英語に関する知識は必然的に増えていきました。また人に話すことで、Tさんは覚えた知識を、生きた知識に変えることができました。

そして指示を積み重ねた結果、Tさんは自分の仕事に自信を持つようになり、またお客様に対しての接し方も変わってきました。

もし、あなたやあなたの周囲の人がTさんのように人見知りの引っ込み思案で、思うように自分のポテンシャルを出せない状態だったとしても、決してあきらめることはありません。この事例からもわかるように、問題を解決する方法は必ずあるからです。

問題にぶつかったら、まず、今の自分にとって「何が問題なのか?」を客観視し、焦らずに対処方法を考

えましょう。

そして、基本に忠実に従い、その「基本」が成功への道筋であれば、必ず結果が出せます。

Tさんの事例がそのことを証明していると、私は実体験から感じました。

生徒募集が目的になってはいけない

「集客してこそ、成功できる!!」

事業を起こした多くの経営者が言うように、私も集客は重要だと考えています。

お客様がいなければ、どれだけすばらしい理想を掲げても、経営を動かしていくことはできないからです。

とはいえ、勘違いしてはいけないことがあります。

それは、**「集客がうまくいけば、すべてうまくいく」という誤解**です。

スクール経営でいえば、本来、生徒募集自体は目的ではなく、手段です。集客は、スクールや教室経営を長く続けるための手段の1つに過ぎないのです。

この点を間違えてしまうと、スクール経営はうまくいきません。

生徒を募集することはもちろん大切なことですが、集客にばかりとらわれて、劇薬的な宣伝広告活動を行い、その後の生徒管理や維持を怠るとスクールは破綻します。

つまり中身のないスクールでは、どれだけ生徒を集めてもうまくいかないということです。

しかしながら現実は、中身がないスクールでもお客様の感情を煽り、反応を上げる劇薬的な宣伝広告活動で生徒を集めることは十分に可能です。これは、過去に経営がおかしくなったスクールを見ればわかると思います。

劇薬的な宣伝広告活動は、いつでも、どこでも、いつまでも通用するものではありません。広告の内容とスクールの中身が伴わなければ、いずれお客様は離れていきます。

本来の業務ができていないのに、劇薬的な宣伝広告活動ばかりを求めていては、その場しのぎにしかならず、経営をさらに悪化させるだけです。

穴の空いたバケツに水は溜まりませんが、その場しのぎの宣伝広告活動も、結局はお客様が離れていき、破綻するでしょう。

3-2 スクール経営は客観的に考えることから始まる

あなたのスクールのUSPは？

物事を客観的に見ることは大切です。しかし実際、スクール経営していく上では、なかなか客観的に自分のスクールや経営に対して見ることは難しいものです。

私自身、会社を経営していくことに関して、客観的に物事を見て、判断するということの難しさを身をもって痛感しています。

しかしながら、自分のスクールを客観的に見て強みや弱みを知ることは、スクール経営する上で極めて重要なことです。

特に**商品やサービスの強みは、マーケティング用語でいうところの「USP（Unique Selling Proposition）」、つまり「独自の売り」**です。

スクール経営する上で、あなたは競合スクールよりもお客様に違う成果をもたらすために、「何をして、何をすることができるのか？」ということを見極める必要があります。**自分のスクールの「何が、どのように売りなのか？」がわかれば、それらをマーケティング、広告、販売活動のすべてに取り込み、活かしましょう。**

また、競合のスクールはもちろんのこと、他業種のスクールが多数存在する中で、「どうしてあなたのスクールに入会するのか？」「どうしてあなたのスクールに通うのか？」など、その理由を明確にお客様に宣言する必要があります。

厳しい言い方をすれば、USPの存在しない商品やサービスは、市場で勝ち残ることは非常に難しいと私は考えます。

加えて、自分のスクールの強みを客観的に知ることで、広告の出し方にも影響が出ます。

たとえば、自分のスクールの特徴を自分なりに考えた「自己理解」のアピール方法から、お客様が考えている「他者理解」のアピール方法に広告の出し方を変えることができます。これは、スクールのブランド化を進める上でも重要です。

スクールの強みと弱みを把握する

私は、スクールの強みと弱みを見つける方法としてSWOT分析を用いることが多いです。

SWOT分析とは、ある事業について外部環境や内部環境を「強み（Strengths）」「弱み（Weaknesses）」「機会（Opportunities）」「脅威（Threats）」の4つのカテゴリーで要因分析し、戦略策定やマーケティング戦略を導き出す方法です。

強み：自スクールが同業他スクールよりも勝っている点（内部環境）
弱み：自スクールが同業他スクールよりも劣っている点（内部環境）
機会：自スクールにとってチャンスとなる要因（外部環境）
脅威：自スクールにとってマイナスとなる要因（外部環境）

ここで重要なのは、完璧なSWOT分析をすることではなく、戦略を立てた後、自分のスクール分析をきっちりとすることです。私の知る限り、自分のスクール分析がしっかりとできているところは、あまり多くありません。

決して、難しく考える必要はありません。今、「自スクールはどのような状況なのか」を把握することです。人にたとえれば、健康診断のようなものです。

したがって、戦略を変更した場合や、また変更しなくても、定期的に自スクールの分析をお勧めします。ただし、このSWOT分析は、「競合をどこにするのか、お客様を誰にするのか？」によって、強みや弱みが変わります。

それでは、私が立ち上げたスクールを例に考えてみましょう。

私のスクールの強み：安価な授業料。教材費なし
私のスクールの弱み：教室が主要駅にない

私がターゲットにした「高額な授業料を支払うことができない層」に対しては、「安価な授業料」や「教材費なし」は強みになりますが、富裕層でより充実したレベルの高い英語教育を考えている方には、物足りなさを感じられ、一転弱みになります。

一方、「教室が主要駅にない」という弱みは、大人（特にビジネスマンやＯＬ）をメインターゲットにした場合、職場近くの駅前にないことは弱みになります。逆に、子どもをターゲットにした場合は、電車に乗って教室に通うより、自転車や徒歩で通える住宅街にある駅前のほうが通いやすく、強みになります。

このように、「お客様を誰にするか？」という点だけでも、強みと弱みは変わってきます。

戦略を立てたあとであれば、競合もお客様ターゲット層も決まっているので、競合やお客様ごとに何枚もＳＷＯＴ分析を作成する必要は減ります。

また、弱みとして抽出されたことは必ずしも改善すべきかというと、そうでもありません。

たとえば、自宅で開校している個人スクールが、競合を賃貸物件で開校している他のスクールとした場合に、弱みが「自宅開校による信用度や教室の狭さ」とします。

果たして、この弱みを改善する必要があるのでしょうか。

仮にスクールとしての信用度や教室の広さを求めて、賃貸物件に移転した場合、「すぐ近くだから」という理由で通っていた生徒は退会する可能性があります。

また、教室が広くなったことにより、自分のハンドリング能力以上の生徒を確保することで、レッスン自体の満足度を下げ、評判を落とす可能性もあります。

つまり**競合と比べて、弱みだからといって、必ずしも改善しなければならないことばかりではないということです。**

強みと差別化の関係

経営セミナーや異業種交流会に参加すると、「あなたのスクールの強みは何ですか？」「あなたのスクールは差別化ができていますか？」と確認されることがあります。

では、「強み（ＵＳＰ）」や「差別化」とはどういうことでしょうか。

私は必ずしも「強み（ＵＳＰ）」と「差別化」はイコールではないと考えています。というのは、どれだけ自分のスクールに強い部分があったとしても、すぐ近くの競合スクールが同じ強みを持っていたらどうでしょうか。

それでは、「差別化」にはなりません。

学習塾業界を例にして、考えてみましょう。

ある学習塾は、「うちの教室は○○高校への入試に強い」という「強み（USP）」を持っています。

しかし、近隣の学習塾も同じように「○○高校への合格率が高い」と「強み（USP）」を打ち出していたらどうでしょうか。

そうなると、お客様はどちらを選ぶか悩んでしまいます。そして、「同じ○○高校に強いなら、うちから近いほうに行こう」「授業料が安いほうに行こう」と、強みとして打ち出したこと以外で、お客様は選択します。

特に、「授業料が安いほうに」というお客様が多くなれば、市場は価格競争に突入します。

これでは全く「強み（USP）」を活かしきれていません。

そこで、**必要なことは「差別化」するということ**です。

「差別化」は、自分のスクールを見ているだけではわかりません。相手、つまり競合がいてこそ、初めてわかります。**差別化とは、「競合にはなくて、自分だけにあること」**です。このとき、「差別化」と「強み」と「お客様が選んだ理由」が同じであることを意識してみましょう。

それが、「強み（USP）」＝「差別化」となります。

個人スクールの強みとは？

私が個人スクールの経営者から相談を受ける際、必ずお話しすることがあります。それは、「個人スクールの強み」についてです。

しかしながら、個人スクール経営者達に「スクールの強み」を伺うと、ほとんどが「うちのスクールなんて……」と謙遜して、答えてくれません。

実際、個人スクールが持ち合わせている強みは存在します。それは、**個人スクールならではの、きめ細やかなサービスの提供**です。

個人スクールの場合、経営者が講師であり、他のスクールでは存在しない独自経営資源にもなります。

私は多店舗展開しているスクール経営者には、「個人スクールのように、きめ細やかなサービスの提供がどこまでできるかがポイントだ」とアドバイスしています。

たとえば、生徒の相談をレッスン時間外に聞いたり、生徒1人ひとりを想像して、レッスンのための教材を個別に用意したり、無償のひと手間を行います。

それだけ、個人スクールが提供するサービスはすばらしいということです。

したがって、個人スクールの強みを活かすには、「どこへ、どのように発信して、知ってもらうか」ということが重要になります。

差別化が重要なわけとは?

子ども英会話スクールの経営者、A先生とのやり取りを事例に「差別化が重要なわけ」について説明しましょう。

A先生の相談は、「いくら既存の生徒に評判がよくても、子ども英会話スクールは口コミによる友達紹介も少なく、生徒が増えない」ということでした。

＊子ども英会話スクール経営――A先生のケース

A先生「講師は熱心にレッスンに取り組んでいます。お客様からの評判も非常にいいんです。でも……、思ったように生徒が増えないんです」

私「なるほど、講師の方はお客様からの評判もよく、すばらしいレッスンをされているのですね」

A先生「はい、皆さん喜んで通っていただいているのですが、この春、学年が上がることにより退会される方もいて……」

私「退会者ですか。では、少しお伺いしますが、A先生の教室の特徴は何ですか? お客様に提供できる、他教室にないものは何でしょうか?」

A先生「特徴ですか……」

私「そうです。それがA先生の教室の強みとなり、差別化となります。この点が明確になっていないと宣伝広告活動を一生懸命行ったとしても、なかなか結果として表れることはありませんよ」

A先生「真面目に教えていれば口コミで広がると思っていたのですが……」

私「確かに間違いではないのですが、ただ、それだけでは足りないんですよ。

そうですね、たとえば、他業種、飲食店などで考えてみるとわかりやすいと思いますよ。真面目に料理を作っているお店のすべてが流行っているわけではありませんよね。

極端な話し、真剣に料理を作っていないお店は、ほとんどないはずです。多くのお店は、真面目に料理を作っています。その中でも、流行っているお店と流行っていないお店が存在しますよね。

つまり真面目に料理を作ることは大前提であり、そこからお客様に何を提供できるのかが、重要になるということです」

A先生「それが、差別化ということですか！」

私「はい、また口コミによる友達紹介を得るためには、内部充実と仕掛けは不可欠になります。内部充実とは、既存生徒やその保護者の方の満足度になります。そして友達紹介を得るための仕掛けが必要です。つまり仕掛けがない状態で満足度を上げたとしても、思うように友達紹介を得ることはできませんよ」

A先生「それが真面目にレッスンをしているだけでは、口コミで生徒が増えないというわけですね。差別化と仕掛けですね。頑張ってみます！」

戦略から差別化を考える

次に、中国語・韓国語スクールを経営しているE先生の事例で「戦略から差別化を考える方法」について、説明しましょう。

E先生は、積極的にセミナーへも参加され、経営に関しても勉強熱心な方です。

＊語学スクール経営――E先生のケース

E先生「この前、あるセミナーに行ったとき、差別化の必要性をいわれたのですが、いったい、どういったことが差別化になるのか、いまいちわからないんです」

私「差別化ですね」

E先生「はい、この数年、生徒数が、いま一つ伸びなくなり、あるセミナーに参加したんですが、そこで〝差別化〟〝差別化〟と言われまして……」

私「なるほど、ではE先生が考えるスクールの強みとは何ですか？」

E先生「強みですか……。よく生徒から雰囲気がいいとか、アットホームとは言われますが、いま一つそこがわからなくて。あと、講師がいいとも言われます！」

私「なるほど、では、市場や競合はどういったところになりますか？」

E先生「市場？　競合？　ですか……。う〜ん、あまり調べたことはないんですが、近隣に大手スクールが何カ所かありますし、中小や個人スクールも何カ所かはありますね。あと市場とは、どういうことでしょうか？」

私「まずは市場を知り、競合を知ることで差別化や強みが明確になります。そのためにも、市場や競合を調べてみてください」

E先生「はい。わかりました！」

私「たとえば、競合のスクールが同じように雰囲気やアットホームさを強みに出している場合、E先生のスクールと同じになりますよね？　このようなとき、どういった雰囲気なのか、もっと明確にしなければ、差別化にはなりません。また、講師がいいという点ですが、競合のスクールでも講師が優秀と明記しているところは多いと思います。したがって、どのようにいいのかを明確にしておかなければいけませんね」

E先生「なるほど、明確化ですね」

私「はい。『何が、どのようにいいのか』という点を明確にしておかなければ、お客様が選択する際に何を基準に選べばいいのか、選択肢を与えないことになります。そうなると、一番わかりやすい授業料に目がいき、安いところへお客様は流れてしまいます。

差別化を明確にするには、これら以外にも考えなければいけないことがあるので、順番に戦略を立てていきましょう」

その後、私はE先生とともに、スクールの戦略立案から戦術の計画を行い、差別化を明確にしました。

数年後、E先生はスクールの価格競争にも巻き込まれることなく、スクールの店舗数を広げて、順調にスクール経営を行われています。

3-3 スクールのコンセプトとポリシー

スクールにはこだわりが必要?

「あなたのスクールのコンセプトはいったい何でしょうか?」

「あなたのスクールのポリシーはどういったものでしょうか?」

私がよく経営者の方に伺うことです。すでに第2章でコンセプトの重要性にお気づきのあなたは、形にされていることでしょう。

しかし、スクール経営されている方の中には、スクールの「コンセプトとポリシー」がわからなくなっている方もいます。

もちろん、スクール経営者の方も、スクールを立ち上げ当初は「こういうスクールにしたい」「こうなればいいなあ」と夢や目標があったと思います。とはいえ、実際にスクールを立ち上げて経営していくと、「思っているより生徒が集まらない」「長く生徒が通ってくれない」など、様々な問題が生まれます。

そして自分のスクールのコンセプトが「今の生徒のニーズに合っていないのではないか」と考え、コンセプトやポリシーをいつの間にか曲げてしまいます。

次第に、生徒の動向ばかりを気にして行動するようになり、スクールの対象者枠も広げて、多くの生徒を取り込もうと考えはじめます。

確かに、顧客である生徒のニーズに合わせることは必要なことです。しかし、そのことばかりにとらわれていると、本来のスクールのよさや特徴がなくなってしまう可能性もあります。すると、どこにでもあるようなスクールになり、競合スクールとの明確な差別化が図れません。

この状況を打開するために、スクール経営者によっては、より多くの生徒に知ってもらおうと宣伝に力を入れます。また、宣伝広告費を大量に使っても、なかなか生徒が集まらないと、経営者は「今の授業料が競合のスクールより高いから……」「授業料で差別化を！」と考え、価格競争に突入していきます。これでは、資金がいくらあっても、いつかはスクール経営が逼迫します。

顧客のニーズは時代によって変わります。**変容する顧客ニーズに一部分だけ合わせて、その都度スクールの体制自体も変えていると、安定した経営を行うことはできません。**

そこで考えるべきことは、あなたのスクール経営がうまくいかないのは、「コンセプトやポリシーが間違っているからなのか？　それともマーケティングやセールスを知らないからなのか？」ということです。

あなたのスクールがすばらしいサービスを提供していても、顧客に伝わらなければ、存在しないのと同じです。極端な言い方をすれば、スクールの商品であるレッスンの効果や効能には、競争優位性はありません。マーケティングやセールスにこそ、競争優位性があるのです。

そこで、私は「スクールのコンセプトやポリシーが本当に顧客に受け入れられないものなのか？」をしっかりと確かめてから、「コンセプトやポリシーが間違っていたのか、正しかったのか」を判断するべきだと考えます。

コンセプトやポリシーが、競合のスクールとの差別化にもなりますし、何より自分の作りたいスクール像であることには間違いありません。

顧客のニーズに敏感になるのも必要なことですが、「マーケティングやセールスが足りないのか？　それともコンセプトがニーズに合っていないのか？」という判断を間違わないようにしないといけません。

こだわりを忘れてしまうと……

スクールのコンセプトやポリシーを曲げた場合、スクールはどうなるのでしょうか。

自分のスクールや同業者のスクールについては考えづらくても、他の業界のことであれば客観的に考えることもできます。

そこで、飲食業界を例に挙げて考えてみましょう。

あるラーメン店があります。そのラーメン店のオーナーはいろいろなラーメンを食べ歩いているうちに、自分独自のラーメンが作りたくなり、脱サラをしてラーメン店を始めました。

オーナーは、あっさりとした塩ラーメンをメインに「本当にいいものを作っていれば、必ずお客様が認めてくれる」と考えていました。しかし、集客に対する努力や宣伝広告活動は行いませんでした。

お店を始めて数カ月、現実はオーナーが思うようにお客様はお店へ来てくれません。

そこでオーナーは、「まだまだ、お客様に認められる味ではないのでは……」と、さらにラーメンを追究しました。

しかし、それでもお客様がお店に来ることはありません。オーナーは、「もしかするとこの地域のお客様は、ラーメンが好きじゃないのかも？」と考え、近隣のラーメン店へ視察を始めました。

ところが、近隣のラーメン店には、お客様が並び、行列を作っていました。そのラーメン店はこってり系のラーメンで、サイドメニューに餃子などもあり、メニューが豊富でした。

そのお店を見て、オーナーは、「この地域のお客様は、あっさり系ではなく、こってり系のラーメンが好みなんだな。しかも、サイドメニューも必要」と考えました。

早速、オーナーは自分のお店に戻り、メインメニューのあっさり系の塩ラーメンを、こってり系のとんこつラーメンに変えて、サイドメニューには作ったことのない餃子を加えました。オーナーは、「これで、お客様のニーズにも合わせたし、お店も何とかなるだろう」とまだ見ぬお客様が来ることに期待していました。

それから1カ月が過ぎ、広告を出しても、採算が取れるだけの来客はありません。そこで、オーナーは「もしかしたら近隣のお店より、ウチの店はラーメンの値段が高いから、客足が悪いんだ」と考え、一気にラーメンの価格を下げました。

「今度こそは大丈夫」と意気込んだオーナーでしたが、結局、お店には一度も行列を作ることなく、数カ月後にはお店自体がなくなってしまいました。

その後、友人からオーナーのラーメン店があった場所のすぐ近くに、あっさり系のラーメン店ができ、繁盛しているということを聞かされました。

友人はこう言いました。

「あなたの塩ラーメンは本当においしかったけれど、正直、とんこつラーメンはあまりおいしくなかった。餃子もちょっと……。せっかくいろいろと研究していた、こだわりの塩ラーメンなのに、なぜ途中でやめたの？」

　ラーメン店のオーナーは、お店のコンセプトを変え、ポリシーも曲げてサイドメニューを作り、値段を下げ、顧客のニーズに合わせたと思っていたにもかかわらず、結局は顧客のニーズに振り回されていただけでした。

　もしかすると、スクール運営にも同じようなことが起きているかもしれません。

　あなたは、インターネットに掲載されている他スクールの記事に振り回されて、当初のスクールコンセプトを変更していませんか？

こだわりのマーケティング戦略

マーケティングをする上で、「マーケットイン (market in)」「プロダクトアウト (product out)」は経営戦略を立てる上で一般的に使われる用語です。

　あらためて説明すれば、「マーケットイン」とは、市場のニーズや消費者が必要としている商品とサービスをリサーチし、その商品とサービスを消費者に提供することです。

　また「プロダクトアウト」とは、市場のニーズではなく、作り手の思いや考えで商品やサービスを、それがほしいと考えている消費者に提供することです。

　それでは、先ほどのラーメン店の例を、「マーケットイン」と「プロダクトアウト」に当てはめて考えてみましょう。

　ラーメン店のオーナーが、最初に塩ラーメンをメインメニューにしたことは「プロダクトアウト」です。しかし途中で、消費者の動向をリサーチしたオーナーは、メインメニューをあっさり系のラーメンからこってり系のラーメンに変え、サイドメニューも加えて、結果、当初のメニューを変更したことは、「マーケットイン」になります。

例で挙げたラーメン店は、結局潰れましたが、ここで問題なのは、「マーケットイン」と「プロダクトアウト」のどちらがいいのかということです。

それでは、ラーメン店の話を思い出してみてください。最後に、友人から言われた言葉は「せっかくいろいろと研究していたこだわりの塩ラーメンなのに、なぜ途中でやめたの？」でした。

本来、「マーケットイン」は多額の予算が必要になると考えられています。それは市場のニーズに合わせて、その都度、商品やサービスを変えることで、その開発に予想以上の時間とお金が必要になるからです。

また、**消費者のニーズを探ったからといって、簡単には本当のニーズを探り出すことはできません。**

マーケティング調査は、ターゲットとなる顧客層を見つけ、アンケートを取り、それを集約して、検討しなければなりません。

またモニター調査なども多岐にわたり、非常に時間と費用がかかります。このような費用や時間をかけることができるのであれば、「マーケットイン」という戦略は有効です。

とはいえ、費用や時間を費やせないのであれば、「プロダクトアウト」という戦略が適切でしょう。

その点を考えると、ラーメン店のオーナーは、当初「プロダクトアウト」という正しい戦略を取っていましたが、途中から「マーケットイン」という戦略を行ったために、間違った方向に経営を進めました。

したがって、私は資金力がない中小や個人経営のスクールの場合には、多額の資金や時間を投入しなくてもいい「プロダクトアウト」という戦略をお勧めします。

また、こだわりのあるスクールは「プロダクトアウト戦略」をしっかりと行いましょう。

もし自分のスクールがこだわりすぎて、消費者に受け入れてもらえないと考えるのであれば、こだわりがスクール集客を妨げているのではなく、スクール集客のための宣伝広告活動に問題があるのかもしれないと考えてみるべきです。

そのためにも、スクールをしっかりと認知させる戦略や戦術が必要になるわけです。

スクール経営を妨げる壁

スクールを経営していく中で、乗り越えなければならない壁がいくつも存在します。

私の経験則ですが、その壁は数字で「10、30、50、100」と表すことができます。

たとえば、生徒数ですが、10名の集め方ではその募集方法に何かをプラスした方法を加えなければ、30名を超えることは難しくなります。同じように30名の集め方では、何かをプラスしないと、50名、100名を超えることは難しくなります。

生徒の人数以外でも、教室数も同じことがいえます。1教室の管理方法では、10教室を管理することは難しく、10教室の管理方法では30教室を管理することはさらに難しくなります。また社員の数や部下の数でも同じことがいえます。

つまり**今までと同じような方法では、必ず壁にぶつかり、その壁を越えるための方法を見つけなければならない**ということです。

私が経営していたスクールでは、1教室250名を集めるようにしていたのですが、当初150名から200名のところに壁がありました。「50名まではこの方法で集め、100名までは次のこの方法で、そして150名まではこの方法で」というのが決まっていました。しかし、150名から200名までの募集方法がいま一つ決まっていなかったというのが、壁にぶつかった原因です。この壁をすんなりと越えることができた教室では、300名以上の生徒数を数カ月で集めることができました。

しかし壁にぶつかると、同じ数カ月でも250名がやっとという結果でした。

そこで、通常1名の講師が行うレッスンに、もう1人サポート要員をレッスンに参加させ、レッスンの満足度を上げました。また、送り迎えの際、保護者とのコミュニケーションを講師とサポート人員で徹底しました。保護者の方とお話しすることで、友人の紹介や兄弟の入会が増え、最終的には壁を乗り越えることができました。

あなたもまずは現状、どこの壁にぶつかっているのかを考えてみるといいかもしれません。

需要と供給の法則

ミクロ経済学の「需要と供給の法則」では、「競争市場における商品は、需要と供給、そして価格との関係で決まる」といいます。

つまり、需要が供給よりも多ければ価格は上がり、逆に、供給が需要よりも多ければ価格が下がります。また、価格が上がれば需要が減って供給が増え、反して価格が下がれば、需要が増えて供給が減るということです。

とはいえ、なぜ価格が上がると供給が増えるのでしょうか。

実際にスクール業界でも、この法則通りのことが起きています。

たとえば、英語で保育を行う「プリスクール」はいい例です。授業料が上がれば、その金額を支払うことのできる対象者は当然減ります。

プリスクールは、通常の英会話スクールより顧客単価が高いため、集める生徒数が少なくても売り上げは見込めます。

2008年に、リーマンショックが起こるまで、アッパーミドル層の増加に伴い、英語教育の低年齢化が都市部で浸透し、プリスクールは市場において、価格が上がり、供給が増えました。

その後、プリスクールの開校ペースはリーマンショック以降、鈍化傾向にありましたが、2011年辺りからまた増加傾向にあります。

今後、授業料の価格が下がることになれば、ますます需要は増えるかもしれません。

現在、プリスクールを経営されている経営者が、施設の充実や講師の質、サービスを保ちながら、価格を下げることは、とても勇気のいることです。もちろん既存の生徒との兼ね合いもあります。

価格が下がれば、供給は減ります。とはいえ、新規参入のスクールが仮に価格破壊を起こす可能性もあります。

よって、**いつでも不測の事態に対応できる「強み」と「差別化」を身に付けておく必要**があります。

「狩猟型」と「農耕型」のスクール経営

生徒募集やスクール経営の考え方に、「狩猟型」と「農耕型」というものがあります。

「狩猟型」とは、読んで字のごとく「獲物を狩る」ということで、自ら顧客を見つけて、獲得します。

次に「農耕型」とは、「種をまき、育てて収穫する」という、潜在顧客を育てていく方法です。

このような方法をお話しすると、「どちらの方法が効果的なのか？」と質問されますが、私はその状況によって併用することをお勧めします。

曖昧な答えに思われるかもしれませんが、たとえば、スクールを立ち上げたばかりで、「農耕型」で潜在顧客を育てていこうと考えても、「どのくらい肥料を与えればいいのか？」「いつになったら芽が出るのか？」という状態であれば、経営者は先行きが不安になります。

スクール経営者の中には、「スクール経営は、今いる生徒に対して、一生懸命にサービスを提供すれば、必ずいつかは道が開ける」という方もいますが、実際スクール経営を始めたばかりの経営者にとっては「必ずいつかが、いったい、いつなのか？」と漠然とした不安を抱くこともあるでしょう。

そのような場合、**少しでも不安を払しょくするために、「狩猟型」を取り入れて、生徒を確保していくことも大切**だと私は考えます。

とはいえ、ある程度、生徒を集客できた段階で、「農耕型」を行いましょう。新規顧客の獲得ばかりに目がいき、既存の生徒を無視するような経営では、スクールが繁栄することはありません。

したがって、「農耕型が絶対いい！」とか「狩猟型は絶対ダメ！」ではなく、その状況に応じて最善の方法を選び、実行していくことが大切です。

第4章

スクールビジネスを成功させるファーストステップ

4-1 お客様に選ばれるスクールには4つの要素がある

お客様には「おもてなし」の気持ちで対応する

スクールが売り上げを伸ばし、安定した経営を続けるためには、お客様に選ばれるスクールであり続けることが大切です。

それでは、お客様に選ばれるスクールであり続けるためにはどうすればいいのでしょうか。

まず、スクールの生徒に対し、お客様という意識をもって接する必要があります。**スクールは教育産業とはいえ、あくまでもサービス業**です。お客様である生徒がいなければ、スクールは成り立ちません。スクールには生徒を拘束する力はありません。よって、生徒がイヤになれば、たとえ授業料を1年分先払いしていても、生徒は中途解約できる権利を持っています。

生徒に長く通ってもらえなければ、スクールの収入は安定しません。また、生徒にとっても、レッスンを中途で終えなければならないことは不利益につながります。

したがって、生徒に次回のレッスンにも喜んで来てもらえるかどうかが重要なのです。そこで、レッスンやカリキュラムを充実させることはもちろんですが、その前に、いかに通いやすいスクールにするかを考える必要があります。

生徒が気持ちよくレッスンを受けられるよう、教室は清潔に居心地よく整えます。また、人見知りをする生徒がいれば緊張がほぐれるようにコミュニケーションを図ります。

教室のインテリアも、照明やレイアウトを考えて、明るく入りやすい雰囲気を演出します。

エントランスには、レッスンやイベントなどの楽しそうな写真や、既存のお客様の声などをPOPにして飾っておくと、新規のお客様にも明るい印象を与えることができます。

レッスンはマニュアル化して、質を安定させる

次はレッスンの質について考えてみましょう。レッスンを担当する講師の力量やモチベーションによって、レッスンの質が変わることはないでしょうか。

ものづくりにたとえれば、スクールは講師とレッスンという商品を、お客様に提供していることになります。**レッスンのよし悪しが講師の力量やモチベーションに影響されるということは、作り手次第で商品の質が変わるということ**です。それでは、どんなにすばらしいカリキュラムであっても意味がありません。

講師のスキルや経験年数、また講師がその日の気分に影響されず、**安定したレベルのレッスンを生徒に提供するには、思いつきや講師の個性だけに頼らず、レッスンの流れをマニュアル化して、知識や意識の共有化を図る必要があります。**

この点がしっかりとしていなければ、講師が交代するたびに退会者が続出するなど、経営に支障を来します。

商品・サービスの価値を上げる

顧客が商品を買うのは、商品に感じる価値が、価格よりも高いと感じたときです。そのため、多くの販売側は、商品に感じる価値を価格よりも高くするために、価格を下げます。しかし、本当に大切なことは、商品に感じる価値を、価格より高めることです。

それでは、商品やサービスの価値について、土産物屋のN屋を事例に説明しましょう。

土産物屋のN屋は有名な観光地にあります。既存の商品が売れないため、新商品を販売したのですが、それでも全く売れません。

店主はこの新商品にかなりの自信を持っていただけに、ショックを隠せないでいました。確かにその新商品は、素材にこだわり、1つひとつ丁寧に手作業で作られた、とてもいい商品です。加えて、店主はお客様が購入しやすい価格にと、利益ギリギリの金額に設定しました。

また、店主は「この新商品は絶対に売れる」という自信があったため、「品切れを起こさないように」と

大量の新商品を事前に用意していました。

新商品の販売が開始してから、店主は「この質で、この価格！」と商品にPOPをつけ、お客様には積極的に「お勧めの商品ですよ」と販促活動も行いました。しかし、まるで商品は売れず、結局、倉庫は在庫の山でいっぱいになってしまいました。

なぜ、N屋の店主自慢の商品は全く売れないのでしょうか？

たとえば、販売方法が問題なのかもしれません。「POPの書き方がよくない」「販売スタッフの接客がよくない」、もしくは、「そもそも店主自慢の商品が、店主の単なる自己満足で、本当はあまりよくない商品だった」など、理由はいろいろと考えることができます。

店主も自慢の商品が売れない理由をいろいろと考えましたが、全く理由はわかりません。しかし、このまま大量の在庫を抱えておくわけにもいきません。

店主は思い切ってこの商品の価格を半額にし、キャンペーンで売り切ろうと考えました。

半額キャンペーンの前日、突然、店主は県外に出張しなければならない用事ができてしまいました。出張は、2、3日かかってしまい、店主はキャンペーン開始に立ち会うことができません。仕方がないので、店主は販売スタッフに「価格を変更して、明日から販売すること」を伝え、出張へ行きました。

店主は出張先でも、店のことが気になって仕方ありません。「キャンペーンは成功したのだろうか？　少しでも商品は売れているのだろうか？」と心配しながら出張から帰ってくると、商品棚にある新商品が半分以上なくなっていました。

店主が驚いていると、そこに販売スタッフが「ものすごい勢いで売れています。倉庫の在庫もあと少ししかなく、このままだと在庫切れになります！」と興奮気味に言ってきました。

このとき、店主は「やっぱり価格が高かったのか！安くすれば売れるんだな」と商品の棚を見て、さらに驚きました。

販売価格が半額ではなく、倍額になっていたのです。実は販売スタッフが、店主に言われた販売価格を読み間違え、価格を倍額表示にしてPOPを作り、接客もしていたそうです。

店主は、「倍額にして今までより高くなっているのに、こんなにも売れるなんて……」と理解ができませんでした。

　今まで売れなかった商品の価格を倍額にしたとたん、商品の売れ行きがよくなった理由はなぜでしょうか？

　少し話しは変わりますが、たとえばダイヤモンドの指輪が、1000円で売られています。

「本物のダイヤモンドで、ものすごくよいものです」と言われても、あなたは本物かどうか疑いの目で見ることはないでしょうか。

なぜなら、あまりにも安すぎるからです。

たとえお店が、企業努力を精一杯して、本物のダイヤモンドをこの価格で販売していても、商品の価値を価格で判断する場合、お客様にはこのダイヤモンドが偽物に思えます。

　つまり、N屋の自慢の商品も価格が安すぎたため、お客様からその商品の質のよさが疑われ、商品の価値自体を落としていたということです。

　そのため価格を倍額にしたときに、商品自体の価値に信憑性が生まれ、初めて商品のよさがお客様に伝わりました。


　このようなことは、実際に起こり得ます。「お客様が購入しやすい、決めやすいように」と**商品やサービスの価格を必要以上に下げることで、商品やサービスの価値までも下げてしまう**のです。

　お客様は商品・サービスの価値を、まず価格で判断します。要するにこれだけ支払うのだから、「これだけのモノであるだろう」「これだけのサービスは受けることができるだろう」と考えます。そのため「商品やサービスを安くすればいい」という考え方だけでは、その商品・サービスに価格以外の判断基準がないと、逆に商品の価値を下げてしまいます。

　必要以上に価格を下げ、商品やサービスの価値までも下げてしまうのは、非常にもったいないことです。

常に新しい情報を収集して
スクール経営に役立てる

日本の少子化は、子ども向けスクールにとって非常に深刻な問題です。

一方、不景気な時代、大人向けのスクールも生き残りに必死です。

「以前は新聞の折り込みチラシだけで生徒が集まったのに……」と過去の余韻に浸っていても何も解決しません。

通用しなくなった考え方に固執していても、スクール経営は改善されず、そのうち行き詰まってしまいます。

そこで、スクール業界市場でさらなる発展を望むのであれば、時代の変化に柔軟に対応することです。

常にアンテナをはりめぐらせて、情報を収集し、その集めた情報をスクール経営に活かしましょう。

たとえば、子ども英会話スクールや学習塾であれば、競合のスクールのレッスンや商品に関する情報を収集し、自分のスクールのレッスン開発に役立てます。

また、新聞、雑誌、テレビやインターネットなどで、生徒や保護者が興味を持ちそうな情報を収集して、ニュースレターを作成し配布します。

加えて、子どもの間で流行っているものも調べて、生徒とコミュニケーションを取るときに活用しましょう。

スクールビジネスは、時代の流れを感じ取り、新しい手段を打ち出し続ける努力が大切です。

4-2

開業から立ち上げ期までに行っておくべきこと

生徒数が増えることで生じるクレームには、事前の対策が必要

子どもを対象にしたスクールを運営する上で、生徒数を増やすことを目標にしている人は多いと思います。

一方、生徒の数が増えると、クレームの数も自ずと増えます。クレームが発生する主な要因は、次の「送迎」「騒音」「授業料」の3つです。

＊クレームその1　送迎

昨今、子どもをめぐる数多くの犯罪事件が起きていることから、保護者は小学校の下校時に自家用車で迎えに行くなど、防犯を講じています。また学習塾の多くも、バスを保有し、生徒の送迎に使用するなど、防犯対策が取られるようになってきました。

しかし個人でスクールを運営している場合は、保護者の送迎が中心になります。

したがって、問題になるのは「駐車場はないのか」「たったこれだけの駐車スペースでは足りない」といった保護者からのクレームです。

片や、自転車で教室に来る生徒への駐輪場所を確保し、自転車を整列させておかないと、近隣からのクレームが起きます。

そこでこれらのクレームを回避するためにも、事前に教室近隣に、駐輪、駐車ができるスペースやコインパーキングなどを見つけておき、送迎渋滞や自転車の不整列などが起こらないように配慮しましょう。

また、近隣住民へも事前に、「○曜日の△時に生徒の送迎がありますが、出来る限りご迷惑をおかけしないように、×××のようなことを保護者の方にはお伝えしております」などの文章を作成し、挨拶をしておくことも必要です。

＊クレームその2　騒音

アパートやマンション、賃貸店舗でスクールを開校している場合、レッスン中の音に気を付けなければなりません。

特に教室が2階以上にある場合は、下の階への配慮が必要です。生徒が子どもである以上、どうしても体を動かすレッスンが多くなり、騒音が伴います。

音は思っている以上に響くので、近隣からクレームが発生することもあります。

実際、一度騒音クレームが発生すると解決することは困難です。そのため床に防音材を敷くなど、事前に防音対策を行っておきましょう。

それでもダメな場合は、音が気にならないような物件への移転を検討する必要もあります。

また自宅で開校している場合でも賃貸物件であれば、通常の生活よりも建物が損耗するため、退去の際、敷金に関してトラブルが生じることもあります。

そのため、ある程度の生徒数になったら、教室用の賃貸物件に移転するか、開校前に出来る限り騒音クレームにつながらない物件を見つける必要があります。

＊クレームその3　授業料

授業料を月謝袋などの現金で回収しているスクールでは、生徒数が増えることで、多額の現金を預かるため、セキュリティー上の問題が起こる可能性があります。また、管理が煩雑になるためにミスも起きやすいです。

その上、受け渡しの際、その場で金額を確認することができないので、あとあと金額が足りなかったということが生じる可能性もあります。これら一連の授業料の授受は、揉め事や、クレームにつながりやすいです。

もちろん月謝袋を活用するメリットもありますが、授業料の納入日がばらついてしまうと、スクールの資金繰りが安定せず、スクールを拡大して運営していく際に支障を来すこともあります。

そこで対策としては、指定口座への振り込みをお勧めします。とはいえ、これも生徒数が増えると管理に時間と労力を要します。したがって、生徒数によっては、代金回収業者に依頼する方法を考えてもいいでしょう。

月謝袋を活用する方法

メリット

□いつからでも導入できる
□生徒からの手渡しのため、毎月必ず顔を会わせてコミュニケーションが取れる
□金額の変更などについて、その都度説明ができるためトラブルが少なくなる

デメリット

□多額の現金を預かるため、セキュリティー上、問題が起きる可能性がある
□生徒数が増えると管理が煩雑になり、ミスが起きやすい
□毎回の受け渡しに時間と労力を要する
□授業料の入金日がばらつくため、資金繰りが管理しにくい

指定口座に振り込んでもらう方法

メリット

□口座があればいつからでも導入できる
□振り込みのため、講師による横領、窃盗被害などセキュリティー上、問題が発生しにくい

デメリット

□生徒数が増えると管理が煩雑になり、ミスが起きやすい
□振り込み手数料の負担がかかる
□生徒が振り込みに行かなければならない
□授業料の入金日がばらつくため、資金繰りが管理しにくい

代金回収業者に依頼する方法

メリット

□授業料の入金日が決まるため資金繰りの管理がやりやすい
□引き落とし結果を一覧で確認できる
□生徒数が増えても管理が煩雑にならずに済み、ミスが起きにくい
□引き落としのため、講師による横領、窃盗被害などセキュリティー上、問題が発生しにくい
□未納が少なくなる

デメリット

□手続きに一定の期間が必要になり、すぐに引き落としができない
□引き落とし手数料の負担がかかる
□引き落としデータの入力作業に締め切りがあるため、引き落とし中止や引き落とし金額の変更が簡単にできない

授業料の支払いは、どの方法でもメリットとデメリットがあります。**生徒数によって、授業料の支払い方法を選べるようにしましょう。**

たとえば、代金回収業者への依頼を検討するのであれば、今後多店舗展開を考えている場合や生徒数が80名を超えてきた場合にお勧めします。10名、20名の生徒数の場合は、現金回収や指定口座への振り込みがいいでしょう。

それでは、実際に私のお客様が利用をしている代金回収業者を次に紹介します。代金回収業者をお探しの方は、参考にしてください。

【代金回収業者】

・リコーリース株式会社（http://www.r-lease.co.jp/shukin/）
・株式会社電算システム（http://www.dsk-ec.jp/）
・データ・ジャパン株式会社（https://www.shu-kin.net/）
・ゆうちょ銀行自動払込み（http://www.jp-bank.japanpost.jp/hojin/smart/hj_smt_autharaikomi.html）＊引き落とし口座先がゆうちょ銀行と限定

紹介した代金回収業者以外にも、「集金代行サービス」というキーワードでインターネット検索すると、業者を確認することができます。

生徒の「3つの不満」を取り除く

私の経験ですが、英会話スクールを経営していたころ、最も多かった退会理由は次の3つでした。

＊「距離が遠くて」――距離に対する不満

体験レッスンのときはさほど感じなかったスクールまでの距離も、毎週通うとなると遠く感じる生徒がいます。

これは歩きでの送迎に限らず、自転車や車で送迎していても同様です。

また、車で送迎している人からみれば、自転車で送迎できる人が遠いとは思えませんし、歩きで送迎できる人はなおさらです。

しかし、距離の感覚は人によって異なります。たった５００メートルの送迎でも、人によっては遠いと感じます。

実は、遠いと感じるのは、単に距離が長いからだけではなく、行く場所の価値にも左右されます。人は行くことに価値がないと判断すると、遠いと感じます。

もし親御さんや生徒から「距離に対する不満」が出たら、通っているスクールに、あまり価値を感じていない可能性があります。

したがって、生徒から「遠い」と言われたときに、「他の人はもっと遠くから通っている」とか、「全然遠くありませんよ」などと説得しても、あまり効果はありません。

大切なことは、生徒や親御さんから「遠い」と言われる前に、生徒には継続してスクールへ通うことの意味をこまめに伝え、送り迎えをしている親御さんへは、スクールに通うことで子どもが成長することを伝えていくことです。

＊「実はお金がなくて」――金銭に対する不満

「金銭に対する不満」については、実際、親御さんが金銭的に問題を抱えている場合もありますので注意してください。

人は本当に必要なものにはお金を出します。これは「お金を持っている、持っていない」とは関係ないと思います。

しかし、お金がなければ、人は必要なものに優先順位をつけます。まず、何よりも、衣・食・住が先決です。そのあとに、それ以外のものが続きます。

ですから、もし「金銭に対する不満」が出たら、生徒や親御さんは「このスクールに払うお金はもったいない（もっと別のことに使いたい）」と感じている可能性があります。はっきり言えば、「スクールにお金を払うだけの価値がなく、必要ない」ということです。

では、なぜそのように感じてしまうのでしょうか。

これには次のような理由が考えられます。

「成果がみられない」
「英語の必要性が感じられない」
「他のスクールのほうが安く通える」

他にもいろいろと理由はあると思います。

まず、スクールが考えるべきことは、講師含め、スクール側が生徒に「なぜ英語が必要なのか」をしっかりと伝えられているかどうかです。具体的に言えば、英語を継続することの大切さや、英語の必要性

（大学入試センター試験でのリスニング導入や企業の「TOEIC査定など）をこまめに伝えられているかということです。

もしも講師が、その日のレッスンをこなすことだけが仕事であると考えているならば、大きな間違いです。その考え方を変えなければ、退会者の数は増え続けます。

質のいいレッスンを提供することは必要条件ですが、退会防止の十分条件は満たしていないのです。

金銭に対する感じ方は、距離の感じ方と同じで、人それぞれです。100円が高いと思う人もいれば、100万円は安いと思う人もいます。

お客様は、スクールにかかる費用の「相場」というものを知っているようで、案外知りません。そのため、他に知っているものの値段と比較します。

たとえば、「本」があります。1冊1500円前後で買える本に、「この1冊で英語がマスターできる！」と書いてあれば、「1カ月1万円の授業料は、なんて高いのだろう！」と思ってしまいます。これが、お客様の深層心理です。

しかし、本では得ることのできないものが、スクールにはあるはずです。その価値を理解してもらうためにも、生徒とのコミュニケーションを取らなければいけません。

また、他のスクールが安いからそちらに移りますというお客様は、「どこの英会話スクールもやっていることは同じだから、安いほうがいい」と考えています。

これは、お客様にスクールの特徴や他のスクールとの違いを全く理解してもらっていない証拠です。

お客様から金銭に対する不満が出る前に、スクールの価値を事前にきちんと伝えておきましょう。

＊「子どもが行きたがらないので」——スクールに対する不満

子どもはいろいろなことに興味を示す一方で、「飽き性」でもあります。

本来、子どもがスクールに行きたがらなければ、親が行かせる方法を考えなければなりません。

しかし現実は、「子どもが英会話スクールに行きたくない」と言ったら、やめてしまうケースもあります。

お母様は「子どもが嫌がっているのに、無理に行かせて、子どもが英語嫌いになったら困るから……」と言います。

それでは、幼稚園や保育園、小学校はどうなのでしょうか?

「子どもが嫌がっているのに、無理に行かせて、子どもが幼稚園(保育園や小学校)を嫌いになったら困るから……」と言うのでしょうか?

いいえ、そんなことはありません。ちゃんと子どもを学校へ行かせますよね。もし行かせなければ、不登校になってしまいます。

お母様にとって、子どもが幼稚園や小学校に行くことは当たり前です。しかし英会話スクールに関しては、お母様にとって行くことが当たり前ではありません。

今の親御さんは、「英語は小さいうちから始めた方がいい」と考えています。しかし、無理をしてまで、英会話スクールに行かせることはないとも考えています。

ここは、親御さんにしっかりと小さいうちから英語を始める意義や重要性(脳の話や耳の話など)を、理解してもわなければなりません。

この3つの不満は、私が経営していた英会話スクールだけに限らず、違う業態のスクールでも多い退会理由です。

同時に、この3つの不満はクロージングの際に出てくる「入会しない理由」でもあります。

しかし、これらの不満の対策として、入会以前と入会後の3カ月以内に対応することで、おそらく退会率を50%下げることができると思われます。

講師はカリキュラムに執着しすぎず、お客様のことを忘れないように徹底する必要があります。つまりレッスン終了後お客様が満足して教室を出られたか、また次のレッスンも笑顔で来てもらえるか、1回、1回のレッスンが勝負になるということです。また、退会率を50%下げられる理由としては、入会してから3カ月以内に退会される方の割合が、全体の退会率の60%余りを占めることもあり(私のスクール経験値)、前述の対応を行うことで、3カ月以内の退会者が減るためです。

続ければ、ある地点から必ず成果は現れる

いざスクールを開校してみたものの、「これだけ努力しているのに、思ったような結果が出ない……」と考えられている方もいるでしょう。

それでは、「これだけ努力しているのに」と考えられている方は、どういった努力をしてきたのでしょうか。

「思ったより結果が出ない」と考えられている方は、今までどういった結果のために行動してきたのでしょうか。

よく「毎日、何時間も働いている」と労働時間にポイントをおかれる方がいます。私も、目一杯働くことはすばらしいことだと感じます。

反面、労働時間にポイントをおくことは、非常に危険な考え方だと、認識しなければなりません。労働時間に意識を払いすぎると、それ以上に大切な「労働の質」「労働密度」に焦点が合わなくなってくるからです。

たとえば、宣伝広告のためにチラシを配るにしても、「1000枚配った」「3時間、頑張った」だけでは、労働の質や密度に大きな差が出ます。

大切なことは配った枚数や時間ではなく、どのように配ったかということです。労働時間ばかり気にしていると、質や密度を忘れてしまい、「長時間働いたわりに、たいした結果が残せない」という状況を生み出します。

そうならないためにも、労働時間ではなく、質と密度にこだわった行動を考えてみてください。

また結果を出す人に対して「あの人はすごいから……」と自分とは違うものと、多くの人は捉えがちですが、実際はほんの少しの努力を毎日続けていれば、結果を得ることは可能です。

継続して力を蓄えている人は、あるところで爆発的な結果を出す瞬間があります。これが、「成功曲線」(図4-1参照)といわれるものです。

すでにご存知の方もいらっしゃるとは思いますが、成功曲線とは、成功のためにかける努力を横軸として、縦軸を成功度とするグラフで描かれるものです。

努力した結果、達成度が上がると考えれば、比例グラフになると思われるかもしれません。実際は、比例

関係にある直線のグラフではなく、始めは傾きの低い線がある地点を過ぎると、急に傾きが高い線になります。

つまり、努力を続けているとある地点から、急に成果が表れてくるグラフが成功曲線になります。

とはいえ、実行に移しても、多くの方は「ある地点」まで待ちきれずに、途中で努力をやめてしまいます。

図 4-1　成功曲線

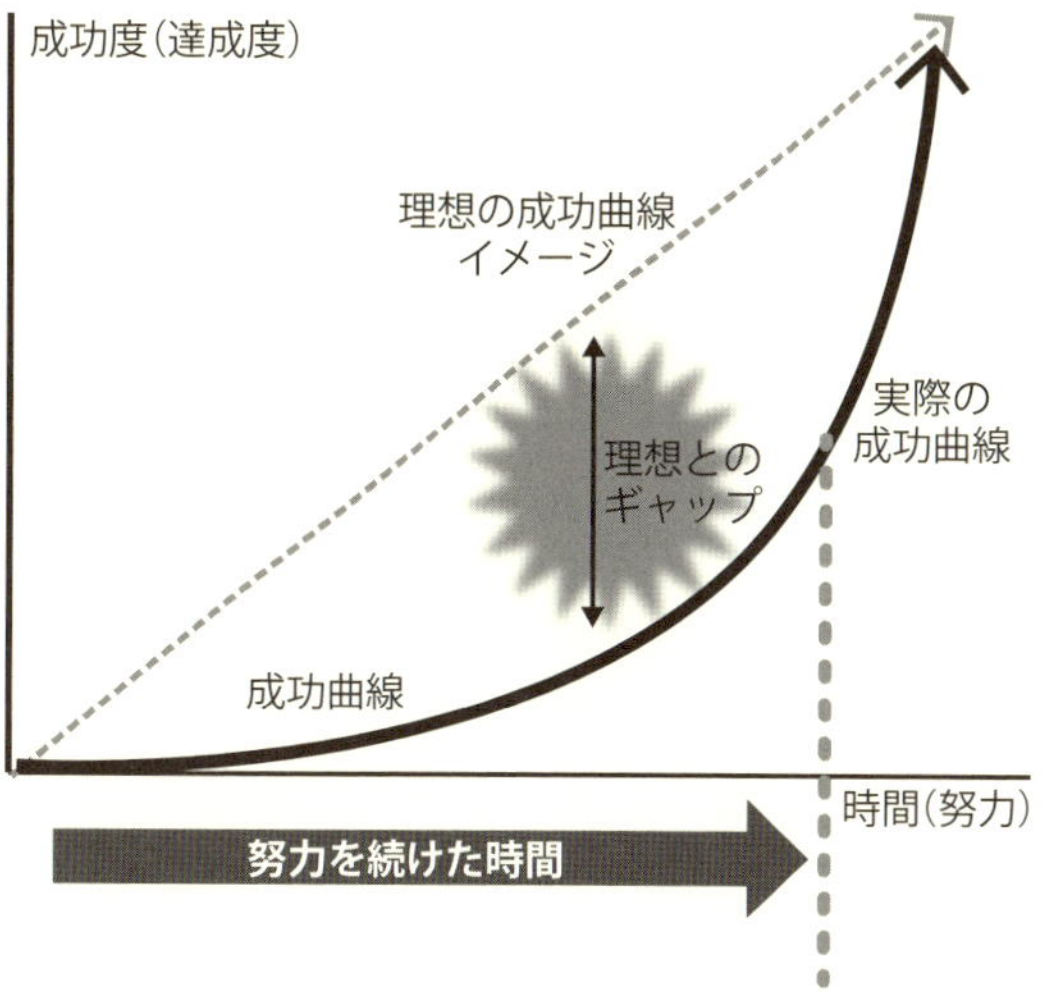

確かに、すぐに結果が出ないのは苦しいものです。特にスクールの立ち上げ当初は、経営が安定しているわけではありません。

私が英会話スクールを立ち上げたときも、生徒をすぐに集客できたわけではありません。

最初のころは、チラシに載せる教室のイメージ写真も知り合いの子どもにお願いをして、スクールの教室で写真を撮らせてもらいました。また、パンフレットを大量に印刷する資金がなかったため、パソコンを使って自分で作成していました。

今、あらためて思うと、本当に頼りないスクールだったと思います。

その当時、「生徒は集まらないのに、資金だけは減っていく。このままではスクールを閉鎖するしかない……」と私の気持ちは常にスクールの廃業と背中合わせでした。

しかしながら、悩んでばかりもいられません。私なりに少ない資金で経営できるように様々な工夫を凝らし、生徒集客に邁進しました。

このようなときこそ、経営者は意識を変えるチャンスです。

「ピンチはチャンス」とよく言われるように、私もこの言葉に従い、できることを必死に取り組みました。たとえば、大手コンサルティング会社が行うセミナーにも参加しました。また、異業種交流会に参加し他業種の経営者から話を伺いました。

一方、教室に通っているお客様の声を聞き、集客のヒントを模索していました。

私の経験から申し上げれば、立ち上げ当初は、どのスクールも生徒が集まらずに苦労する時期です。しかし、苦労した経験は必ずスクール運営に役立ちます。

集客ができているスクールも、当初は試行錯誤の中で、経営者が小さな行動を積み重ねた結果、今の状況を実現できたわけです。

先が見えず不安になったときは、この成功曲線を思い出し、再度自分のビジョンに向かって進みましょう。

4-3 お客様が入会決定するまでのプロセス

AISCAの法則

消費者が何かを購入する際に、いきなり購入することはありません。

まず、次のような意思決定のプロセスをたどります。

- 商品のことを知る
- その商品のコンセプトが気に入る
- それをほしいと思うようになる
- 最後に知識をもった上で買う決心をする

消費者は徐々に気持ちを高めてから、行動に移すということです。

この購買プロセスは、マーケティングの世界では「AIDMAの法則」といわれ、行動順序は次の通りです。

- Attention　注意
- Interest　関心
- Desire　欲求
- Memory　記憶
- Action　行動

「AIDMAの法則」では、人はこの流れをもって、ものを購入すると考えられています。

近年では「AIDMAの法則」以外にも、プロモーション戦略に活用されている「AIDAモデル」「AIDCAモデル」「AIDASモデル」があります。

また、インターネットでの購買決定のプロセスモデルとして、広告代理店の電通は「AISAS」というモデルを提唱しています。

そこで、私は「AISCAの法則」というモデルを提唱します。「AISCAの法則」とは、次のような流れです。

図 4-2　スクールにおける消費者の購買心理

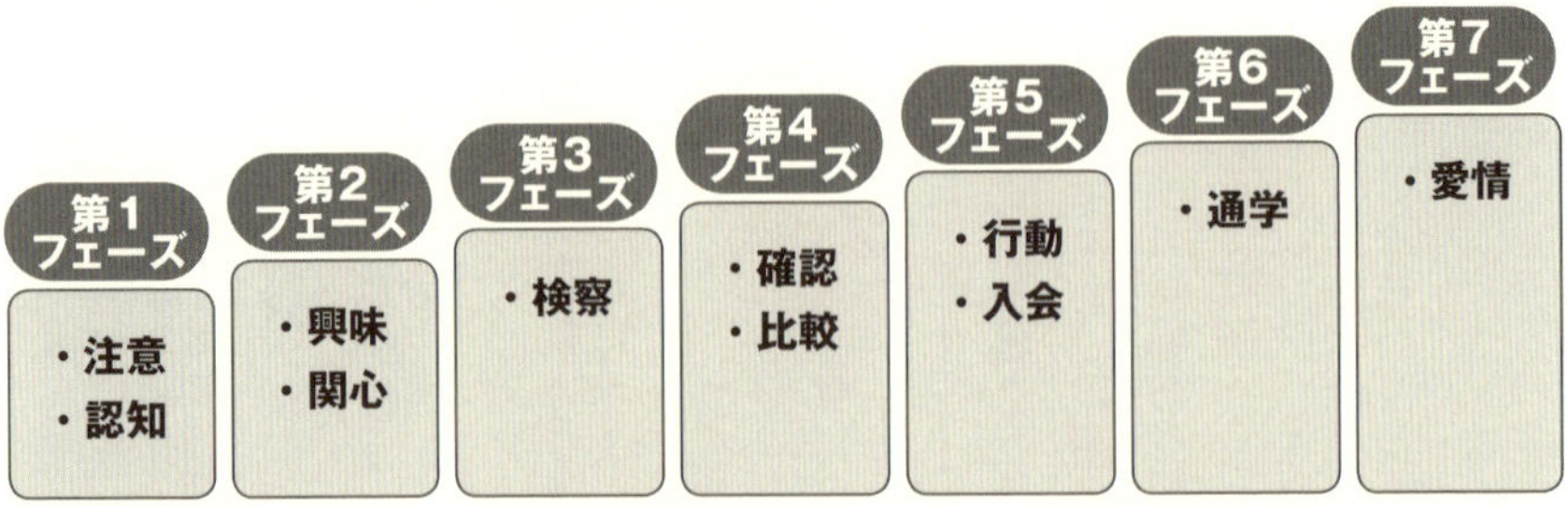

AIDAモデル	AIDCAモデル	AIDASモデル
A：Attention（注意）	A：Attention（注意）	A：Attention（注意）
I：Interest（興味、関心）	I：Interest（興味、関心）	I：Interest（興味、関心）
D：Desire（欲求）	D：Desire（欲求）	D：Desire（欲求）
A：Action（行動）	C：Conviction（確信）	A：Action（行動）
	A：Action（行動）	S：Satisfaction（満足）

1. Attention（注意）
「あんなところにあんなスクールがあるんだ」
2. Interest（関心）
「へぇ、このスクールにしかないレッスンがあるんだ」
3. Search（検索）
「インターネットで調べてみよう」
4. Confirm（確認）
「ホームページを見るとなかなかよさそう」
5. Action（行動、購入）
「今度、体験レッスンを申し込んでみよう」

スクールビジネスは、お客様に順を追って、スクールの内容を認知させる必要があります。

それでは、あなたのスクールの外観を左右から2枚写真を撮ってください。また、正面からも写真を1枚撮ってください。

あなたのスクールの前に大きな道路がある場合は、道路の向こう側からの写真も撮ってください。そして、撮った写真をあらためてよく見てください。

いスクールが大多数です。スクールの前を横断するように歩いてくるお客様に対して、看板のサイズが小さすぎたり、看板が道路に対して正面向きでは、気づいてもらえるはずがありません。

お客様に「Attention（注意）」や「Interest（関心）」を持ってもらい、スクールの存在を認知してもらうためには、最初の「Attention（注意）」をいかに気づかせるかということが最も重要です。

お客様が「入会しよう」と決めてからのプロセス

消費者が何かを購入しようとする際に起こすプロセスは他にもあります。

1. Reputation（評判）
2. Interest（関心）
3. Search（検索）
4. Action（購入）

商品の評判を聞き、関心を持ち購入を前提として、商品を探し、購入するというプロセスです。

「Attention（注意）」の代わりに、「Reputation（評判）」により商品のことを認知し、「Memory（記憶）」や「Confirm（確認）」をせずに、「Action（購入）」へ至るものです。

具体的な例を挙げてみましょう。

ホームセンターへ行って、買おうと決めていたものを思い浮かべます。その1つは洗剤でした。

棚にはいろいろな洗剤が並んでいて、どれがいいのか考えます。棚を眺めて見ると、あるパッケージが目に付きました。友人が「すごくいい洗剤」と言っていたことをあなたは思い出し、購入を決めました。

この例の購入プロセスでは、いろいろな情報を得てから、その商品を買おうと決めたのではなく、まず買う物を決めてから、いろいろな情報を得ています。つまり、購入の行動をすでに起こして、商品を探しているわけです。

スクールに置き換えれば、お客様が友人から「○○スクールはいいよ」と言われて、「入会したい」と考え、どのようなスクールなのかを知るために、「スクールの情報収集を始める」というプロセスになります。

実際にこのプロセスでのお客様の入会はあります。

一方で、お客様自身が「○○を始めよう」と考え、「自ら情報の収集を始める」というプロセスもあります。このとき、有効な方法が「インバウンドマーケティング（Inbound Marketing）」になります。

２００６年、米・マーケティング会社Hubspotがマーケティング手法として提唱したのが、インバウンドマーケティングです。広告出稿に頼るのではなく、消費者が興味・関心のあるものを、自らインターネットで検索し、ソーシャルメディアを通じて、消費者自身に「見つけてもらう（Get Found）」ことを目的としたマーケティングの手法です。

具体的には、企業側がお客様に対して、有益なコンテンツをネット上で提供します。自社サイトにお客様を引き寄せるために、ブログや検索キーワード、ソーシャルメディアなどで、お客様が自社サイトを見つけやすいように工夫します。簡単な方法としては、１日のうちに、ブログの記事の更新頻度を増やすことです。また、コンテンツは商品紹介ではなく「お客様の困っていること、関心があること」を中心に更新していきます。そしてYoutubeやFacebookなどのソーシャルメディアを利用し拡散できるようにします。しかし、インバウンドマーケティングは、時間のかかるマーケティング方法です。２０１３年にHubspotが出している統計情報によると、成果を実感するまでに、およそ半年程度かかります。

そのため「明日に入会者が絶対に必要！」という目標を素早く達成することは、残念ながらインバウンドマーケティングではできません。

しかし、お客様へ長期的に有益なコンテンツを提供することで、検索やソーシャルメディアから継続的に新規顧客を自分のスクールサイトへ誘導し、問い合わせや入会へと導いていくのがインバウンドマーケティングです。

時間はかかりますが、一度確立してしまえば、広告のように資本を常に投入する必要はなく、集客することができます。

実際にここ数年、私のクライアントのスクールでも、お客様が積極的にスクールを調べて、自ら問い合わせをしてくるケースが増えています。

このスクールは、ブログ、Facebookの更新を毎日欠かさず行ったことにより、情報をキャッチする消費者が増えたことや、マスコミから取材依頼が来て、さらに情報を提供する媒体が増え、認知度が上がりました。

お客様のスクール選びは、スクールの情報量で決まる

昨今、「食べログ」などのランキングサイトに書き込まれたレビューで店選びをする方は多いと思います。

特に、行ったことのないお店であれば、そのお店の情報を少しでも入手しようとします。

私も知らない飲食店であれば、「どういった雰囲気なのか？　どういった料理を出すのか？　値段はどのくらいなのか？」などの情報をサイトから収集します。

情報をもっと知りたい方であれば、レビューをじっくりと読み込むでしょう。

スクール選びでも同じことがいえます。

たとえば、お客様が、あるスクールの看板やチラシをどこかで見たとします。その後、興味があれば、お客様はインターネットで検索して、情報収集します。

そして、お客様は検索結果に表示されるホームページやブログ、Facebookなど、スクールに関係するものを閲覧します。

さらに、知人がそのスクールを知っていた場合、情報を聞き出します。

特にお客様がチラシやインターネットで情報を得たあとに、知人から「そのスクールはいいよ」と教えられると、スクールに入会する確率は高まります。

なぜなら、実際に知っている人の情報は信憑性が高いと感じるからです。

現在、スクールの宣伝広告は、ホームページやブログといったネットによるもの、チラシやフリーペーパーといった紙広告によるもの、看板によるものなど1つのメディア媒体だけではなく、複数のメディア媒体を使い情報を提供して、メディアミックス、クロスメディアが基本です。

したがって、広告のツールを出来る限り使い、お客様に情報を提供していく必要があります。

お客様は情報を多く得ることで、スクールをイメージできて、安心感が増します。

もし、あなたが情報を発信されていない場合、集客の機会を逃しているかもしれません。

第5章

スクールビジネスを成功させるセカンドステップ

5-1 生徒数をアップさせる方法

「フレーズ」で反応率を上げる

チラシの反応率を上げる方法に、ターゲット層を絞り込むというものがあります。

しかし、大半のスクールチラシでは、ターゲット層の絞り込みがあまりできていないようです。

たとえば、「子ども英会話スクール」であれば、対象年齢を「2、3歳児から中学生まで」としている場合、特定の年齢層だけに絞り込んだチラシを作成していません。

確かに、スクールの対象年齢が「2、3歳児から中学生まで」の場合、出来る限り多くの年齢層をターゲットにしたチラシを作成し、分母を広げたいと経営者が考える気持ちもわからなくはありません。

仮に「2、3歳児のみ」をターゲットに絞り込んだチラシにすると、2、3歳児のお子さまを持つ家庭が対象となり、その他の年齢層のお子さまを持つ家庭は対象外になります。結果、経営者は顧客の分母を狭めてしまっているような気がします。

しかし、「2、3歳児」「幼児」「小学生」「中学生」に対して、実際、スクールが提供するアピールポイントは同じではありません。

「2、3歳児」と「中学生」では、英語に関して悩んでいることや求めていることが違います。またスクールが提供するサービスも違います。

そこで、チラシの反応率やホームページの問い合わせ率を上げるために大切なフレーズがあります。

「当スクールではこういったお悩みをお持ちの方に、こういった方法で、このように解決することができますよ！」といった内容を、チラシやホームページでうたうことにより反応率は確実に上がっていきます。

そのためにも、悩みや求めているサービスの違いを、ターゲットによって分ける必要があります。

さらに「こういったお悩みをお持ちの方へ」と呼びかける一言が重要なフレーズになります。

たとえば、子ども英会話スクールでは「お子さまに英語を好きになってもらいたいお母様へ」などが考えられます。

また、学習塾の新聞折り込みチラシでは、入試に向けて追い込みをかけている子ども達に向けて「各科目あと10点上乗せしたい君へ」というフレーズを使います。一方再来年入試の子ども達には「志望校をワンランク上げたい君へ」など、年齢層だけではなく、悩みによってターゲット層を絞り込むフレーズが効果的になります。

反応率を上げるフレーズを考える際に、欲求へ訴求するという方法もあります。欲求には「プラス欲求」と「マイナス欲求」の2種類があります。

プラス欲求とは、「現状、特に不満はないが、今以上に満足度を高めたい」という欲求に訴求することです。

マイナス欲求とは、「現状、悩みを抱えている状況から抜け出したい」という欲求に訴求することです。

この点を踏まえて、チラシのキャッチコピーやリード文を作成すると、今までとは違う反応が得られるかもしれません。

効率のいい生徒募集方法とは？

スクールビジネスも他業界同様、集客方法の1つに「口コミ」を使います。口コミは、スクールにとって効率のいい募集方法の1つで、多くのスクールがこの方法を用いています。

さて、私はスクールにおける口コミには、2つの方法があると考えています。

まず1つ目は、現在通っている生徒からの友達紹介です。いわゆる「口コミ紹介」というものです。多くのスクールは、この口コミ紹介を「口コミ」と呼び、特に個人経営でのスクールの主な募集方法となっています。

2つ目は、既存生徒とかかわりはないが、スクールの評判を聞いて、入会に至るものです。

この2つの口コミに共通するのは、商品であるレッスンのすばらしさと、講師のすばらしさが必要になってくるということです。

一方、この2つの口コミは募集方法が異なり、仕掛けも違います。

1つ目の方法はポイントになる既存生徒を見つけ、そこから紹介につながる仕掛けをします。

ポイントになる既存生徒とは、「友人が多く顔が広い方」「おしゃべりが好きな方」「世話好きな方」「人をまとめることが好きな方」などになります。そういった方に、「レッスンが気に入ってもらえたら、是非お友達をご紹介ください」とお話しをしておきます。これが仕掛けの1つになります。

また、2つ目の方法は、スクールのブランド化が必要になるため、「ある特定の地域」「ある特定の年齢層」に、レッスンのブランディングを行っていきます。

レッスンのブランディングとは、そのレッスンを受けることで、対象者に明確な効果が表れることです。

たとえば、「○○英会話スクールのレッスンを受けると小学4年生でも英検4級が受かる」「△△学習塾の中学2年生の授業を受けると定期テストで点数が10点以上上がる」「□□スイミングスクールに通うと小学1年生でも必ずクロールで25メートル泳げるようになる」といった明確な効果を、対象者に行います。

最初は特定の対象者に限定して行います。すべての年齢層で同じような効果を出すことができればいいのですが、そのためには時間と労力をかなり要します。また、複数の教室を持っている場合も、特定の地域で行います。地域を絞らず、万遍なくどの地域でも効果を出すことができればいいのですが、時間などを要するため限定します。

さて、スクール経営者の方々は生徒募集の話をするとき、必ず「口コミがいい」と言います。

根拠は、宣伝広告費がかからないという点もありますが、お客様に体験レッスンを受けてもらってからのほうが、入会してもらいやすいという点もあります。

口コミという方法は、第3章でお伝えした「狩猟型」と「農耕型」でいえば、「農耕型」になり、じっくりと育てていく形を取っていきます。そのため、時間もある程度必要になります。

1つ目の口コミ方法の場合、既存生徒が入会してから、新規生徒を紹介してもらうまでの目安として、最低3カ月の期間をみておくといいでしょう。

また、1つ目の口コミ方法のタイミングは次の3つです。

1. 体験レッスン申し込み時
2. 入会申し込み時
3. 入会後3カ月経ってから

このタイミングは、口コミ紹介を促しやすいときです。

2つ目の方法は、もう少し期間が必要になってきます。新聞折り込みチラシを「外部への募集活動」とするならば、口コミは「内部への募集活動」となります。よって、ただ待っているだけでは、なかなか成果を上げることができません。

先ほど、口コミは「農耕型」とお話ししましたが、農業は種を撒き、畑を一生懸命耕して、肥料を与え、芽が出てきます。同じように、口コミも仕掛けを行わなければ、どれだけいいレッスンをしていても、なかなか口コミという芽は出てきません。いいレッスンは肥料です。したがって、「仕掛け」を撒かなければなりません。

この点を理解しておかないと、口コミでの募集方法は難しいので、気を付けてください。

それでは、私が行った仕掛けの1つを次に紹介します。

口コミ紹介は「80対20の法則」と「返報性のルール」

私はスクールを立ち上げた当初、教室でフリーマーケットを行ったことがあります。

フリーマーケットを提案してきたのは、社員ではなく、生徒のお母様、つまりお客様側からでした。当時、実施に当たって、私は教務部からかなりの反発を受けました。

その理由は、「お客様1人の提案を受け入れたら、他のお客様方にも同様の提案があった場合、受け入れなければいけなくなる」といったことでした。また、「本来の教室使用方法からは外れる」などの社員の声もありました。

確かに、社員の言い分は正論です。特定のお客様だけの申し出を受け入れてしまえば、他のお客様に示しがつきません。とはいえ、反対の声がある中で、私がフリーマーケットを実施したのには理由がありました。それは、提案してきた生徒のお母様が、友達紹介を20名以上してくれている特別なお客様だったからです。

マーケティングの世界でよく言われる「80対20の法則」を思い出してください。マーケティングで考えたとき、社会全体は80対20で構成され、そのうち全体の上位20％が利益を生み出しているというものです。

具体的に言えば「80対20の法則」とは、次のようなことです。

「全顧客のうちの2割の顧客が、また全商品のうちの2割の商品が、売り上げの8割を占めている。そのため、売り上げを増加させるためには、万遍なく全顧客にサービスを提供するより、2割の顧客に絞ってサービスを提供し、すべての商品に予算をかけて改良するのではなく、2割の商品を改良していくことが効果的である」

スクールの口コミ紹介にも「80対20の法則」は当てはまります。それは、紹介で入会した80％の生徒は、全生徒の20％のお客様からによるものだからです。

したがって、この法則で考えてみると、フリーマーケットを提案してきた生徒のお母様は、20％のお客様に当てはまるわけです。つまり、スクールにたくさん生徒を紹介してくれる、ポイントになるお客様ということです。

しかも、人は誰しも「他人が何かこちらにしてくれたら、こちらもお返しをしなければならない」という、「返報性のルール」という心理が生まれます。これはルールというより、本能といったほうが正しいかもしれません。たとえば、お中元、年賀状、もっと身近な例では、挨拶などがあります。「こんにちは」と挨拶されたら、「こんにちは」と答えます。これが返報性のルールです。

したがって、私はこれらの法則に従い、社員からの反発を受けても、フリーマーケットをスクールで実施しました。

上位20％のお客様を特別扱いすることで、さらに口コミ紹介が加速し、実際にその生徒のお母様からの友達紹介もさらに増え、そのお母様の友達からも紹介が増えていきました。

このように、ポイントになるお客様を見つけ出すことで、対応によっては紹介や入会を大幅に増やすことも可能になります。

「口コミのスタートポイント」になる方は、地域に影響力を持っている方が有力候補になります。たとえば、地域でサークル活動をしている方やお店を経営している方などです。このタイプの方は、積極的で行動力もあります。

また、過去に紹介をしてくれたお客様や、紹介で入会された方も「口コミのスタートポイント」になる可能性は高いです。

口コミ入会による弊害

口コミはスクールの集客活動に役立つ一方、口コミ入会による弊害があるのも事実です。

ここでは、知人の子どもが通っている、ある塾で起きた事例を通して口コミ入会による弊害をお話ししていきます。

知人の小学5年生になる子どもが、ある塾に入会を決めたのは、周囲の友達が通っているという理由からでした。いわゆる口コミ紹介での入会です。

知人の子ども以外にも、「友達が通っている」という理由で入会した子ども達も多く、5年生のクラスには、同じ小学校の子ども達ばかりが集まっていました。

そのため、他の塾に通っていた子ども達までもが、その塾に入会するという、口コミ紹介の凄さを実践していました。

その話を聞いた知人は、このまま生徒が増え続けていくのかと思っていた矢先、知人の子どもが「友達が他の塾に移動する」と言ってきたそうです。

知人は、最初、子どもの友達が中学受験に特化した塾へ移動していくのだろうと考えていました。

しかし、新学期が始まると、知人の子どもがまた「友達が他の塾に移動する。他の子達も、違う塾にいくらしい」と言ってきたそうです。しかもその子ども達は、中学校受験は目指していませんが、成績優秀な子ども達でした。

さて、なぜ、子ども達が次々と他の塾へ移動していったのでしょうか。

単純に考えれば、授業に何かしらの問題があるのかもしれません。

成績優秀な子にとっては、授業内容がつまらなく感じてきたのかもしれません。

もしくは、講師に問題があるのかもしれません。

要因はいろいろと考えられますが、退塾していく子ども達は、みんな口を揃えて、「友達が多すぎて、授業が馴れ合いになってしまっている」と答えたそうです。

この事例からもわかるように、口コミによる紹介は、確かに強力な生徒の募集方法です。しかし、1つ間違えると、方向が狂ってしまうこともあるので、気を付けてください。

成功するキャンペーンとは？

入会を促進するために、スクールでは様々なキャンペーンを企画します。

たとえば、「期間限定入会金半額キャンペーン」などは、代表的なものではないでしょうか。また、「友達紹介キャンペーン」や「兄弟入会キャンペーン」などもあります。

私の知る学習塾でも、「友達紹介キャンペーン」で、友達を紹介すると高級アイスクリームのギフト券のプレゼントを行っています。

キャンペーンでは限定特典を付けると、特に緊急性を必要と感じていないお客様に、購買意欲を促すという効果があります。

購入時や入会時、キャンペーンでプレゼントがもらえるほうが、お得感が出て、購買意欲のきっかけとなりやすいからです。また、生徒にとってはキャンペーンを行っているということが、友人を誘うきっかけにもなります。

多くの業界が、特典をつけて販売促進のキャンペーンを行っています。

たとえば、コンビニエンスストアのキャンペーン実施は、よく目にするのではないでしょうか。

キャンペーン期間内に対象の商品を購入し、商品についているシールを集めると、お皿やマグカップと交換できたり、またキャンペーン対象のお菓子を規定以上購入するとクリアファイルがもらえるなど、様々なキャンペーンを実施しています。

同じようにスクールも、「授業料1カ月半額」など、初期にかかる費用負担を少なくすることで、入会へのハードルを下げたり、期間限定にすることによって、緊急性の演出を図ることもあります。

とはいえ、近隣スクールも同じようなキャンペーンを実施していると、「隣の○○スクールは入会金が半額ではなく無料になっているから、ウチも負けてはいられない」と入会金を半額から無料にしてしまうスクールが多々あります。

また、お友達紹介キャンペーンでも、「近隣のスクールでは、5000円の商品券だから、負けないためにも5000円以上のプレゼントを考えなければ……」と他スクールの動向を気にして動くスクールも少なくありません。

資金力のないスクールが、他のスクールのキャンペーンの真似をしても、経営の体力がなくなる一方で、キャンペーンも無駄になる可能性があります。

本来お客様のためにキャンペーンを実施しているのに、他のスクールのキャンペーン動向に気を取られていては本末転倒です。

私もかなりの数のキャンペーンを企画し、実施しましたが、実はその中で一番失敗したものが、一番費用をかけたものでした。

私が失敗したキャンペーンは、入会者を促進するためのもので、入会者の中から抽選で「オーストラリア海外学習にご招待」というものでした。

毎年、私のスクールでは春に、「オーストラリア海外学習」というイベントを実施していました。そこで、入会キャンペーンの一環として、そのイベントに「もれなく10名様ご招待」という企画を立てたのです。

私は入会キャンペーンのために、その企画専用のチラシを作って、教室に横断幕も貼り、キャンペーン自体を大々的に告知しました。

「入会プレゼントで海外学習はかなりのものだ」と思っていた私は、「これで生徒の集客がうまくいく」と自信を持っていました。

ところが、キャンペーンはまるで盛り上がらず、入会促進にもなりませんでした。

投資した金額を考えると、キャンペーンとしては大失敗です。

ちなみに、当時の私は、インターネットによる告知やプレスリリース、メディアミックス戦略など、全くマーケティングの知識がありませんでした。

一方、私が一番成功したキャンペーンは、一番費用をかけなかったものです。

「即決入会応援キャンペーン」と銘打ったキャンペーンは、通常は入会時に1000円ほどで生徒に購入してもらうスクールバックを、その場で入会を決めた場合には、3種類あるバックの中から好きな色を選んでもらい、プレゼントするというものでした。

このキャンペーンでは、通常講師によるクロージングでの入会率が平均50％程度だったところ、15％以上も伸びました。

また、営業社員によるクロージングでの通常入会率も平均60％だったところ、10％以上も伸びました。

いろいろな理由はあると思いますが、ここでお伝えしたいことは、**キャンペーンは費用をかけたからといって、成功するものではない**ということです。

キャンペーンでは、お客様が入会を決断するきっかけや、生徒が友達を紹介しやす方法を考えるべきです。

その方法は他のスクールの動向を気にする必要はありません。また、**アイデア次第では、思っているよりも費用のかからない方法を見つけることができます。**

企画力や資金力がないとあきらめる前に、お客様目線で考えてみると、意外におもしろいキャンペーンができるかもしれません。

イベント後の見込み客の絞り込み

以前、スクールや塾の経営者が集まるセミナーに参加したときのことです。そのセミナーで「長期の休みにはイベントで集客を！」と発言した経営者の方がいました。とはいえ、「どうしてイベントなのか？どういったイベントで集客できるのか？」といった点には触れないことに、私は疑問を感じました。

他のセミナーに参加した際も、様々なスクール経営者の方に長期休みの時期に関して伺うと、やはり大抵の方は「長期の休みがある時期にはイベントを行ったほうがいい」と考えているようでした。

果たして、本当にイベントは行ったほうがいいのでしょうか？　イベントは、本当に生徒募集に有効なのでしょうか？

それではこの点について、お話しさせていただきます。

基本的に私もイベントは「有効的」だと考えています。そのため私も英会話スクールを経営していたとき、頻繁にイベントを実施していました。

また、現在私がコンサルティングを行っているスクールでも、イベント開催は積極的に行ってもらい、もちろん結果も出しています。

そう考えると、やはり長期休みのイベント開催は有効的なのでしょうか？

確かに、私の経験でも長期休みのイベントは有効的だったので、行ったほうがいいと考えています。

一方で、私は問題点があるとも考えています。

問題点とは、イベントを開催すれば「生徒の満足度が上がり、継続率が上がる」「生徒の友達を一緒に連れて来てもらうと、新規の集客も可能になる」と安易に考えることです。

つまりイベントの目的を明確にせずに、漠然と「イベントさえ行えば何とかなる」と開催したイベントは、何の結果も残さず疲労感だけで終わります。

既存生徒の満足度をアップさせる目的でイベントを行うのであれば、そのときだけの単発ではなく、継続的に行わなければなりません。その目的に合ったイベント内容や段取りを用意する必要があります。

友達紹介を目的にしたイベントであれば、「どういった内容のイベントにして、どのようにスクールに興味を持ってもらうのか、そしてその後どのように入会につなげるのか」などを考えておかなければいけません。

また、**イベントを完全に集客目的として行うのであれば、大切なことは参加者のリストを集めること**です。

その後、集めた見込み客リストは、無料体験レッスンなどの案内を送る上で活用します。

とはいえ、見込み客リストを実際に活用して案内を送付したところで、思ったほどの反応が返ってこないことはよくあります。それは、友達に誘われてイベントに参加した方や、他のスクールに通っている方など、スクールには興味がなくてもイベントに参加した人達もいるからです。

イベントの敷居を低くして、たくさんの参加者を集めようとすると、皮肉なことにスクールに興味のない人達も増えてきます。

前向きに考えれば、今後、入会してくれる人達かもしれませんが、すぐに入会にはつながりません。

そこで、大切なことは、**見込み客リストの絞り込みをする**ことです。

どういうことかと言えば、イベントで集めたリストをまとめて見込み客リストにするのではなく、その中で「興味がありそうな人」「体験に参加しそうな人」など、濃い見込み客と、教室に関心がなさそうな薄い見込み客とを分けていくのです。

たとえば、「濃い見込み客をA」として、「普通の見込み客をB」とし、「薄い見込み客をC」というように分けていきます。そして分けたリストの中で濃い見込み客のAから重点的にアプローチしていくのです。

興味がありそうな「濃い見込み客」にアプローチしているわけですから、必然的に生徒集客の確率が上がります。また、「薄い見込み客」に対しての労力も減り、時間を有効に使うことができます。

濃い見込み客か、そうでない見込み客なのかを見極める方法は、イベント開催中にアンケートを行うことで判断できます。また、友達紹介であれば、紹介者から情報を得ることもできます。

一見、イベントに参加した人達に失礼なことをしているように思われるかもしれませんが、逆に興味のない人に一生懸命アプローチするほうが疎まれます。

それならば、興味のある人に出来る限りの労力と、時間を使ったほうが、お互いに有効的です。

これは、問い合わせや、すでに体験レッスンに参加した人達へのアプローチにも、同じことがいえます。

是非、一度、見込み客の絞り込みを考えてみるといいでしょう。

門まきを効果的に行う方法

学習塾系のコンサルタントが、子どもを対象にした場合の集客方法として必ず挙げるのが、「門まき」です。「門まき」とは、学校や幼稚園などの門前でチラシを配ることです。この方法は、私もお勧めしている方法の1つで、私がスクールを経営していたころにも行っていました。

しかし、門まきは推奨されているわりには、どうすれば効率よく、かつ効果的に行えるのかについて語っているコンサルタントは少ないように感じます。

そのためか、スクールの経営者からは「実際に門まきを行ってみたけれど、効果がない」「どういうふうに言えばいいのかわからない」といった声を耳にすることもしばしばあります。

それでは、具体的にどのように門まきを行えばいいのかについて、ここではお話ししていきます。

門まきを行われる方の中には、時間がないからといって、1回しか行わない方もいますが、実際、1回ではほとんど効果は出ません。2週間は継続的に続けることをお勧めします。また、時間がない場合は、最低でも1週間は続けるようにしましょう。

1回きりではなく、何回も定期的に配ることにより「ザイアンスの法則」が出てきます。

「ザイアンスの法則」とは、人は接触機会が多ければ多いほど、安心感が増すという効果のことです。人は最低7回接触することにより、親近感が湧くと言われています。

こうした効果を狙えば、格段に門まきの効果も変わってきます。

ちなみに、配るチラシですが、対象者の子どもが喜びそうなものを裏面に印刷しておきましょう。

たとえば、塗り絵や英語のゲーム、パズルなどです。ターゲットの年齢層に合わせて、1週間分であれば5種類の裏面を用意します。表面に関しては、2種類ほどあれば十分です。

同じものだと受け取られる確率が下がります。また、チラシの配り方ですが、配る枚数にこだわるのではなく、裏面のゲームを中心にアプローチし、何人の子どもと、何分のコミュニケーションが取れるのかを重要視してください。

次の点を考慮するだけで、門まきの効果も変わってきます。

- **配る日数は、最低1週間は継続的に行う**
- **子どもが興味を持つチラシを作成する**
- **配る枚数ではなく、コミュニケーションを重視する**

安価な費用で、生徒を募集する方法

新聞折り込みチラシの反応率は、十数年前は0・3%程度と言われていました。1万枚の折り込みで、30件程度の問い合わせです。

しかし今では、新聞折り込みチラシの反応率は、0・03～0・01%程度といわれ、十数年前とでは、問い合わせ数が10分の1以下に減っています。

チラシを中心にコンサルティングする会社であっても、1000枚に1件、もしくは2000枚に1件を目標としているくらい厳しいものです。またＤＭ（ダイレクトメール）の反応率は、業者のリストであれば、０・２〜０・５％程度といわれています。たとえば、１０００件のＤＭを送ると、２〜5件の問い合わせ数になります。

また、1万枚を新聞折り込みチラシにすると、折り込み費を３円、チラシ業者の作成費を３円と仮定して、コストは1枚につき６円かかります。したがって、宣伝広告費は「1万枚×６円＝６万円」になります。

一方、新聞折り込みチラシを見た新規のお客様からの問い合わせが3件入ったとします。さらに入会に至るまで、体験レッスンの参加率8割、契約率5割と仮定すると、入会者は1名程度ということになります。

6万円の宣伝広告費で、1名の入会者では採算を合わせることができるのでしょうか。

もし、入会者に教材を販売するスタイルや、高額な授業料を設定しているのであれば、採算は合うでしょう。

昔、私が在籍していたスクールでは、入会者に仕入れ原価40％の教材を15万円程度で販売していたので、1名当たり9万円の宣伝広告費を使っても、入会後の授業料収入で利益を出していました。ただし、このような教材を販売していなければ、採算を合わせることはかなり難しくなります。

広告の反応率が悪い状況下、どのスクールも低予算で出来る限り、いい反応率を望んでいることは間違いないでしょう。

そして、どのスクールもいろいろと方法を模索し、検討されているとは思います。

実はスクールを長く運営されていれば、されているほどできることがあります。

もう一度、ＤＭの反応率を思い出してください。業者リストの反応率があることがおわかりになると思います。

加えてもう1つ、ＤＭを送る先には大切なリストがあります。それは自社のリストです。自社リストの反応率は、２〜５％程度といわれ、業者リストでＤＭを送る場合の10倍、さらに新聞折り込みチラシの１００倍の反応率があります。

私のクライアントの具体例を見てみましょう。

私のクライアントが、テスト的に１００件自社リストにDMを送った際、反応率は23件でした。そのうち体験レッスンを受けた人数は20名、入会者は15名という結果が出ました。

反応率は23％、問い合わせから体験参加率は87％、入会率は75％です。

かかった費用を計算してみると、切手代が80円、同封するものが印刷代込みで10円程度です。つまり100件×90円＝9000円になります。

9000円で15名の入会者であれば、1名につき600円程度の宣伝広告費です。600円であれば、入会金をいただいているスクールであれば、それだけで採算は取れます。

このように自社リストを活用した募集活動により、安価に生徒を確保することができるのです。

5-2

生徒数をアップさせる体験レッスン

体験レッスン数と契約率の関係

次の表は、ある2つのスクールの3カ月間募集状況です。

Aスクールは、月を追うごとに契約率は上がっていますが、体験レッスン数は下がっています。

Aスクール

体験レッスン数と契約率

1カ月目	50件	70%
2カ月目	40件	80%
3カ月目	30件	90%

Bスクール

体験レッスン数と契約率

1カ月目	80件	40%
2カ月目	90件	35%
3カ月目	100件	30%

一方、Bスクールの契約率は月を追うごとに下がっていますが、体験レッスン数が増えています。

ここで質問ですが、あなたならどちらのスクールが、優秀だと思いますか？

2つのスクールのうち、どちらが今後も安定的に生徒を確保できるのかという点から考えてみてください。

たとえば、両スクールの入会人数を考えてみましょう。単純に「体験レッスン数×契約率」で入会人数を出してみると、Aスクールは、1カ月目は35名、2カ月目は32名、3カ月目は27名になります。

Bスクールは、1カ月目が32名、2カ月目は32名、3カ月目は30名となります。

入会人数だけを考えてみると、3カ月間の入会人数合計はA、Bスクールともに同じ94名になります。

Bスクールは、体験レッスン数は増えていますが、3カ月目の契約率に関して言えば、Aスクールの3分の1です。またAスクールは、契約率は高いですが、3カ月目の体験レッスン数がBスクールの3分の1以下です。

もしあなたであれば、いったいどちらのスクールを目指すでしょうか。

ここで考えるのは、最初に向上させなければいけないのは、「体験レッスン数」と「契約率」のどちらかということです。

もちろんどちらも同じように向上させることができれば理想なのですが、なかなかそうもいきません。

それでは、質問の答えをお教えします。

優先項位としてどちらが先かというと、それは「体験レッスン数」になります。

理由は、契約率は最大が１００％です。どれだけ向上させようと考えても限界があります。そのため、体験レッスン数が減少してしまえば、どれだけ契約率を上げたとしても、いずれ入会人数に限界がきます。

しかし体験レッスン数には、基本的に限界数はありません（クラスの編成や配置人員は考慮しません）。体験レッスン数を増やしていく以上、契約率がたとえ低い状態でも、入会人数は増えていきます。

また、すぐに入会につながらなかったとしても、その後、濃い見込み客になり、リストを作ることによりアプローチを取ることもできます。

したがって、入会者数を安定的に確保するためには、体験レッスンの数を減少させてはいけません。体験レッスン数が増えてくると、どうしても契約率は下がりますが、まずは「いかに体験レッスンを増やすのか」「見込み客を増やすのか」にポイントを置いてみることが大切です。

それでは、具体的に考えてみましょう。

Aスクールでは、体験レッスン数が30件で、入会者数が契約率90%として27名です。

Bスクールでは、体験レッスン数が90件で、入会者数は契約率30%として27名です。

同じ入会者数ですが、Aスクールは今後アプローチできる見込み客は3件、片やBスクールは63件になります。再度、アプローチをしてもAスクールは最大で3名、Bスクールでは入会率が30%だとしても20名近く入会者を確保することができます。

契約率の向上ももちろん大切なことですが、体験レッスン数の向上はさらに大切だと認識してください。

無料体験レッスンと有料体験レッスン

多くのスクールが、体験レッスンを実施しています。スクールの商品である「レッスン」や「講師」を実際にお客様に見てもらい、体験してもらうために行っています。

お客様がレッスン内容や講師を気に入れば、入会につながります。

さて、体験レッスンは、無料で行っているスクールがほとんどだと思います。

なぜ、体験レッスンは無料で実施されているのでしょうか？

スクールによっては、他のスクールもやっているから、その横並びで行っている場合もあるかもしれません。

もし、体験レッスンを有料で行った場合はどうでしょうか？　その時点で、お客様は気軽に体験レッスンを受けられなくなるのでしょうか？

また、有料の場合、価格をいくらで設定すればいいのでしょうか？

「無料」「有料」の体験レッスンには、次のようなメリットとデメリットがあります。

それでは、実際に私がスクールで有料体験レッスンを行っていたときのデータを次にご紹介します。

無料体験レッスン

メリット

- □気軽に参加できる
- □オファーを出しやすい

デメリット

- □冷やかしが増える
- □参加率が低くなる
- □どこのスクールも行っている

有料体験レッスン

メリット

- □参加率が高くなる
- □冷やかしが減る

デメリット

- □ハードルができてしまう
- □オファーを出しにくい
- □設定金額を考えなければいけない

＊価格設定

体験レッスン1回の金額を「３１５円」「５２５円」「８４０円」「１０５０円」と変えて行っていました。

１０００円を超えなければ、アポイント数はほとんど変わりませんでした。

また「通常は１０５０円ですが、春のキャンペーンのため『３１５円』になっています」というインフォメーションをすることで、お客様に対してお得感を演出でき、アポイント数も増やすことができました。

＊金額は消費税が5％時のものになります。

＊参加率

私のスクールでは、「無料」「有料」の体験レッスンの参加率に20％近い差が出ていました。

これは有料で価格設定をしていれば、金額の高い、低いはあまり関係がありませんでした。

参加率には、お金を支払っているか否かということが影響します。

つまり、参加者の「どうせ無料だから」という考えを、「せっかくお金を払っているのだから」という考えに変えることで、参加率を上げることができます。

ただし、参加前に支払済みという状況でなければ、「せっかくお金を払っているのだから」という考えにはなりません。したがって、参加当日に料金をいただく方法では参加率向上にはつながりにくいので、参加料を事前にいただくことが必要です。

「数多く体験レッスンの申し込みがあるけれど、なかなか参加率が上がらない」

「どうしても冷やかしの参加者が多い」

「入会率がなかなか上がらない」

このような問題点がある場合は、無料から有料に変えてみるのも1つの手かもしれません。

入会率アップにつながるクロージングの流れ

お客様から問い合わせをいただき、お客様がスクールの体験レッスンに参加したにもかかわらず、「入会にならない」という結果は、スクール経営者側からすれば辛いものがあります。

もちろん、体験レッスンに参加された方が全員入会するのは、現実にはかなり難しいものです。しかし体験レッスンは実施できたけれど、契約率が50％を下回っている場合は、一度クロージングの流れを考え直してみる必要があります。

それでは、クロージングの流れを、子ども英会話スクールの例で考えてみましょう。

体験レッスンを実施する前にアンケートを取ります。アンケート内容には、必ず次のような内容を加えておきます。

- 英語に興味がありますか？
- 英語を子どもに始めさせるのであれば、何歳からがいいですか？
- 教室を決めるポイントは講師ですか？
- 子どもが「やりたい」と言ったら通わせますか？

これらは、子ども英会話スクール用のものにはなりますが、クロージングをする際は自分のスクールにとって必要な内容をアンケートに入れておくといいでしょう。

たとえば、子ども英会話スクールの体験レッスンで、お客様がアンケートに「英語に興味がない」と答えた場合、入会はしないと思います。

この場合、スクールは、体験レッスンに無駄な時間をかける必要はないかもしれません。

また、体験レッスン参加者が複数いる場合、参加者のアンケートを確認し、もしすべてに「NO」と記入している方がいれば、クロージングの妨げになるので、速やかにご帰宅いただくことも必要です。

一方、答えがすべて「YES」であれば、クロージングはスムーズに行え、契約率も変わってきます。

また、答えがすべて「YES」ではなくても「フット・イン・ザ・ドア・テクニック」を活用することで、クロージングをスムーズに行うことができます。

「フット・イン・ザ・ドア・テクニック」とは、相手が承諾しやすいことから話し始めて、徐々に要求範囲を広げていくクロージング方法です。

たとえば、スーパーマーケットの試食では、「お試しにどうぞ」と承諾しやすいことからはじめ、次に「どうぞご購入を」と承諾範囲を広めていきます。

試食した際、「おいしい、また食べたい」と感想を言った人は一度自分の言ったことに対し「一貫性の原理」でその行動を通そうとします。「おいしいですよね、また食べたいですよね、ではご購入を」と言われると、行動を覆すことなく、購入に至るというわけです。

つまり、人は一度何らかの要請を承諾すると、二度目の要請は断りにくいのです。

たとえば、「スクールを決めるポイントは講師である」というアンケートの質問にお客様が「YES」と解答していれば、体験レッスン終了後「講師はどうですか？　よかったですか？」と投げかけます。お客様が「はい」と答えれば、「それではウチの教室は、○○さんにぴったりな教室ですね」と言うことができます。

同じように、「子どもが興味を持てば通わせる」というアンケートの質問に、お母様が「YES」という回答であれば、子どもが「楽しい！　やりたい！」と言ったときに、「お子さまも興味を持っておりますので、あとは私達にお任せください」と言えるわけです。

こういった一連の流れを作るアンケートを作成して、実行していきましょう。

次にクロージングの基本について、引き続き、子ども英会話スクールの例でお伝えしていきます。

大前提として、子ども英会話スクールは子どもが「楽しい！　やりたい！」というようなレッスンをしなければなりません。この部分ができていないと、入会してもらうためのクロージングが押し売りに思われてしまいます。

そしてクロージングするタイミングですが、子どもが「楽しい！　やりたい！」と言ったあと、お母様に説明を始めます。さらにその前に、必ず5回は「YES」を取ってから始めます。

「YES」というのは、お母様が「そうね」という頷きや同意をすることです。

たとえば、「○○君が、英語が喋れるようになったらいいですよね」「そうね」など、相手に5つ話しをしてから、スクールに関する説明をしていきます。

これは、「イエスの話法」といって、相手がイエスと言ってしまう質問を繰り返し、同意させる方法で、「イエス誘導法」の応用になります。

ポイントは、いきなり結論を求めるような大きな「イエス」の質問をするのではなく、相手が「イエス」と言ってしまうような質問から始めることです。「イエス」の数が増えると共感が湧き、親近感を持たれます。

説明時に、お母様の顔色から迷いがうかがえたら、同じように5回はYESを取って、この繰り返しで説明していきます。

最後には必ず「私達に任せてください！」と言い切ることです。特にお母様が迷っている場合であれば、この言葉はお母様の背中を押します。

また、クロージングの時間には、最低30分はかけたほうがいいです。そのためには、体験レッスンの時間を前もって「レッスン時間＋30分」と設定しておき、参加する方にも事前に伝えておくようにします。

この他にも、クロージングテクニックとして覚えておくとためになる「ハード・トゥ・ゲット・テクニック」を紹介しておきます。

人には他人に認められたいという承認欲求があります。「ハード・トゥ・ゲット・テクニック」は、承認欲求をくすぐる「特別感」を用いたクロージング方法です。

たとえば、「今日の体験レッスンに参加されたあなたには、特別に入会金を無料にします」「今、入会をご決断いただいた方には、特別に1カ月間の授業料を無料にします」などと、「あなただけ特別！」と話しをしていきます。ただ、いつでも、誰にでもこの方法を利用すると特別感がなくなり、お客様の中で不公平感が生まれることもあるので、キャンペーン時に利用するなど、時期は決めて行うことをお勧めします。

成功の秘訣は「3・3・3大作戦」

スクールの募集広告は、チラシ配布や新聞折り込みチラシ、雑誌への広告など様々な方法で行われていると思います。そして、多くのスクールは、入会者を募集する際に、体験レッスンを行っています。

それでは、体験レッスンで入会を決めてくれたお客様への対応、また入会されなかったお客様への対応はどのようにされているでしょうか？

お客様が体験レッスンに参加したあとや、お客様が入会の申込書を書かれたあとに、あなたは「開講日まで何もフォローしていない」もしくは、「体験レッスン後、入会見送りの返事をもらったあとに、何もしていない」ということはないですか？

実は、お客様が入会を決めたあとのフォローが、退会防止や今後の口コミ紹介につながるのです。

また、入会見送りのお客様を、フォローすることで、今後、生徒に変えていくことも可能です。

そこで、私が「3・3・3・3大作戦」と銘打った体験レッスン後のフォローの仕方をお伝えします。

「3・3・3・3大作戦」とは、次のようなことをします。

＊3日以内に、体験レッスン参加へのお礼をする

入会の有無にかかわらず、お客様が大切な時間を割いて、体験レッスンに参加してくれたことへの感謝は必ず伝えましょう。

なぜなら、人の記憶は時間が経つにつれ、どうしても薄れていくからです。

したがって、あなたのスクールがお客様のイメージに残っている間に、第1回目の接触を試みることで、よりスクールの印象を強く残せます。

また、その期限は3日以内だと思ってください。

＊入会当初は3週間以内に、最低3回はフォローの接触をする

入会当初のお客様は不安でいっぱいです。それは、子どもも大人も問わず、誰もが感じることです。

したがって、「今日はレッスン頑張りましたね」「今日は○○ができるようになりましたね。今度のレッスンでは△△ができるようになりましょうね」と声をかけることを心がけてください。

また、今後、お客様がスクールに通うことで、「どのように変わっていくのか」という内容を伝えると効果的です。

＊入会後、3カ月間はフォローが重要である

入会当初、お客様はまだ体験レッスンの延長だと考えています。したがって、お客様は「このスクールに合うのかしら？」「レッスンはどんなものなのだろう？」と入会から3カ月間は、スクールやレッスン、講師を品定めしています。ですから、スクールに不満を感じたら、お客様はすぐに退会します。

そこで、お客様が入会から3カ月以内に、カウンセリングを含めた面談を数回行いましょう。面談によりお客様の「不安」や「不満」を少しでも解消しておくと、今後の継続率につながります。また、お客様にアンケートを行い、現状を把握することも必要です。

私が提唱する「3・3・3・3大作戦」は、単なる語呂合わせではなく、実際に私のクライアント先で検証し、結果を出している作戦なので、是非実行してみてください。

お客様の質問に対する切り返し話法

私はクライアントに「クロージングを行う際、お客様から質問を受けたら、どのように答えればいいのでしょうか？」という相談をよく受けます。

そこで、よくあるお客様の質問をピックアップし、ここではお客様との会話における切り返し話法を紹介します。

＊お客様の「年齢的にまだ早いんじゃないですか？」という質問に対しての切り返し話法

「そうですよね。実は脳の発達はある時期を過ぎると、何かを覚えようとしても、覚えられなくなるタイムリミットのようなものがあるんですよ。

ネイティブとしての発音や聞き取り能力は、6歳くらいでほとんどが出来上がってしまいます。

本当にネイティブ並の耳や発音を作るのであれば、6歳より前に、出来る限り早い時期から十分な音を聞かせる必要があります。○○様のお子さまの年齢であれば、まだまだ可能性もありますし、決して早くはないですよ」

＊お客様の「うちの子ずっと泣いていて、このスクールに合わないのでは？」という質問に対しての切り返し話法

「今、実際に通われているお客様も同じような不安をお持ちでした。最初は泣いているお子さまもおりましたが、通われているうちに本当に楽しくレッスンを受けられるようになりました。レッスンが終わったあと、今度は帰りたくないと言われるようになりました。本当に子どもって順応性があるんですよね」

＊お客様の「遊んでいるだけのような感じがするのですが」という質問に対しての切り返し話法

「最初はお子さまに、英語が楽しいと感じてもらうこ

とが重要です。そのため、子ども達が興味を持つゲームや歌、踊りを取り入れたレッスンカリキュラムになっています。ただ、当スクールのカリキュラムは遊んでいるようで、しっかりと身に付く内容になっております。ご安心ください」

＊お客様の「家が遠いので」という質問に対しての切り返し話法

「そうですよね。確かに、お子さまの送り迎えは大変ですよね。でも、お子さまが喜んで教室に通う姿や、お子さまが英語に興味を持って成長していく姿を見たくありませんか？　将来『お母様が英語教室に通わせてくれたから、英語が得意になった、ありがとう』と言ってくれるとうれしいですよね。頑張りましょう」

＊お客様の「子どもが他の習い事もあって忙しいので」という質問に対しての切り返し話法

「他の習い事もされて、すごいですね。お母様はお子さまのことを本当に大切に育てられているんですね。その中に水泳を1つ加えてみることはできませんか？　お子さまも楽しんでますし、是非、考えてみてください」

＊お客様の「金額的にちょっと高くて」という質問に対しての切り返し話法

「そうですよね。お母様がご存知の教室と比べると、少し高いかもしれませんね。でも安いけど、あまり結果が出ない教室と、少し高いけど結果が出る教室だとどちらを選ばれますか？　少し高いかもしれませんが、その分きっとご満足いただける内容になっております」

＊お客様の「夫に聞いてみないと」という質問に対しての切り返し話法

「お父様も、お子さまの教育に対して関心があるのはすばらしいですね。是非、お父様にご相談してみてください。お母様がお子さまにとっていいと思われたことであれば、きっと賛成してくれると思いますよ。ただ、体験レッスンにお申し込みいただいた方が非常に多い状況なので、ご希望のクラスが埋まってしまう可能性もあります。もしよろしければ、仮予約をしていただいて、そのあとお父様にお伝えするのはいかがでしょうか？」

＊お客様の「他の教室も見てみたいんですけど」という質問に対しての切り返し話法

「そうですよね、他の教室もご覧になってみないと、比べることはできませんよね。是非、当スクールと比較してみてください。ただ、体験レッスンにお申し込みいただいた方が非常に多い状況で、ご希望のクラスが埋まってしまう可能性もあります。もしよろしければ、仮予約をしていただいて、そのあと他の教室と比べられるのはいかがでしょうか？」

5-3 わかりにくい宣伝広告とは？

業界の常識で考えたホームページやチラシは、お客様に伝わらない

私は市場調査の一環として、いろいろなスクールのホームページを閲覧しています。

私が閲覧している限り、スクールのホームページは大半が入会費用をわかりにくく掲載しているように感じます。特に、学習塾業界のホームページは、入会費用がわかりづらいです。

学習塾業界のホームページは、授業料（週の講座回数による）、教材費（科目数による）、年間の維持費など料金表が細かく書かれています。さらに、夏休みには夏期講習、冬休みには冬期講習、春休みには春期講習があり、定期テスト前にはテスト対策講座も実施しています。

これらのオプションも含めると、学習塾のホームページは、「年間でいくらの授業料を納めるのか？」が非常にわかりにくいです。

うがった見方かもしれませんが、あえて学習塾側はホームページにわかりにくい料金表を載せて、お客様からの問い合わせ数を増やそうという考えがあるのかもしれません。

一般のお客様にとっては料金表を細かく記載しているだけでは、非常にわかりにくいです。

もし、学習塾の経営者が「ここまで細かく料金表を記載しているから、親切でわかりやすいだろう」と考えているのであれば、お客様の立場には立てていません。

なぜなら、**学習塾業界にいれば、当たり前と思われていることが、一般では当たり前ではない**からです。

たとえば、現在、一般的になっている「個別指導」とは、いったいどのようなものでしょうか。

学習塾業界での「個別」の意味は、「生徒1人ひとりに応じた対応をする」ということです。つまり、1

人の生徒に対して、講師がマンツーマンで対応するという意味ではありません。

したがって、講師1名に対して生徒2名のところもあれば、生徒6名のところもあります。

しかし、お客様は学習塾から説明を受けなければ、「個別」の意味を、「1対1」と捉えてしまいます。

「個別指導」という言葉は浸透しつつありますが、本来の意味はまだ、一般的では理解されていないように思います。

また、スクール全般に言えることですが、「少人数制」「グループレッスン」について、ホームページやチラシなどに「何名までのクラスなのか」がしっかりと明記されていないことが多いです。

お客様に対して、「親切でわかりやすく」と考えるのであれば、「お客様が何を知りたいのか」をしっかりと見極め、ホームページやチラシなどに明記しましょう。

嫌われるチラシ

私があるセミナーに参加したときのことです。

私は、各スクールのチラシを持参して、それらをお母様方の目線から見てもらいました。そして、チラシごとに、お母様方からいい点と悪い点を伺いました。

お母様方に各スクールチラシに対する意見を伺いながら、私自身も「これらのチラシにはちょっと疑問が出るかな?」と考えていました。しかし、私が考える以上に保護者の意見は厳しいということを実感しました。

「今更、チラシ?」という方もいらっしゃるとは思いますが、生徒募集の方法もクロスメディアを活用して、複数の異なるメディアを通して、お客様へアプローチしていかなければなりません。

したがって、ただホームページに頼るだけではなく、チラシを活用したアプローチも必要不可欠です。

とはいえ、新聞折り込みチラシやポスティングにしても、対象となるお客様に見てもらえなければ、チラシはただのゴミにしかなりません。

「いかにお客様に見てもらうか？」
「いかにお客様の興味を引くか？」

チラシは、チラシの役割をしっかりと考えた上で、作成することが大切です。

お母様方が思うダメなチラシ
- □ぎゅうぎゅうに詰まって、空間がないチラシはダメ！
- □原色ばかりのきつい配色はダメ！
- □服装がカジュアルすぎるとダメ！
- □ネガティブなキャッチコピーはダメ！

お母様方が評価しないキャッチコピー
- □イメージ優先のキャッチコピー
- □書体に凝っただけで中身のないキャッチコピー
- □「真面目」「堅実」「地味」とありきたりなキャッチコピー

お母様方が認めたチラシ構成
- □フリーダイヤルの設置
- □「体験談」「お客様の声」の掲載
- □マンガで伝える
- □「特別」というキーワード

ちなみに、上段のお母様方の回答には、何点か興味深いことがあったので、紹介させていただきます。

ホームページやブログは定期的に更新を行う

ここで、スイミングスクールを経営されているB先生のケースを紹介します。

20年以上前から子どもの習い事ナンバーワンであるスイミングは、最近、大手の資本力による低価格戦略を打ち出した広告が目立ちます。しかし、B先生は紙媒体の広告だけではなく、インターネットによる集客にも力を入れたいと考え、ホームページを立ち上げ、ブログも行っています。とはいえ、なかなか結果には結びつかないようです。B先生の問題点とは何だったのでしょうか？

＊スイミングスクール経営――B先生のケース

B先生「現在、紙媒体を中心に広告を行っているのですが、今後インターネットによる集客にも力を入れていきたいと考えています……」

私「なるほど、インターネットによる集客に力を入れられると」
B先生「はい、ホームページを立ち上げて、ブログを行っています」
私「なるほど、確かにホームページは、どこのスクールでも作成していますからね。それに、ブログは簡単に作ることができますしね。私もB先生のホームページとブログは拝見しましたよ」
B先生「ありがとうございます。でも、実は、なかなか結果が……」
私「そうなんですか。私がB先生のホームページとブログを拝見した感想は、ホームページのトピックやブログの更新が止まっているのが気になりました」
B先生「えっ、そうなんですか。なかなか結果が出ないので、ついつい更新が面倒になり、滞ってしまっているんです」
私「なるほど、ただ更新が止まるのはよくないですよ」
B先生「えっ、なんでですか?」
私「すぐに結果がでないからといって、ホームページやブログの更新をやめてしまうと、お客様が閲覧している場合どう考えるでしょうか?」
B先生「お客様が?」
私「そうです。B先生も、たとえば、看板がボロボロになったら変えますよね? または、常に電気のついていない教室ってどう思われますか?」
B先生「看板がボロボロになったら変えますし、常に電気がついていないと、潰れたのかなと思ってしまいますね」
私「実は、ホームページやブログにも同じことがいえるんです」
B先生「どういうことですか?」
私「ホームページやブログの更新が止まっていると、B先生のお客様は、いつも電気がついていない教室と同じように感じるのです。つまり、本当は営業していても、お客様に『この教室はもうやっていない』と思われてしまう危険性があります。しかも、中途半端なホームページやブログはたとえるなら、ボロボロでも取り換えない看板と同じような印象をお客様に与えます」
B先生「それは困ります!」
私「それでは、お客様にそう思われないためにも、ホームページやブログを放置しないようにしてください。確かに、ホームページやブログが即効性のある媒体かと言えば、結果が出始めるまでに大体半年くらいはかかり、即効性はありません。ただし、定期的に更新していくことで、効果を感じることができるはずです。ホームページやブログを中途半端にやめてしまう方の多くが、その効果を感じる前にやめているように思います。せっかく一生懸命作ったものなのですから、しっかりと行ったほうがいいと思いますよ」

B先生「なるほど、わかりました。定期的にですね。頑張ります」

このあと、ホームページやブログの更新の重要性に気づいたB先生は、スクールのホームページとブログの更新を定期的に行いました。

その結果、生徒確保の3割を、インターネット集客で行えるようになりました。

5-4 退会防止の重要性

退会を防止することの難しさ

「お客様1名を新規入会されることの重要性。さらに、お客様1名の退会を防止することの重要性」

これは、私がスクール経営者によくお伝えしていることです。

お客様を1名入会させることと、お客様が1名退会することは、数字上ではプラスマイナスゼロです。

とはいえ、スクールのシステムを理解していた既存顧客が退会する場合、いくら新規顧客が入会しても、数字上では図ることができないダメージがあります。

なぜなら、新規顧客とは、関係性を一から構築しなければならない一方、既存顧客とはすでに深いつながりが生まれているからです。したがって、新規顧客の入会よりも既存顧客の退会のほうが、ダメージが大きいと私は考えます。

しかし、「顧客募集＝攻め」「退会防止＝守り」と考えられているスクール経営者は少なくありません。

実際、攻めの顧客募集を行っているスクールは評価されやすいです。また、スクール内でも、顧客募集を積極的に行っている部署や人材には、スポットライトが当たります。

一方、スクールにおいて、守りの退会防止対策は、退会願いが出てからでは難しいです。

私の経験上、「退会防止トークマニュアル」を作成し、活用しても、結果、2割の顧客が継続してくれれば御の字でした。

実際、スクールの体験レッスンに参加された方を入会に導くクロージングの契約率と、退会希望の方を継続に促す退会防止の阻止率を比較すると、退会希望の阻止率が低くなります。

したがって、そもそも違うベクトルの両者を同じ土俵で評価するのではなく、「顧客募集」と「退会防止」

に関しては、それぞれの基準を設けて、従業員に対する社内評価（給与面等の待遇も含め）をお勧めします。

たとえば、顧客募集の場合、「契約率」「体験参加率」「問い合わせから体験申込率」などがあります。

退会防止の場合、「退会率」「継続率」「退会阻止率」などがあります。顧客1名を新規で入会されることと同様に、もしくはそれ以上に、顧客1名の退会を防止することは大切です。

退会防止の4つのポイント

いくら新規のお客様を集めても、既存のお客様がいなくなっては、顧客数が増えることもなく、スクール経営は安定しません。

そこで、どのように退会を防止するのかについて、説明していきましょう。

＊日ごろからお客様とのコミュニケーションを持つ

スクールは人と人とのかかわりで成り立っています。そのため、お客様とは良好な関係を築き上げることが最も重要です。

コミュニケーションで重要なことは接触頻度です。講師にしてみれば、何十人の中の1人かもしれませんが、生徒にしてみれば講師は1人しかいません。したがって、講師がお客様、1人ひとりと向き合うことで信頼感は生まれてきます。

「○○さん、今日のレッスンはいかがでしたか？　頑張ってくださいね」「○○さん、次のレッスンでは△△ができるようになりましょうね」など、名前でお客様のことを呼び、個々の状況を把握していることがわかるようにしましょう。

＊お客様がスクールに通い続ける目的を作る

お客様の対象が子どもの場合、出席カードを作成し、レッスンで行ったことをお母様に伝えます。そして、生徒の出席に応じてシールを貼り、皆勤賞を用意するなど、続ける目的を作ることは大切です。

たとえば、英会話スクールの場合、「英語力がついた」「英会話ができるようになった」といっても、その基準は非常にあいまいです。そして、英会話スクールにとっては「英語力」「英会話力」といった目に見えにくいものが、「商品」です。

これはどのスクールにも共通していえることです。

しかし、生徒達に出来る限りリピーターでいてもらうためには、工夫しなければなりません。

うに、この「商品」を、少しでも目に見えるようにする必要があります。

そのためにも、段階的にどのくらいのことが身に付いたのか、生徒自身が把握できるようにする必要があります。

たとえば、「資格」の取得や、「資格」以外でも期間を決め目標を設定し、その目標にどれくらい近づいたかを客観的にわかるように、チェックシートなどを活用する方法もあります。

＊イベントによる内部充実が重要

スクール内のレッスンだけではなく、生徒がワクワクするようなイベントの開催も有効的です。

生徒の満足度を上げることを目的としたイベントを企画する際は、「どうすれば生徒が楽しく参加でき、心に残るイベントにできるか」と考え、「来年も参加したい」と生徒に思われるものにしなければなりません。

たとえば、クリスマス会、バーベキュー大会、忘年会や新年会、飲み会など、生徒同士の交流を目的としたイベントです。

また、作品展、発表会など、レッスンの成果を発表することを目的としたイベントや、保護者会など、保護者との交流を目的とするイベントも考えられます。

＊お客様に日ごろからレッスンを自覚させる

成人を対象にしたスクールでは、生徒が都合のいいときに、いつでも通えるようにしているところが多いです。

実はこれが出席率を下げる原因となり、結果、いつの間にか退会する恐れもあります。

「いつでも通える」ということは、「いつまでも通わなくてもいい」ともいえます。つまり、通うことに対する強制力が下がるということです。

お客様自身が、自主的に目標や通う時間をスケジューリングできれば問題ないのですが、実際はそのようなお客様ばかりではありません。

「今日はちょっと面倒だし、今度にしよう」というお客様の考えが、スクールの優先順位を下げています。

そこで、お客様が次回のレッスンへ参加するように、コミットメントしていきましょう。

たとえば、「来週の○曜日の今日と同じ時間に、○○さんに次のステップをご用意しておきますので、忘れないように参加してくださいね」とお伝えし、「わかりました」とスケジューリングしてもらいます。

お客様自身に次回のレッスンを自覚させることで、気軽に欠席や振り替えを行われないようにしていきましょう。

第6章 スクールビジネスを成功させるサードステップ

6-1

効果的なブランド戦略とは？

ブランディングができていないと「価格競争」に突入する!?

スクールにとって、ブランディングを確立し行うことは、長期的に生徒集客が行え、収益にもかかわる重要な戦略になります。

しかし、「ブランド」「ブランディング」といったキーワードは、正しく理解し、行わないといい成果を出すことはできません。

それでは、ブランド、ブランディングとはいったいどういうものなのでしょうか？

「ブランド」とは国語辞典『大辞林』によると、次のように説明されています。

「自己の商品を他の商品と区別するために、自己の商品に使用する名称や標章。銘柄。商標。特に優れた品質をもつとして知られている商品の名称や標章。ブランドはもともと、自分の家畜などに焼印で印をつけて、他所の家畜と区別するためにできたものと言われており、あるサービスを、他の同様のサービスと区別するための商標やマーク」

また、「ブランディング」は『大辞林』によると、次のように説明されています。

「顧客や消費者にとって価値のあるブランドを構築するための活動。ブランドの特徴や競合する企業・製品との違いを明確に提示することで、顧客や消費者の関心を高め、購買を促進することを目的とする。消費者との信頼関係を深めることで、ブランドの訴求力が向上し、競合他社に対して優位に立つことができる。ブランド化」

ブランディングとは、消費者に共通のイメージを持たせたり、実態のない価値を与えたりする方法です。

ブランディングができていない場合、他のスクールとの「価格競争」に突入します。

なぜなら、ブランディングによる差別化がお客様に浸透していないと、お客様は一番わかりやすい「価格」で判断するからです。

スクールは価格競争によって、利益率を圧迫し、次第に利益確保のために経費削減を行います。

多くのスクールが、直接売り上げに影響しにくい「宣伝広告費の削減」を進めることで、新規のお客様を呼ぶ力はさらに弱まります。

それでも利益が確保できない場合は「人件費の削減」も行い、スタッフのモチベーションを下げることになります。

その結果、緩やかに生徒数が減少し、生徒数を増加させるためにまた価格を下げるという、負のスパイラルに落ち入り、スクールの成長は阻害されます。

ブランディングに不可欠な3つの要素

一般的な、ブランディングのメリットは次の5つが考えられます。

1. 強力な差別化：ブランドネームやロゴ・意匠などによる個性的なイメージ
2. 選択の意思決定の単純化：顧客の知識が整理されることで再び同じ物を選ぶようになる
3. ユーザーの顧客化：顧客の親しみや信頼が増すことでブランド・ロイヤルティが形成される
4. 価格競争を回避：品質や価格だけではなく「顧客にとっての価値」でも差別化される
5. プロモーションコストの削減：1から4を行えば販売促進の必要度も低下できる

また、私が考えるブランディングにとって不可欠な要素は「コンセプト（concept）」「サービス（service）」「ファン（fan）」の3つがあります。

1. コンセプト（concept）：理念、ブランドが目指すべき将来像やビジョン
2. サービス（service）：ブランドらしさを体現する、独自性のある商品、サービス
3. ファン（fan）：ブランドに共感し、応援してくれるお客様や支持コミュニティ

この3つがうまく相互することにより、ブランディングが出来上がります。

たとえば、私が経験した事例で説明すると、次のようなことです。

1. コンセプト：英語教育の普及、多くの子ども達への英語環境の提供
2. サービス：他社が真似できない低価格による品質のいいレッスン
3. ファン：既存の生徒とその保護者

実際にこの3つは私が行ったブランディング戦略ですが、大手スクールのように大量の資金を投下して、テレビCMや新聞広告といった宣伝はできないため、開校させる教室の商圏範囲で「地域密着型」のブランディングを行いました。

たとえば、スクールが顧客対象にしたうちの、2割のお客様に在籍してもらえるような目標を設定します。つまり市場占有率2割を目標にするということです。

子ども向けスクールを例として取り上げると、小学校全体に対しての2割でなくても構いません。小学校の1クラスに対して2割で十分です。

もし、全校生徒の2割がスクールに通うことになったら、その時点でスクールは満席です。幼稚園にしても、保育園にしても1クラスで十分です。

私は「地域密着」のブランディング戦略を加速させるために、イメージキャラクターを作成しました。私はキャラクターによるブランディング戦略は重要だと考えています。チラシにしてもキャラクターがあるのとないのとでは、それを見た人が受ける印象の強さに違いが出てくると感じるからです。

具体的には、小学校でも使用できるスクールのキャラクター入りの下敷きやノートを作成して配りました。未就園児にはスクールのキャラクター入りのハンドタオルやバスタオルを配布し、お母様たちが人前で使えるようにしました。また、お祭りなど、子どもたちが集まるイベントでは、キャラクター入りの風船やうちわを配り、スクールの認知度を上げるようにしました。

もちろん、教室前の看板や窓ガラスにも、スクールのキャラクターを目立つように入れ、様々な角度から認知度を上げていきました。

ちなみに、キャラクターを作ったおかげで、戦略通り、私のスクールのイメージもしっかりと定着しました。

イメージキャラクターを作り、ターゲットを絞り込むことで、一部ではあるかもしれませんが、お客様に

安心感を与えることができたと私は思っています。

また、イメージキャラクターによって、たとえ一部分でも、大手スクールに負けないブランドイメージが出来上がりました。

このようなイメージが出来上がれば、英会話を始めようと考えている多くの人に、「まず○○スクールを見てみよう」という流れを作ることができます。

加えて、私がクライアント先で行っているブランディング戦略としては、経営者である講師の書籍を商業出版することです。書籍を出版することにより、他のスクールにはない独自性や、社会的な認知度が生み出されます。

また、出版によるブランディングを行えば、宣伝広告費に多くの資金を費やさなくても、書籍を通してお客様が「この講師がいるスクールに行けば、自分はこうなれる」と想像し、スクールに足を運ぶきっかけを作ることができます。

知名度を上げて、お客様に認知される

スクール業界ばかりではなく、どの業界でも知名度を上げてお客様に認知されることは、ビジネスにおける一般常識です。

多くの企業が、商品やサービスをお客様に認知してもらうために宣伝広告をしています。

それでは「知名度を上げて、お客様に認知される」とは、どういうことなのでしょうか?

国語辞典の『大辞泉』によると、「知名度」とは「世間にその名が知られている度合い」と記されています。また、「認知」は「ある事柄をはっきりと認めること」と記されています。

私は、スクール経営における「知名度」について、「実際にスクールの存在をお客様に知ってもらえるようにすること」だと考えています。

つまり、お客様が何かを始めようと考えたときに、あなたのスクールがお客様の選択肢に入るようにすることです。

また、スクールにおける「認知」とは、「お客様に

知って認めてもらうこと」だと解釈しています。

ただ単に、お客様にスクールの存在を知っていただくのではなく、スクール自体のよさを認めてもらえれば、そのスクールがお客様にとって通うべきスクール候補になり得ます。

雑誌広告や新聞折り込みにチラシ、ポスティングなどで、お客様にスクールの存在を知ってもらうことは、スクールの知名度にもつながります。

しかし、「本当の意味でお客様に認知してもらうまでには至っていない」と私は考えます。

なぜなら、私の考える生徒募集には、次の３つのことが必要不可欠だからです。

1. お客様に知ってもらうことで、スクールの知名度を上げること
2. お客様にどういったスクールなのか実際に体験し、実感してもらうこと
3. 実際にスクールに入会しているお客様の声

つまり、お客様に宣伝して、実際に体験スクールなどで実感してもらいます。しかし、「1」「2」だけでは、実際にスクールに来てもらうまで、お客様に認知してもらえません。

そこで「3」の「実際にスクールに入会しているお客様の声」です。

実際にスクールに通われているお客様が、実体験を交えてスクールのよさを伝えてくれることで、スクールを知らないお客様にも認知されるようになります。

あなたのスクールが知名度を上げて、お客様に認知されるようになれば、生徒集客は飛躍的に伸びます。

あらためて認知されることの意味を考え、そのためにはあなたのスクールが何をすればいいのか、考えてみましょう。

自分が思っているよりも、周りには知られていない

それでは、具体的な事例を交えて、認知度についてのお話をします。

以前、私のもとへ子ども英会話スクールの経営者の方が相談に来られたときに、こう言いました。

「十数年間、この場所でスクールを行っていますし、場所も小学校の前だから、結構認知度は高いと思います

でも、この前、近所の方から問い合わせがあって、

体験にみえたのですが、『自宅の近くに、子ども英会話スクールがあったなんて、知らなかったです。今まで○○まで通っていたんですが、子どもの送迎が大変で……。ところで、このスクールはいつできたんですか？』っておっしゃるんですよ。そのときは、さすがにびっくりして、私が『十数年前に開校しましたよ』と伝えると、お客様は『えっ、ぜんぜん気づかなかった』と。私のスクールは、この辺では結構認知されていると思っていたんですが、まだまだでしたね……」

このように、自分では「認知度が高い」と思っていても、実際はお客様があなたのスクールのことを知らないことは多々あります。

私も子ども英会話スクールを経営していたころ、Aという地域に教室を開校し、ブランディング戦略のもと、生徒募集活動も積極的に行っていました。

努力の結果、私のスクールは生徒数300名以上になり、その地域では認知度が高い、ナンバーワンのスクールだと思っていました。

開校して1年以上経ったあるとき、高校時代の同級生と久しぶりに会いました。

3歳の子どもを持つ彼は、おもむろに「英会話スクールに通わせたいんだけど、お前の教室が近くにないんだよな」と言いました。

彼が住んでいる場所を確認すると、Aという地域で、私の教室から100メートルも離れていないところでした。

この経験からも、こちらが思っている以上に、お客様に知ってもらうのは大変なことだと実感しています。

お客様に知られていなければ、スクール選びの対象にすらなりません。

また、何もしなければ、お客様に認知されません。

認知度を上げることは容易ではありません。

スクールを認知してもらうためには、あなた自身が行動を起こすことが大切です。

検索で上位表示されるために

多くのお客様にホームページを閲覧してもらうためには、検索エンジンの検索結果で上位表示されることが重要です。その対策として、「SEO対策」というものがあります。

SEO(Search Engine Optimization)とは、Yahoo!やGoogleなどの検索エンジンで、ホームページが検索結果に上位表示されるための対策です。

SEO対策の主な方法として、ホームページの内容を検索エンジンにわかりやすく記載する「内部対策」と、一方、他のホームページからリンクを設定してもらう「外部対策」の2つがあります。

●SEO対策における内部対策と外部対策

＊内部対策

主要なHTMLタグを最適化すること。

・title に特定のキーワードが入っているか?
・meta keywords タグに特定のキーワードを入れすぎていないか?
・meta description タグは特定のキーワードを入れたページに適した説明文になっているか?
・h1タグ(大見出し)、h2タグ(中見出し)は特定のキーワードを入れた見出しになっているか?
・サイト訪問者にとって有益な情報を提供するページになっているか?

＊外部対策

外部リンクを増やすこと。

・ページランクの高いサイトとのリンク
・類似性のあるサイトとのリンク

なぜ、SEO対策が必要かというと、お客様がインターネットで何かを調べるときに、Yahoo!やGoogleなどの検索エンジンを必ず使用するからです。

たとえば、あなたのスクールが検索結果の1ページ目に上位表示されると、お客様にスクールの存在を気づいてもらえます。そして、お客様がホームページに訪問する確率が上がります。

さて、これからお伝えする検索での上位表示は、Yahoo! やGoogleなどの検索エンジンによるものではありません。

たとえば、外食するときには「何を食べようか?」と考えます。

そのとき、あなたの頭の中にはいろいろな飲食店が浮かび、その中からお店を選択します。

つまり、お客様の頭の中の検索エンジンです。

通常、人の頭の中に浮かぶ数は、インターネットの検索エンジンのように何万件も出ることはありません。

検索ワードにもよりますが、たとえば、頭の中に飲食店が10件も浮かべば、かなりの数だと思います。

スクールもまた、お客様の頭の中に思い浮かべられるスクールであることは重要です。

なぜなら、お客様の頭の片隅に残っていなければ、あなたのスクールは選択されることもありません。検索エンジンで言えば、「圏外」ということになります。

インターネットでのSEO対策も大切ですが、お客様の頭の中で上位表示されるためのSEO対策も必要です。

●お客様の頭の中における内部対策と外部対策

＊内部対策

特定のキーワードをお客様に印象づける。

たとえば、「歌がうまくなる＝○○ボーカルスクール」や「シニアがパソコンに通うなら△△パソコンスクール」など、各スクールの特徴を印象づける。

＊外部対策

何かを始めたいと思ったときに、お客様の頭の中に浮かぶようにする。

たとえば、お客様が「○○を始めたい」と考えたとき、頭の中に浮かぶように、ブログやホームページをはじめ、チラシ、雑誌などの広告を通して、情報発信する。

お客様の頭の中のSEO対策も、インターネットと同じように「内部対策」と「外部対策」が必要です。

特に「外部対策」は重要になり、どれだけ多くの情報を発信し、多くのお客様に知ってもらえるような販促活動を行っていくかが、ポイントになります。

この外部対策を怠っていると、お客様の頭の中の検索エンジンにはヒットしにくくなります。

インターネットの検索エンジンだけではない、お客様の頭の中もSEO対策してみましょう。

続けるということの難しさと大切さ

続けることの難しさや大切さについて、少しお話ししたいと思います。

「現状を改善するのであれば、大幅に改善することばかり考えずに、少しずつの改善、たとえば先週より2％お客様とお話しをする時間を増やしてみるとか、先週より2％教室の掃除の時間を増やしてみるとか、先週より2％チラシのポスティングの数を増やしてみるなど、2％という少しの改善でも継続することにより大きく改善されます」といった話しをセミナーですると、「2％ならば私にもできそう」という感想をクライアントからいただきます。

状況をいきなり大幅に改善するには、パワーも労力も、また資金も必要になり、かなりハードルが高くなります。しかし、少しずつの改善であれば、パワーも労力も、そして資金も多く必要としません。

「少しずつなら、できそう」という気持ちは非常に大切なことです。ただし、この少しずつの改善は、継続が不可欠になります。

実際に2％の改善を試みたとき、1週間に2％の改善を1年間続けると、２８０％の改善になります。2年間続けると、７８４％の改善です。3年間続けると２１９５％の改善になります。

つまり、1週間に2％の改善を3年間続けていれば、22倍の改善になるということです。

スクール経営者であれば、生徒に対して、同じことを言っていると思います。たとえば、英会話スクールならば、生徒が「1カ月間スクールに通っても、成果を感じない」と漏らしたとき、講師が「毎日、少しずつでも英語に触れ、学習すれば、話せるようになり、ネイティブの英語も理解できるようになれる」と伝えることです。

スクール経営も、1週間に2％の改善を行っても、1カ月間ではほとんど結果を感じることはできません。次第に、スクール経営者は「このままスクール経営をしていて大丈夫なのか？」「もっと即効性がある方法はないのか？」と続けることに疑問を抱くかもしれません。

人はすぐに結果が見えないと、続けることを途中で挫折してしまいがちです。

とはいえ、スクール経営者としてお客様に継続する大切さを伝えているのであれば、その伝えている本人が途中で挫折しては、説得力に欠けます。

続けることの大切さを知っているスクール経営者だからこそ、諦めずに継続しましょう。

知っているという勘違い

人は常に新しいものを求める傾向があります。

ビジネスでは、「新しい情報、新しいテクニック、新しいマーケティング」などです。

もちろん、新しいものを求め、学習することは必要です。

その一方、新しい知識を第三者から伝えられたときに、「それはインターネットで調べたから、すでに知っている」と聞く耳をもたない人もいます。

あらゆる情報は、インターネットで簡単に調べることができます。とはいえ、インターネットから得た知識だけで、本当に「すでに知っている」ということになるのでしょうか。

本来、何かを学び、知ろうとすれば、その知識の奥深さに、自分はまだまだ知らないと実感します。

これはスクール経営でも同じことがいえます。

あなたがスクールビジネスのために、「新しい情報、新しいテクニック、新しいマーケティング」を求めた結果、「これらの方法はすでにやっているがうまくいかない」と考えた場合、「本当にその方法でうまくいかないのか」と、あらゆる観点から考えているのでしょうか?

つまり、**今、行っている方法自体を、あなた自身でしっかりと検証することが重要**だということです。

たとえば、新聞折り込みチラシで考えてみましょう。新聞折り込みチラシは、スクール業界だけではなく、多くの業界で宣伝広告として使われているツールです。

新聞折り込みチラシで効果が出なかった場合、「この方法は使えない」と判断して、別の新しい方法にいろいろと手を出してしまうと、宣伝広告費は増える一方です。

もちろん、新しい方法で宣伝効果が出れば問題ありませんが、その判断を間違えると、結局、結果は残せません。

実際、新聞折り込みチラシは、反応率や問い合わせ率が様々なことで変わっていきます。折り込みチラシの内容、折り込む時期、折り込む曜日、折り込む新聞社など、調べればいろいろなことが考えられます。

新しいことを模索するのは、もちろん大切ですが、現在行っていることをあらゆる観点から見つめ直すことは、さらに重要です。

お客様を選ぶ勇気

教育業界といっても、スクール業界はサービス業になります。

「教育業界といえども、選ぶのはお客様なのだから、お客様である生徒をいかに大切に考えるか」と様々な場で私は言い続けています。

一方、私はお客様を選びます。

矛盾しているように思われるかもしれませんが、私はスクールビジネスをする上で、「来るものは拒まず」ではなく、「来るものを選ぶ」という考えをもって、今も昔も仕事をしています。

人によっては、「サービス業としては、よくないのでは？」と思われるかもしれません。

私がスクール経営していたときには、「入会したい」と言ったお客様でも、お断りしていたことがあります。

たとえば、固定電話がない家庭の場合、体験レッスン申し込み時からお断りしていました。それは、入会している生徒からの紹介の場合であってもです。

確かに昨今、携帯電話があれば事足りるので、固定電話を設置していない家庭は多くあります。

しかしこのような状況の中でも、入会者には必ず固定電話の設置を条件にしていました。

「そんなことで……」と思われる方もいるかもしれません。

とはいえ私の経験上、携帯電話のみの方が入会を申し込みした場合、授業料未納が起こる可能性が、固定電話の方に比べると高くなっていました。もちろん、固定電話を設置されていない方のすべてが授業料未納を行うとは考えていません。

私のスクールでは、「授業料の未納率を0％」という目標を掲げていましたので、未納予備軍を出来る限り防がなければなりませんでした。

また授業料をいただくことができなければ、どんなにスクールを気に入っていただいても、通っていただくことはできません。スクール側としては、お客様に長く通ってもらえる環境を作りたいものです。

したがって、経営者である私の考え方として、お客様を選ぶことにしたわけです。

お客様を選ぶことは確かに勇気のいることだと思います。

どうしても生徒が入会してほしいときなどは、多少の規定を曲げてでも、入会を優先してしまうかもしれません。

しかし、特例で入会させても、その後何らかのトラブルが起きては、意味がないものになってしまいます。だからこそ、私はお客様を選ぶ勇気が必要だと考えます。

6-2 多店舗展開をするには？

多店舗展開のメリットとデメリット

私はスクールの多店舗展開（図6－1参照）を、次のようなペースで行いました。

1教室目の英会話スクールを立ち上げ
↓
半年後に最初の教室に4教室を加え、5教室展開
↓
1年後には、15教室
↓
2年後には、30教室

図 6-1　事業規模推移

生徒数の推移

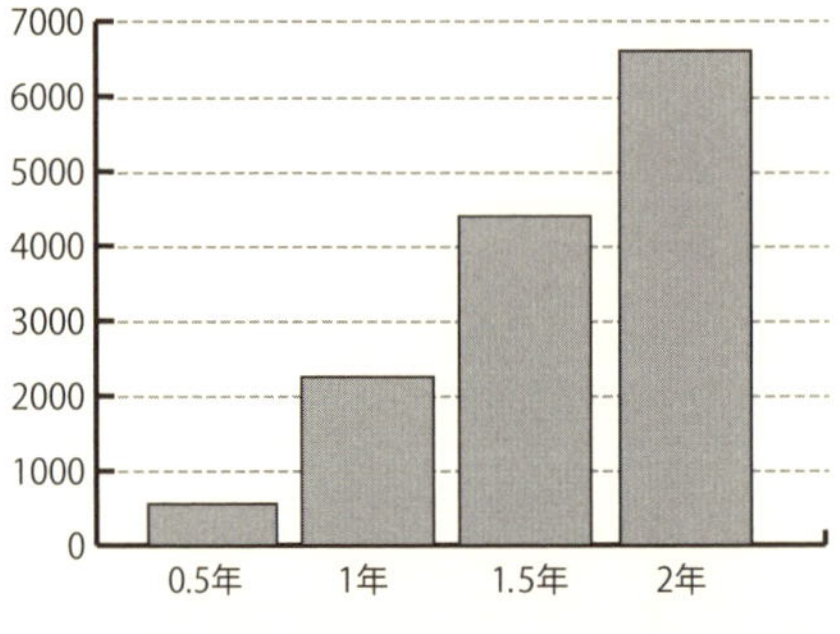

データ分析

※1教室の家賃を15万円と設定
※社員数は営業社員と講師を含む
※営業社員の人件費を1名につき30万円と設定
※講師の人件費を1名につき20万円と設定
※講師の内3教室に1名の外国人講師を1年後から配置、1名につき30万円と設定
※その他諸経費として、水道光熱費、本部経費を1教室につき20万円と設定

	生徒数	教室数	社員数	講師数	売上（月商）	利益
0.5年	790名	5教室	15名	内5名	350万円	△225万円
1年	2,290名	15教室	45名	内20名	1,000万円	△725万円
1.5年	4,390名	25教室	60名	内30名	2,100万円	△355万円
2年	6,590名	30教室	65名	内35名	3,000万円	250万円

なぜ、私が多店舗展開を行ったのかというと、私はスクールの全国制覇を自分自身の目標に掲げていたからです。そのためにスピードのある事業展開は必要不可欠でした。

とはいえ、スクール経営者の中には、「1教室で十分」と考えられている方も多くいます。

多店舗展開のメリットとデメリット

メリット

□多店舗展開することでお客様からの信頼が高まる
□多店舗展開することで売り上げを飛躍的に伸ばすことができる
□多店舗展開することでリスクの分散ができる
□多店舗展開することでスタッフが育つ

デメリット

□多店舗展開することで家賃などの固定費が増加する
□多店舗展開することでスタッフなどの人件費が増加する
□多店舗展開することでスタッフ育成などを含めたオペレーションが増加する

それでは、多店舗展開のメリットとデメリットを、上段のリストで見ていきましょう。

私自身の経験からお伝えすれば、私が半年間で5教室を一気に立ち上げたのは、やはりお客様からの信頼を得ることが目的の1つにありました。

私が経営していた英会話スクールは「安価な授業料」を最大の差別化にしていたので、お客様が抱くであろう「お金だけ集めて、すぐにスクールを潰してしまうのではないだろうか？」という不安を払拭するためでした。

とはいえ、すべての方に私が行ったペースで多店舗展開を勧めているわけではありません。

実際、多店舗展開をするためには、様々なリスクも背負います。私はスクールの設備投資資金のために、金融機関から借り入れし、失敗した場合のリスクも抱えました。

したがって、多店舗展開を視野に入れてスクール経営する場合には、まず、1教室目を黒字経営にすることが大前提です。

1教室目が黒字ということは余剰資金が出るので、その資金を運用して2教室目を開校します。

一方、「1教室目が黒字で余剰資金が出たとしても、もし失敗したら……」という不安で、なかなか多店舗展開に踏み出せない方もいるのではないでしょうか。

また、「新教室を任せられる人材を確保できていない」という不安もあるでしょうし、「売り上げや生徒をどのように管理するのか」という悩みも当然出てきます。

私も経験上、これらの不安はよくわかります。

だからこそ、無理をしないことです。

たとえば、2教室目だからといって、「1教室目よりもいい立地に開校しよう」「内装は立派にしよう」と考える必要はありません。

1教室目で積み重ねた利益を元手にしたところで、2教室目の設備投資に資金を多く使えるわけではありません。

また、1教室目の経営に差し障るような展開でも、スクール経営はうまくいきません。

よって、あなたのスクールにとって、無理のない展開を考えていきましょう。

職人タイプから経営者タイプへ

私はスクールコンサルタントをすることで、これまで多くのスクール経営者にお会いしました。

スクール経営者には、2種類のタイプが存在します。

1つは、「職人タイプ」、もう1つは「起業家タイプ」です。

それでは、**「職人タイプ」「起業家タイプ」**の特徴を次に説明します。

職人タイプとは、手に職を持ち、手を動かすことが好きな方です。私がお会いした方の多くは、このタイプでした。

一方、起業家タイプとは、常に物事をビジネスと捉えて、いろいろなアイデアを出す方です。

今振り返ると、私自身はどちらかというと起業家タイプの経営者でした。

それでは、「どちらのタイプがいいの？」という疑問に対して、私の答えは「両方を兼ね揃える必要がある」です。

職人タイプの経営者は、自分自身が毎日働くことによって、スクールが成り立っています。

職人タイプは、毎日、自分の仕事を一生懸命にこなしていますが、「起業家」としての視点がないために、

職人タイプ

□会社とは自己満足のために好きな仕事をする場所と考える

□不確実な将来に不安を感じながらも、現状を維持することに努力する

□視点が細部にいきがちである

□現状を基準として、将来を狭めてしまう

起業家タイプ

□会社とはお客様に価値を提供する場所だと考える

□最初に会社の将来像を考え、それに向かい現状を変える努力をする

□全体を見渡す視点を持つ

□自分が考える将来像から逆算して現状を見る

スクールの成長に限界があります。

したがって、スクールを運営するためには、自分自身がずっと働き続けないとなりません。

目の前にある仕事をこなす「職人としての能力」と、ビジネスを成長させる「起業家としての能力」は全く別ものです。

それでは、職人タイプがスクール運営で陥りやすい事柄を次から説明していきましょう。

レッスンが増えて、スクールビジネスを構築する時間が取れない!?

実際にスクールを作ってみると、小さな仕事から大きな仕事まで、様々なことをこなさなければなりません。

特にスクール開業当初は、独立するまでしたこともなかった、生徒集客に四苦八苦し、その作業にかなりの時間を取られます。

したがって、自分がやりたい仕事に時間を費やせなくなります。

仮に、生徒が増えても、職人タイプの経営者は講師としての仕事も増えるため、さらにビジネスを構築す

る時間が取れなくなります。

仕事を誰にも任せられない!?

会社員の場合、社内で自分にしかできない仕事があればあるほど、その人の評価は高くなります。

しかしスクールビジネスを構築するという点から見ると、これは間違った考え方です。

職人タイプの経営者にしかできないことが増え続ければ、その仕事を誰にも任せることができません。

したがって、「休みたくても休めない」「新しいことにチャレンジする時間が取れない」という事態になります。

また、経営者である講師が、スクールで受け持つことができる範囲の生徒数しか増やすことはできません。しかも、経営者がレッスンを持つことができなくなった時点で、スクールは閉鎖に追い込まれます。

「もっと多くのお客様に自分が考えるレッスンを提供したい」と考えるならば、**自分がレッスンをしなくてもスクールが存在するような「起業家タイプ」の考えを持つ**必要があります。

私のところに来るスクール経営者からは、「○○歳になったら受け持つレッスン数を減らしたい」「○○歳になったら現場から出来る限り離れたい」などの相談を受けます。

この経営者の方々は、「職人から脱却して経営者になろう」と考えています。

とはいえ、長年職人タイプの経営を行っていた方にとっては、実際、この脱却が難しく、どうしても他人に任せきれないという現実もあります。

それは、経営者自身が「スクールでナンバーワンの講師である」というアイデンティティを持ち合わせているところが大きいでしょう。

一方、「レッスンを続けることができなくなったので、スクールを売却したい」という個人スクールの経営者からも相談を受けます。

経営者としては、お客様のことを考えて「何とかお客様が学ぶ場所を確保できるように」と考えられての相談です。

しかし、多くのお客様はそのスクールにいる講師が提供するレッスンやサービスを求めていることが多く、仮に他のスクールと合併したとしても、退会するお客様は少なくありません。

経営者が「レッスンすることができなくなったら、スクールは閉鎖する」「スクールを経営している以上、自分の時間はすべてレッスンやスクールのために費やし、プライベートの時間や休みもいらない」という覚悟があれば、職人から脱却して経営者になろうと考えなくても問題はありません。

もしそうでなければ、**職人からの脱却を考えてみることは必要**です。

私がこのような経営者の方々から相談を受けた際、必ずお伝えするのは「割り切る」ということです。

もし、任せることができる人材がいないと考えるのであれば、「あなたと同じことができ、同じ能力を持っている人はあなたとは一緒に働かず、あなたの競合になっている」と考えてください。

今後、スクール経営の上で、職人タイプの経営者は「自分の分身を作ること」が一番の仕事です。

その分身は、あなたよりもレッスンが劣るかもしれませんし、作業もあなたより時間がかかるかもしれません。

しかし、分身はあなたに時間を与えてくれるはずです。その時間は、今まで作業に追われて、持つことができなかった「考える」という時間です。

職人から経営者になる第一歩として、今後のスクール経営についてじっくりと考え、分身となった人達を管理していくことで、客観的に自分のスクールを見ていきましょう。

第
7
章

スクールビジネスを失敗させないために

7-1 お客様の声を聞く

効果的なアンケート作成方法

お客様である生徒に継続してスクールに通ってもらうためには、よりいい教室環境やサービスを提供し、一方で生徒の抱える不安やストレスをいかに軽減するかが重要です。

そのためには、まず生徒からアンケートなどで、現在の状況や要望を聞く必要があります。

とはいえ、現実はアンケートの回収率の低さや、要望を聞き出せないなど、なかなかうまくはいきません。

そこで、効果的な「アンケート作成ポイント」についてご紹介します。

＊アンケート作成ポイント

1．目的に応じた質問を作成する

アンケート作成の際は、アンケートを取る目的を明確にし、その目的に沿った質問内容を考えます。

目的は大きく分けて、次の2つがあります。

①何かを改善したい

②今どうなっているかを知りたい

たとえば、十分に生徒数を確保できているスクールの場合、「なぜ、お客様に支持されて、生徒数が確保できているのか？」と問われても意外に答えられないものです。

そこで、アンケートを使って確認すると、スクール運営をさらに強化することもできますし、お客様が減ったときの参考にもなります。また、**質問は出来る限り、具体的に聞きたい内容だけをまとめます。**

加えて、質問内容はスクールが次の一手を打つときの判断材料として使えるように、作成することも重要です。

たとえば、入会したばかりの生徒の不安な気持ちを聞き、それを取り除きたいのであれば、「今後どのようなイベントに参加したいと思いますか？」というような継続を前提とした質問事項ではなく、「クラスになじんでいますか？」など、現状を把握するような項目にしたほうがいいでしょう。

2．回答欄の作り方

回答欄の形式は大きく分けて、自由に意見を書いてもらう形式と、選択肢から選んでもらう形式があります。

自由に意見を書いてもらう形式では、お客様から斬新な声が得られます。

ただし、お客様に「文章を書いていただく」という負担をかけます。

選択肢を用意できる質問内容であれば、選択肢形式のほうが無難でしょう。

3．アンケートの用紙サイズ

アンケートを作成する際、お客様にどうしても聞きたい質問が増えてしまいます。

質問の数を増やせば、自ずと用紙のサイズも大きくなります。

とはいえ、お客様の負担を減らすためにも、アンケート用紙のサイズはＡ４に片面印刷して、質問数も抑えましょう。

4．回収したアンケートへの対応

アンケートは、回収したら終わりではありません。

お客様はアンケートに回答した以上、スクールになんらかの対応を求めます。

したがって、お客様からアンケートを取っておきながら、何も対応しなければ、二度とアンケートには答えてもらえなくなります。

アンケートに書かれたお客様の意見には、出来るだけ対応しましょう。

5．お客様の意見に対するスクールの回答を発表する

アンケートによりわかった改善策を実行する前に、お客様へお礼の意味もかねて、スクールの回答を発表しましょう。

お客様の意見に対するスクールの回答は、教室に貼り出すか、ニュースレターに載せます。

すべての意見に答えることはできませんが、部分的

にでもきちんと回答することは重要です。

スクール側の回答を発表すると、後日、別の調査アンケートを実施する際も、お客様からの意見が集めやすくなります。

お客様が気軽に本音を言える環境作りのためにも、スクール側の回答を発表することは欠かせません。

また、お客様からの要望の中には、実現には多少の時間や手間が必要なもの、そして、実現させるにはかなり難しいものもあるはずです。

とはいえ、そのような意見の中にも貴重なアイデアが含まれていることもあるので、決してないがしろにしないでください。

すぐに実現できる意見にだけ答えていると、スクールの対応そのものが疑われます。

答えにくいお客様の要望にも、真摯に対応しましょう。また、**スクール側の回答を発表する際は、講師やスタッフなどと事前によく話し合う必要があります。**

スクール側が「すぐにやります」という回答を出しても、お客様に周知されていなければ、逆に不信感へつながります。

そこで、改善策が「お客様に伝わっているか？」と不安に思う場合は、「改善策実施に関するアンケート」を行うことで、お客様の声を確認できます。

アンケート回収のポイント

続いて、「アンケート回収ポイント」の効果的な方法を紹介します。

1. 無記名にすることで回収率が上がる

新規のお客様にアンケートを取る場合は、お客様1人ひとりの状況を把握するためにも記名式にします。

一方、既存のお客様の場合は、アンケートは無記名がいいと私は考えます。

なぜなら、誰が回答したか、スクール側にわかるようでは、お客様は講師との人間関係を心配して、本心がなかなか書けないからです。

ですから、アンケートを回収する際は、誰が書いたかわからないように、たとえばのりしろを作って封ができるようにしましょう。また、回収するときに、他の人に内容が見られない仕組みも作りましょう。

直接、講師にアンケートが渡らないように、アンケート回収ボックスを作って、講師以外のスタッフが回収する方法もあります。

個人経営スクールの場合、これらの回収方法は難しいかもしれませんが、アンケートを無記名にすることはできます。

このような回収方法を取れば、お客様からの回収率は格段に上がるはずです。

とはいえ、「誰が書いたのか」「どこのクラスなのか」を知りたい場合には、クラスごとにアンケート用紙を色分けして、印を付けておけば、ある程度、回答者がわかります。

2. アンケート作成ソフトでアンケートを作ろう

アンケートというと紙ベースのものを想像しがちですが、アンケート作成ソフトを使って、インターネットアンケートを作成できます。インターネットアンケートは、回収や集計の手間を省くことができるので、興味のある方はご利用ください。

それでは、次の3つのアンケート作成ソフトを紹介します。

●「アンケートツクレール」(http://enq-maker.com/)

＊特徴

・バナー広告がほとんど表示されない
・テンプレートを使うと簡単にアンケートが作れる
・絞り込み集計ができる
・CSV形式で書き出せる
・質問用のテンプレートは3パターンあり、テーマに応じてカスタマイズできる
・集計結果は、棒グラフとパーセンテージで確認
・合計回答数、各選択肢の回答数とパーセンテージ、コメントなどが見られる

●「CubeQuery」(http://www.cubequery.jp/)

＊特徴

・利用できるアンケート機能が豊富
・ページ分割機能
・CSV形式で書き出せる
・外国語（中国語や韓国語等）で入力されたデータも文字化けせずにダウンロードできる
・自由度の高いアンケート作成ができる
・フリーアンサー型（単一選択または複数行入力）、

シングルアンサー型、マルチアンサー型など多数のアンケート機能が使える
・シングルアンサー型、マルチアンサー型の設問は回答データをグラフで確認できる
・ビジュアル化すれば簡単に回答の比率等を確認できる

●「Mr.アンケート」(http://www.smaster.jp/)

＊特徴

・イメージ画像を使ったアンケートが作れる
・URLをメールやサイトにペーストするだけで使える
・CSV形式で書き出せる
・テンプレートにアンケート内容を記入するだけで作成できる
・アンケートに画像が貼れる
・集計結果がリアルタイムに表示され、CSVでダウンロードできる

図 7-1 子ども英会話スクールの保護者に対するアンケート例

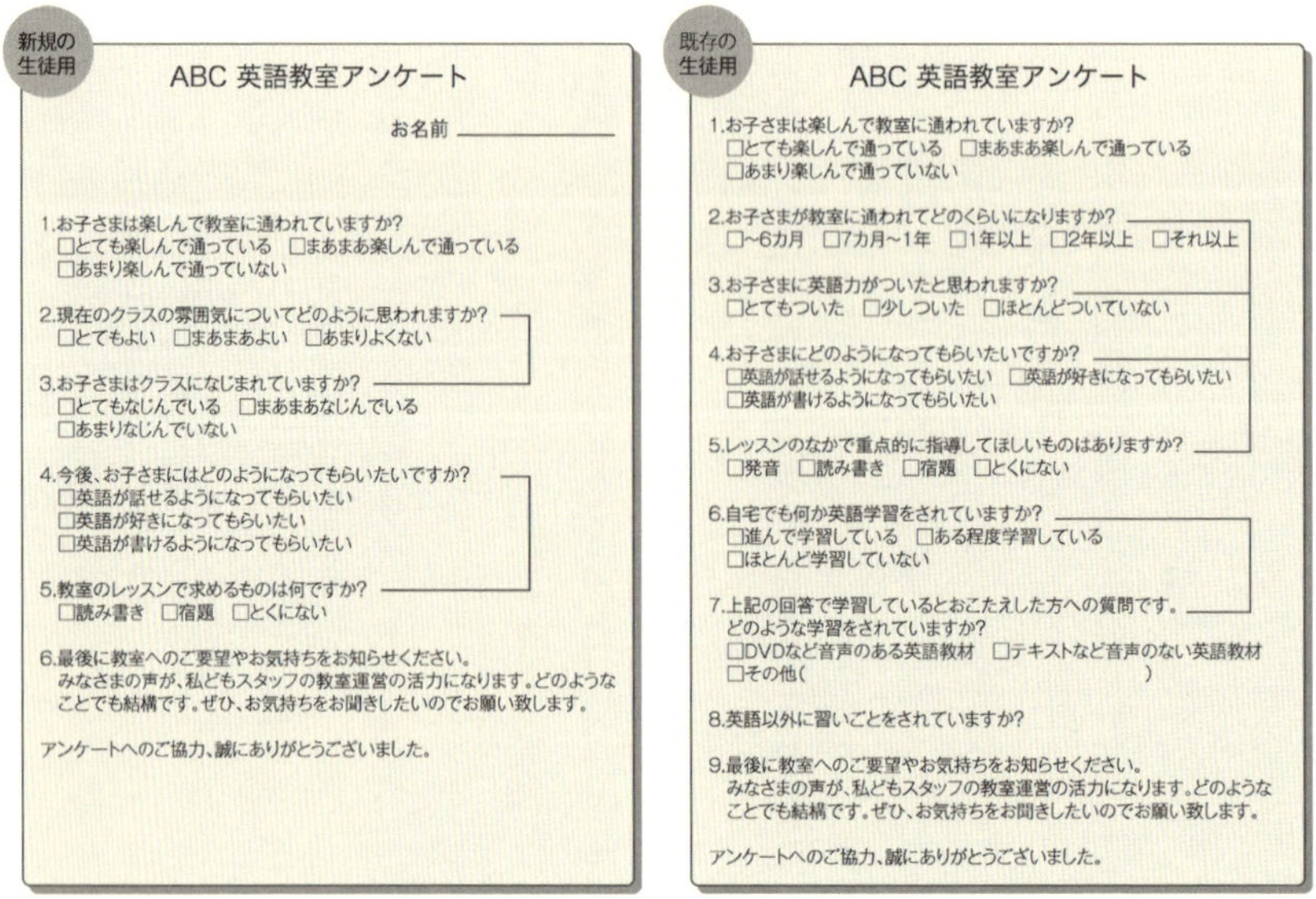

7-2 お客様のクレームとクレーム対応策

クレーム発生の理由

クレームはなぜ発生するのでしょうか。それは、お客様が商品やサービスに対して期待をしているからです。お客様の「期待を下回る」と、それが「不満」になり、さらに「期待を裏切る」と、「クレーム」に発展します。

クレームはすぐに発生するわけではありません。しばらく**我慢していたお客様が、さらなる「不満」を持ったとき、初めて「クレーム」を発する**のです。

顧客満足度を上げて、お客様の不満を減らすことは「クレーム予備軍」のお客様を減らすことにもつながりますし、強いては退会防止にもつながります。

カール・アルブレヒト、ロン・ゼンケ著の『サービス・マネジメント』(ダイヤモンド社、26頁、2003年4月)によれば、クレームについて次のように述べています。

・不満をもった顧客の96%は、企業に対して何も言わない。一般にクレームが1件あると、問題を抱えた顧客が他にも24人存在することになり、そのうち6件は深刻な問題なのである。
・苦情を訴えた顧客は、たとえその問題が十分に解決されなかったとしても、苦情を訴えなかった顧客よりも、その企業と継続的にビジネスをしようとする傾向がある。
・苦情を訴えた顧客の54~70%は、問題が解決されれば再びその企業とビジネスしようとする。特に問題が速やかに解決されたと顧客が感じるときには、その数字は95%にまで上昇する。
・企業とのビジネスに問題があると感じた顧客は、平均9~10人にその事実について話す。特にその13%は、20人以上にも話しをする。
・クレームを訴え、問題が解決された顧客は、業界にばらつきがあるが、平均5～8人の人にその事実を話す。

・問題を解決しようとして成果が得られなかった顧客は、その悪い経験について8～16人の人に話しをする。

『サービス・マネジメント』によると、スクール側にクレームを言うお客様が1人いた場合、その他に24人のお客様が何らかの不満を持っていることになります。つまり「クレーム予備軍」のお客様です。

クレームを放置することは、背後にいる「クレーム予備軍」のお客様をないがしろにすることにもなります。

クレームの種類を考える

「クレーム」とは、「不満」と思われがちですが、「お問い合わせ、要望、提案」といったことが含まれていることもあります。

それでは、一般的なクレームの3種類を説明しましょう。

1．日常的なクレーム

「講師の対応が悪く、レッスンもおもしろくない」「教室の中やトイレが汚い」「本部に電話してもなかなかつながらない」など、お客様がレッスンやサービスに不満を持ったり、期待を下回ったりした場合に出てくるものです。

2．特殊なクレーム

「子どもの成績が上がらないがどうしてくれる。誠意を見せろ」「言った通りにしなければ、あとで後悔するぞ」「全然上達しないから授業料を返せ」などの「金銭の要求」「業務妨害」は、悪意を持った故意のクレームです。

3．常識外れなクレーム

「お宅の教室ができたせいで治安が悪くなった。何とかしろ」「消費税は払いたくない」など、個人的な感情や不満、ストレスを押しつけてくるクレームです。

常識外れなクレームは、対応に困ることが多いです。しかしどのようなクレームも基本原則を守り、手順通りに行えば、ほとんどのものが解決できるようになります。

クレームの対応次第で、お客様の満足度は変わる

クレームを言うお客様は、どのような対応で「満足」するのでしょうか？　一方、さらにお客様を怒らせ、二次クレームに発展した場合の対応とはどのようなものでしょうか？

お客様がクレーム対応に満足した理由として、次のことを挙げています。

・「すぐに謝りに来てくれた」など、迅速な対応
・お客様側の事情を理解してくれた
・「申し訳ございませんでした」という謝罪の言葉に誠意が伝わる
・話を熱心に聞いてくれた
・言葉が丁寧だった

これらの理由からもわかるように、クレームを言うお客様はレッスンやサービスなどの問題解決だけではなく、「気持ちを理解してくれた」ということに満足することも少なくありません。

したがって、クレーム対応では、お客様とのコミュニケーションをしっかりと取ることが基本です。

一方、お客様がクレーム対応に憤慨する理由として、次のことを挙げています。

・要求することを迅速に対応してくれない
・心情理解や謝罪の欠如
・お客様側の事情を全く理解しない
・話を全く聞かず、事務的に扱われる
・納得できる具体的な説明がない
・部署間をたらい回しにされる
・言い訳や弁解が多い
・お客様の発言を否定する

お客様の話しは、よほど目に余る事情がない限り、否定してはいけません。

もし、お客様の意に沿わない回答をせざるを得ないとしても、じっくりとお客様の話しを伺い、信頼関係がある程度出来上がってきてから、慎重に説明するようにしましょう。

クレーム対応は5つの基本手順で

クレーム対応には5つの基本手順があります。

基本的にはこの手順通りにすれば、お客様のクレー

ムに対して、うまく対応できます。

次の手順はクレーム対応の流れです。

1. 謝罪
お客様の「心情を理解」し、不快にさせたことを「お詫び」する。

2. 傾聴
お客様の主張にじっくりと耳を傾け、何に対して不満を感じられているのか、何を求めているのかを理解する。

3. 確認
お客様にとって、何が問題になっているのか、「原因」「事実確認」を行う。

4. 提案
お客様に、問題の「代替案」「解決策」を冷静に提示する。

5. 感謝
お客様に再度「お詫び」をして、ご意見に対して「感謝」する。


以上の流れが、クレームの基本手順です。

それでは、もう少し詳しく基本手順について説明しましょう。

まずは「1. 謝罪」です。スクール側に非があろうがなかろうが、お客様に不快な思いをさせてしまったことに対しては、真摯に受け止める必要があります。したがって、「申し訳ございません」の第一声は必要不可欠です。

ここで、気を付けなければならないことは、早くクレームから逃れたいために、すぐに「解決策」を提示することです。手順を間違えると、二次クレームにつながる危険もあるので慎重に対応しましょう。

次に「2. 傾聴」です。クレーム時のお客様は、興奮して感情的になっている状態です。まずは、お客様に冷静になってもらうためにも、相手の主張にじっくりと耳を傾けます。

お客様が「何に対して不満を抱いて怒っているのか？」「何を求めているのか？」をしっかりと理解するようにしましょう。

話の途中で、話の腰を折ったり、口を挟んだりすることは厳禁です。「否定しない」「批判、非難しない」「言い訳しない」「責任逃れ、責任転嫁しない」が基本です。

そして、「3．確認」です。冷静に事実関係や状況を把握しましょう。たとえば、次のような内容を正確に把握することが重要です。

・いつ、どこでトラブルが発生したか？
・どんなことが起こって、何に対して不満を感じているのか？
・誰が不満を持っているのか？
・問題点は何なのか？
・どうしてほしいと思っているのか？

これらのことを、確認していきます。

加えて、「4．提案」です。事実を確認したあとは、対応策を検討の上、なるべく早く、相手に「解決策」や「代替案」を提示するようにします。

ただし、こちらから一方的に提案するという形ではなく、「お客様のご事情も大変よくわかりました。それでは早速このように対応させていただきたいのですが……」というように、あくまでもお客様の側に立って話しを進めるようにしましょう。

最後に「5．感謝」です。

お客様に指摘いただいた事柄の中には、業務改善につながるヒントも隠されています。

したがって、貴重なご意見をいただいたことに対して、お客様に感謝し、お礼を言いましょう。

7-3 目先にこだわらないスクール経営

過剰なサービスは間違いのもと

私のクライアントに「お客様の自宅に伺って授業料をいただいている」という方がいました。理由を伺うと、そのクライアントは「お客様が振り込みに行く時間がないので、サービスでお伺いしている」と答えました。

そこで、私は今後問題が起きるかもしれないと考え、「それはすぐにやめたほうがいい」とアドバイスしました。しかし、クライアントは怪訝な顔をして、「なぜ?」と私に言いました。

さて、私とクライアントのやり取りを見て、あなたはどう考えるでしょうか?

果たして、このサービスは続けたほうがいいと思いますか? それともやめたほうがいいと思いますか?

確かに、サービスの一環として、忙しくて授業料を振り込みに行く時間がないお客様のために、授業料の回収へお伺いすることは、一見すばらしいサービスのように思われます。

しかし、生徒人数が増えていき、自宅への授業料回収を希望するお客様が増えてきた場合、どうなるでしょうか。

それでも頑張ってサービスを続けるために、時間を割いて、お客様のもとへ周りきれれば問題はありません。

また、1人ではとても周りきれない件数になったとき、お客様に「このサービスは終了します」とはっきりと伝えられれば、厄介なことにはならないかもしれません。

とはいえ、実際、今まで行っていたサービスを終了すると、少なからずお客様からクレームをいただくことがあります。

そこで、間違った対応をすれば最悪の場合、お客様の退会にもつながってしまいます。

もし、そういったクレームを穏便に済ませたいのであれば、回収のために人件費をかけて、別のスタッフに行ってもらいます。

このように、**よかれと思って行っていることが、あとあとスクールの運営を妨げることにもなり得ます。**

実際に、私もスクール経営をしていたころ、当初導入していた「授業の振り替え制度」で、生徒人数が増えたことにより、振り替えの連絡の際、スクールの電話がつながらなくなり、スクール内にかなりの混乱を引き起こした経験があります。

よかれと思って起こした行動なので、こういった場合は判断が難しいです。

スクール経営に乗り出し始めたときは、「出来る限りのサービスを今しなければ、その後のことなんて考えられない」と思われるかもしれません。

しかしここは、**主観的にではなく、客観的に考えて、「今よければ」という考えだけではなく、今後を見据えたサービスを提供していく**必要があります。

したがって、続けることができないサービスは、最初から行わないようにしましょう。

成功したときほど反省が必要

子どものころ、親や学校の先生に「どうしてテストで失敗したのか、反省しろ」と言われた記憶はありませんか？

その刷り込みからなのか、大人になっても「どうして間違ったのか？　どうしてうまくいかなかったのか？」と反省に時間を費やす方が多いように思われます。

私のところに相談に来られるクライアントも、頻繁に「どうしてうまくいかなかったのか？」という反省をしています。

たとえば、私のクライアントは「この前、配布したチラシなんですが、きっとこの部分のところがいけなかったと思うんですよ。だから次はそこを修正すればうまくいくと思うんですが……」と反省していました。

そこで、逆に私が「うまくいったときのチラシはありますか？　またどうしてそのときはうまくいったと思いますか？」と質問すると、クライアントは「あのときは、たまたま……」「なぜか、わからない……」と明確に答えることができません。

それでは、もう一歩「反省」に踏み込んで、例を交えて説明してみましょう。

「チラシAでは、1000枚配布して5件の問い合わせがあった」

「チラシBでは、1000枚配布して0件の問い合わせがあった」

上述の例は、チラシAとチラシBを撒いた数と、その結果得た問い合わせ数について述べています。

多くの方は、チラシBの結果を見て、「どうして0件だったのか」と反省して、修正点を考えます。

もちろん、チラシBの結果を見て反省し、次に活かすことは必要なことです。

しかし、チラシAの結果がうまくいったと仮定すと、大半の方は「運がよかったんだ」という言葉で終わらせ、それ以上は考えません。

とはいえ、チラシB同様に、チラシAの結果の分析も必要なことです。

「どうして5件の問い合わせが来たのか？」と、その理由を考えるのです。

その理由がわかると、いい結果の導き方を手に入れることができます。

実際、もともと経営者であった私が、今まで経験したことのないコンサルティング業務を行うことができたのも、私が資金0円から2年間で6500名の生徒を集めることができる理由を知っているからです。

私は「いろいろな地域の教室の生徒数をすべて250名以上にできたのは時代がよかった」「運がよかった」などと片付けないで、成功からその方法を導き出すことで、店舗展開を再現できました。

失敗したときの結果分析は、同じ間違いをしないためです。しかし、**成功したときの結果分析は、同じことを繰り返すため**なのです。

だからこそ、成功したときにも反省は必要です。

いいものは売れない？ 悪いものは売れる？

実際は、「いいものだから売れる、悪いものだから売れない」ということはありません。

「いいものでも売れない、悪いものでも売れる」というのが現実です。

これはマーケティングとセールスを知っているか、知らないかの差で大きく変わってきます。

特に売り切りの商品である場合、たとえ、悪いとされる商品であっても、マーケティングとセールスを駆使すれば、ある一定の時期は売り上げを増大させることが可能です。

では、スクール業界の場合はどうでしょうか。

スクール業界でも、悪いとされる商品やサービスであってもマーケティングとセールスの力を駆使すれば、一時、生徒数を増やし、売り上げを伸ばすことは可能です。

とはいえ、スクール業界の場合、基本的に売り切りの商品やサービスではなく、継続が前提の商品やサービスになっています。

そのため、悪い商品やサービスでは、一気に増やした生徒も短い在籍年数で退会します。

このようなことばかりを続けていれば、スクール経営が安定するはずはありません。

かつては、お客様が競合スクールの情報を知るのは難しかったので、普通の商品やサービスでも、継続性は保たれました。

しかし現在では、競合スクールも増え、お客様がインターネットで情報を簡単に得られるため、普通のサービスでは継続性を保つことが難しくなっています。

つまり、**「悪いものでも売れるが、悪いものでは継続性がない」から、「普通のものでも売れるが、普通のものでは継続性が低い」へ市場が変わっています。**

したがって、旧態依然のままのサービスを提供しているスクールでは、今一度、商品やサービスについて考え直すべきです。

特にマーケティングとセールスだけに資金投入して、即効性の売り上げにはつながりにくい内部充実にあまり資金を使わなかったスクールは、苦戦を強いられることでしょう。

継続性を保つためには、お客様がスクールに入会してからが、本当のスタートです。

また、たとえ、いい商品やサービスを提供していても、マーケティングとセールスを理解していなければ、売ることはできません。

これからのスクール業界は、マーケティングとセールスが非常に重要な課題になっていきます。

今後はマーケティングとセールス、内部充実のバランスがあってはじめて、スクール業界も「いいものだから売れ、いいものだから継続性がある」という土壌が形成されるようになります。

スクールに対する お客様の期待値を上げる

「うちのスクール、他のスクールよりレッスンの質やカリキュラムに自信があるんですけど……。でも他のスクールに比べて生徒が集まらないんです」

スクール経営者の中には、このように思われている方が多くいらっしゃいます。

それでは、どうして、他のスクールに比べて、生徒が集まらないのでしょうか？

その理由はあきらかで、お客様にとって「他のスクールのほうが、よさそうに見えるから」です。

いくらレッスン内容やカリキュラムがすばらしいスクールでも、「品質がいい＝売れる（生徒が集まる）」「品質が悪い＝売れない（生徒が集まらない）」とは言いきれないのです。

お客様にとっては、どんなサービスも商品も、実際に購入してみるまで、その違いはなかなかわかりません。

お客様は購入対象の中に「圧倒的なシェア」「長い実績」「高い評判」を得ている商品やサービスがあれば、そちらに流れていく傾向にあります。

一方、横並びの状態では、お客様の購入は印象で決まります。たとえば、「よさそうだから」ということです。

とはいえ、お客様が最終的に判断するのは、やはり中身で間違いないです。

そこで、お客様に中身を判断してもらうために、「スクールのレッスンを体験してもらう」というステージに上がらなければいけません。

そのためには「よさそう」に見せる演出が必要になってきます。

「よさそう」とは、いったいどういったことをいうのでしょうか？

お客様がスクールに入会したとき、お客様は入会したあとのことを想像します。

たとえば、英会話スクールに入会したときは「英会話のレッスンを買う」のではなく、「入会したあとに変わっていく自分」を想像します。学習塾に入会するときには、「学習塾の教材を買う」のではなく、「希望の成績になる自分や、希望の学校に入学する自分」を想像するのです。

そして、お客様の頭の中で「このスクールに入会したら、自分はこんなふうになる、あんなふうになる……。それだけのことを満たしてくれるのであれば、これくらいのお金は出さなければいけないだろう」と金額のことを考えます。

これを「期待値」といいます。

たとえば人は、5000円くらいの価値があると思ったものが、5000円以下であれば、「安い」と感じます。

つまり、**「よさそう」とは、価格より期待値が上回っているときに生まれる**のです。

そこで、お客様にサービスの価格以上の期待を持ってもらうことが大切になります。

たとえば、ホームページやチラシのキャッチコピーにスクールができることではなく、「入会後、お客様がどのように変わることができるのか」をポイントに記載します。また、その実証として、お客様の声や写真、動画を掲載してイメージを持ってもらうようにします。

期待値を上げる工夫をすることで、お客様のスクールに対するイメージも変わってくるはずです。

前払授業料の落とし穴

少し前に破綻した大手英会話スクールは、売上高の割合からして、負債額がかなり大きかったのが未だ記憶に新しいです。

さて、本来、スクール経営とは、運転資金があまり必要ないビジネスモデルと考えられています。

それでは、どうしてこの大手英会話スクールは、負債額が膨れ上がったのでしょうか？

それは、大手英会話スクールが前払授業料によるチケット制を取っていたためです。

チケット制は、お客様が長期間のレッスンチケットをまとめて購入することにより、1回当たりのレッスン単価が安くなります。また、スクール側としても、生徒の継続率を上げることができ、チケット制はお互いにメリットがあります。

しかし前払授業料の使い方を間違ってしまうと、スクール経営をおかしくします。

それは、破綻した大手英会話スクールも行った、前払授業料の先食いです。

私は長期間の前払授業料システムを行ったことはありませんが、はずかしながら似た経験はしています。

そのときのことを少しお話しすると、私が役員をしていたスクールでは毎年5月になると、「生徒数×1万５００円（当時は消費税が５％）」の年会費が振り込まれていました。

生徒は2万人以上いたので、金額にして2億円以上の年会費が入金されます。

本来、このお金はクリスマスなどのイベントや、児童の英語検定テストの受験料として、12月、1月まで持っておかなければならないものでした。

しかし、新規教室開校の資金や借入金返済で、支払いに必要な時期まで持っていることができず、金融機関からの借り入れでイベント料などを支払いました。そして、その返済を年会費の入金時にするということを繰り返していたのです。

そのときは、うまく金融機関から借り入れを行うことができ、最終的には授業料の値上げで負の連鎖からは脱出できました。

もし、このとき、金融機関からの借り入れがストップし、生徒数が激減して年会費の総額が減り、借入返済金額を下回ったら、私のスクールは破綻していたかもしれません。

私は、今そのときのことを思い出しても、冷や汗をかきます。

このように、月謝制を導入しているスクールでも同じような危険性は潜んでいます。

たとえば、「月謝制でも半年払いや1年払いに対しては割引しているスクール」や「イベントを開催し、事前にお金を集めているスクール」などです。

また、１カ月毎の授業料として毎月前月末までに前払いで授業料をいただいているスクールは、売り上げではなく、前受金であり借入金です。

前受金は負債勘定です。お客様がレッスンを受けて初めて売り上げ（収入）になります。

したがって、たとえ1カ月毎の授業料でも、前月にいただいている以上、「前受金」です。

あなたのスクールでは、授業料を10日前にいただだいたからといって、月末の資金繰りに前受金を使ってはいませんか？

他業界では非常識なことが、スクール業界では常識に捉えられていることもあるので、気を付けて経営は行いましょう。

インターネットの情報は鵜呑みにしない

皆さんは仕事に関する情報を入手する際、どのようにされていますか？

昨今では、インターネットによる情報収集をする方が多いかもしれません。

私も頻繁にインターネットで情報を入手しているのですが、インターネットで情報収集する際は、最低限の知識が必要だと常々感じています。

インターネットの情報には正しいものもありますが、中には間違ったことを、さも正しいかのように書かれているものもあります。

もし、あなたがインターネットの情報を鵜呑みにして、仕事相手に情報を伝え、それが間違っていた場合、「インターネットにこのように書いてあった」とプリントアウトしたものを差し出し弁解しても、「誰が、いつ、何を根拠に書いたのか？」がわからないものであれば、何の役にも立ちません。法律にかかわることであれば、事はさらに深刻です。

そうならないためにも、本当に必要な情報であれば、専門家に確認することをお勧めします。

7-4

いずれくる事業継承のために

事業継承とは？

事業継承とは、スクールの経営を後継者に引き継ぐことです。

経営者として、講師として、スクールを立ち上げ、第一線に立たれていた方も、高齢化などの理由により、引退を決意する時期は必ず来ます。

まだまだ先のことだと考える方や、スクールの継承を考えていない方もいると思います。しかし、永続的にスクールを存続し、発展させ、レッスンノウハウやメソッドを次世代に伝えて、守っていくことは大切なことです。

中小スクールは、オーナー経営者の経営手腕や人柄が、スクールの強みであり、基盤そのものとなっています。特に個人スクールでは、オーナー経営者がメイン講師も兼ねている場合、「オーナー経営者＝スクール」となっているところも少なくありません。そのため、後継者選びは非常に難しく、重要な課題です。

誰に事業を継承（引き継ぎ）するかは、大きく3通りの方法があります。

- **親族に継承する**
- **従業員等に継承する**
- **M&Aで継承する**

中小企業庁が平成26年3月に発表した「事業承継等に関する現状と課題について」によると、20年以上前は事業継承候補として、約9割の中小企業が親族を挙げていました。しかし、直近10年間で行われた事業継承のうち、子息・子女を含め親族に継がせる親族内継承は約6割に低下しています。また、過去と比較して、従業員やM&Aでの親族外継承をした中小企業の割合は増加傾向にあります。要因として子息・子女の経営者としての資質・能力不足や、相続税・贈与税の負担なども考えられます。また、就業の多様化や少子化といった背景も考えられます。

しかし親族内・親族外継承を問わず、経営者の世代交代ができた中小企業の6割以上が地域や社会にいい影響があったと感じており、事業継承は企業の存続以外に地域や社会への貢献という面からも重要なものだと考えられます。

図 7-2　先代経営者との関係の変化

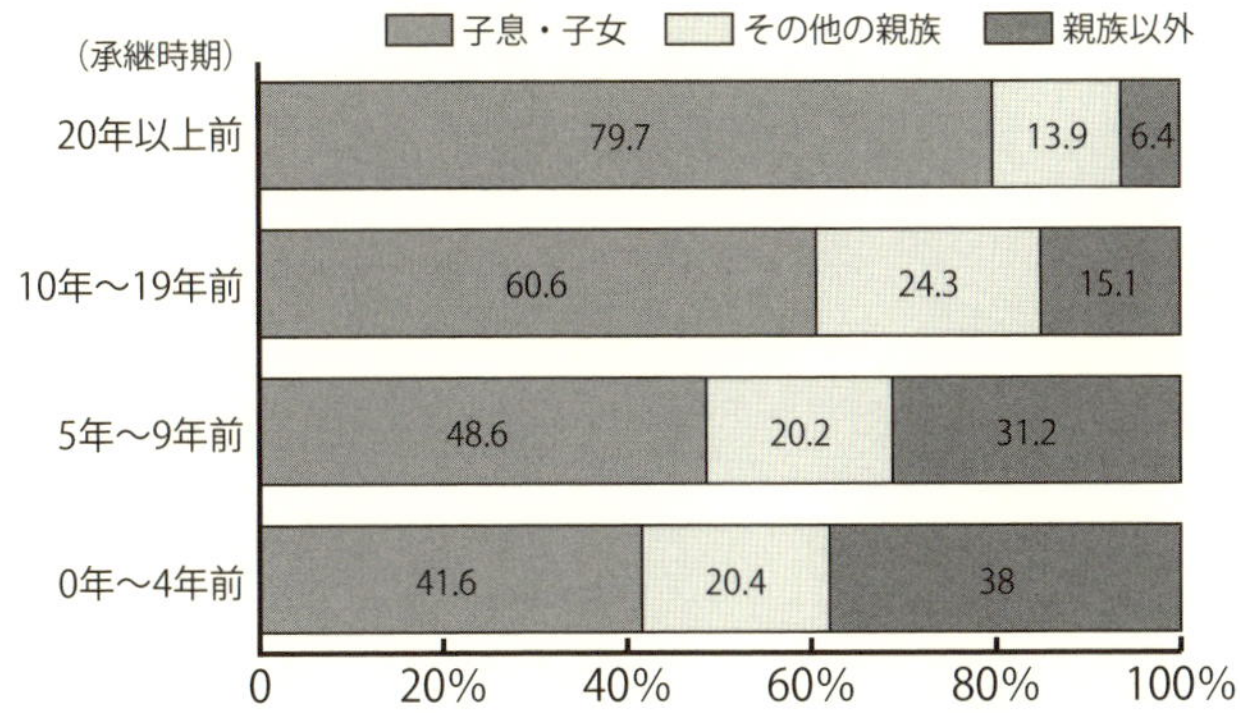

出典：事業承継ガイドライン検討委員会「事業承継ガイドライン」
東京商工リサーチ作成、2003年

図7-3　経営者の交代による地域・社会への影響

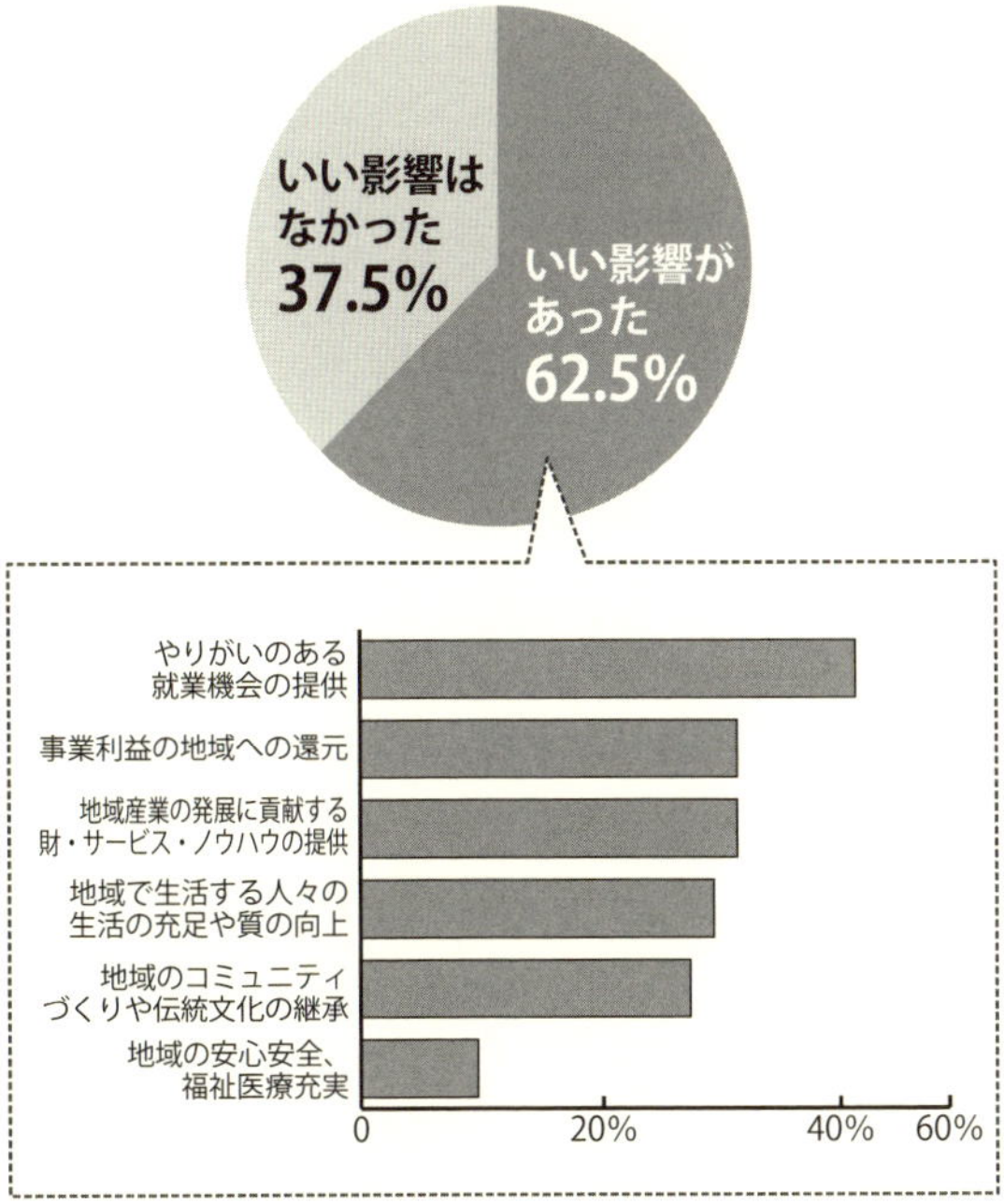

出典：中小企業庁「事業承継等に関する現状と課題について」、平成26年3月

3つの継承に関してのメリットとデメリットが、事業承継ガイドライン検討委員会の「事業承継ガイドライン～中小企業の円滑な事業承継のための手引き～」にまとめられています。このガイドラインのポイントを要約すると次のようになります。

＊親族内継承

メリット

・一般的に内外の関係者から心情的に受け入れられやすい
・一般的に後継者を早期に決定し、長期の準備期間を確保できる
・他の方法と比べて、所有と経営の分離を回避できる可能性が高い

デメリット

・親族内に、経営能力と意欲がある者がいるとは限らない
・相続人が複数いる場合の、後継者の決定・経営権の集中の困難性

＊従業員等への継承・外部から雇い入れ

メリット

・親族内に適任な後継者がいない場合でも、会社の内外から広く候補者を求めることができる
・従業員に継承する場合は、経営の一体性を保ちやすい

デメリット

・親族内継承に比べて、関係者は心情的に受け入れにくい場合がある
・後継候補者に株式取得等の資金力がない場合が多い
・個人債務保証の引き継ぎ等の問題

＊M&A

メリット

・身近に適任な後継者がいない場合でも、広く候補者を外部に求めることができる
・現オーナー経営者が会社売却の利益を獲得できる

デメリット

・希望の条件（従業員の雇用、価格等）を満たす買い手を見つけるのが困難
・経営の一体性を保つのが困難

英会話スクールのM&Aについて

私のもとに来るM&Aの相談内容は、「売却額の査定」と「売却相手」が主になります。

そこで、英会話スクールにおけるM&Aについて、少しだけポイントをお伝えします。

＊売却額の査定

・備品等を査定し、備品の売却額を決定
・お客様の移行成立に対する報酬
・カリキュラムのノウハウ料

これらを査定し、売却価格を決定します。

＊売却先

・外国人講師が必要になる場合

スクールに外国人講師を新たに雇用し、事業を継承する場合と、事業を継承する方がすでに英語を教えることが可能な外国人の場合では、条件が全く変わってきます。

特に被売却先の経営者や、配偶者が外国人で講師を兼務していた場合、給与の金額をどうするのかによって、外国人講師を新たに雇用できない可能性がでてきます。

たとえば、「ギリギリ生活ができればいい給与額に」と考えて、給与額を20万円程度にしていた場合、その金額で働いてくれる外国人講師を見つけることは困難です。

さらに、外国人が事業を始める場合、配偶者ビザを取得していればいいのですが、日本国内でビジネスを始めるためには、在留資格によっては事業を始めることができないこともあり、対象は限定されます。

また、他の地域でスクールを経営している方の場合、新たに外国人講師を雇用するので、人件費が負担になってきます。

外国人講師を雇用しても、十分な利益が見込める可能性がない場合、売却先にとってメリットは薄くなり、売却は困難になります。

一方、同地区にスクールを経営している方への売却の場合、自分のスクールへ生徒を移動させる可能性がありますので、売却価格が生徒の移動成立に対する報酬のみになり、希望の額に満たないこともあります。

実は、考えているより難題なのは、「引き継ぎ」です。

他のスクールに譲渡した場合、譲渡先のスクールのカリキュラムやシステムに統合する必要があります。

そのとき、生徒の退会を含め、対応をどのようにするか、非常に重要な作業になります。

7-5 スクール経営のリスクヘッジ

リスクとリスクヘッジ

リスクヘッジとは、未来に起こり得るリスクを予測して、事前にリスクに対応できる体制を作っておくことです。

たとえば、保険が最たるものです。死亡というリスクに備えて、ヘッジするために生命保険へ加入します。また、病気や怪我のリスクに備えて、ヘッジするために医療保険へ加入することも、リスクヘッジの1つです。

リスクとは「不確実性」という意味です。また、将来どうなるかわからない、マイナスの意味をもつ事態・事由に対して、その不確実性低減の行動を取るのがリスクヘッジになります。

リスクは、すべての行動について回るもので、リスクをゼロにするということはできません。

たとえば、パソコンは仕事の効率を上げ、趣味にも活用できます。一方、機械製品なので突然動かなくなるなど、故障というリスクも生じます。

スクール経営も、あらゆるリスクが突然起こり得ます。

すべてのリスクをヘッジすることは難しいかもしれませんが、考えておく必要はあります。

それでは、スクールで起こり得るリスクを紹介しましょう。

＊生徒の減少で起こるリスク

ターゲットとしているお客様層が、スクールの商圏範囲内で減少する可能性はあります。また、商圏範囲内に同業のスクールができる可能性もあります。

その際、ヘッジとしては、「ターゲットとするお客様層を増やす」「提供できるサービス、コンテンツを増やす」ことが考えられます。

たとえば、「学習塾がターゲットとするお客様を中学生や小学生以下の幼児にする」「コンテンツとして英会話や化学などの実験コースを設置する」なども、売り上げのリスクに対するヘッジと考えられます。

また、複数教室を持つことで、ヘッジすることもできます。

＊講師を雇用するリスク

講師を雇用している場合、突然の退職や体調不良により、レッスンを受け持てないリスクがあります。余剰人員を確保できていれば問題ないですが、ヘッジのために余剰の講師を確保できているスクールはあまり多くないです。

そういったときは、経営者であるあなたがレッスンを受け持つことで、ヘッジすることも考えなければなりません。

また、以前勤務していたスクールの講師や、知り合いの講師にいざというときには、代講してもらえるように依頼しておくことも重要です。

一方、個人スクールの場合、経営者が講師であることも多く、他の講師を雇用していないケースが多いです。

いざというときのために、知り合いの講師に依頼しておくことも必要ですが、事前に受講規約などで休講の場合は振り替えで対応することを、お客様に伝えておくのもヘッジになります。

＊教室内で起こる事故のリスク

子どもを対象にしているスクールの場合、レッスンが盛り上がり、思わぬところで子ども同士がぶつかり、怪我をしてしまうということも考えられます。

またスクールに向かう途中や、帰宅途中に事故に遭うことも考えられます。

そのヘッジとしては、三井住友海上が提供する「塾総合保険」に加入することが考えられます。

「塾総合保険」では、「塾施設の欠陥や塾での仕事の遂行、塾の管理下における塾生徒の行為によって発生した対人・対物事故による損害を左記のように補償します」と謳っています。

また、「塾総合保険」は三井住友海上の他にも、損保ジャパン、東京海上日動の3社が取り扱っていますので、比較検討して加入されることをお勧めします。

塾総合保険のパンフレット

＊騒音や送迎による近隣クレームが起きるリスク

第2章の物件の選び方でもお伝えしていますが、騒音や送迎の際に問題が発生しそうな物件を選ばないことはヘッジになります。

しかし、クレームは思ってもいないところから起こる可能性があります。

一度のクレームならばまだしも、複数回のクレームが近隣から発生した場合、事前に近隣物件を探しておくことが、ヘッジになります。

第8章

スクール経営の重要指標は、数字から分析する

8-1

スクール経営がうまくいく目標比率

目標比率を意識したスクール経営

ファイナンシャルプランナーの横山光昭氏が提唱する「家計の黄金比率」というものがあります。この比率は、「お金が貯まっている家庭」の支出を比率で表すそうです。

私もスクール経営において、目標とする支出の比率を「損益に関する支出の比率」と「生徒募集に関する支出の比率」（上段表参照）の2つに分けて考えています。

これらの目標比率は、あくまで目安であり、絶対条件ではありません。

ただし、あまりに経費や入会要因のバランスが偏ると、あとあとスクール経営に支障を来す可能性があります。

したがって、常に支出の比率には注意を払っておきましょう。

私が目標とする比率にならなくても、何か発見することはできるはずです。

是非、一度参考にしてみてください。

●損益に関する支出の比率

□営業利益　10%
□講師料　30%
□宣伝広告費　15%
□地代家賃　15%
＊売上高に対する比率

●生徒募集に関する支出の比率

□口コミによる入会　50%
□外部販促による入会　50%

学習塾の収益構造

年間5000万円の売り上げが確保できれば、学習塾経営は成り立つと考えられています。

収入は、たとえば、月謝が3万円、それに春と夏と冬の特別講習などを含み、生徒1名当たりが年間50万円の授業料を納めていれば、売り上げは100名の生徒で達成できます。

支出は、たとえば、人件費が社長を含め専任講師3名、時給1500円の学生アルバイト15名で運営すれば十分に利益は出ます。

個人経営のスクールならば、粗利益が7～8割も可能です。

しかし上場している学習塾では、粗利益が7～8割だと現実的な数字ではなく、大体3～4割に落ち着いています。

それでは、上場大手学習塾4社の、IR情報より算出した経費割合を見てみましょう。

＊1名に対して授業料を1時間3000円にした場合の大手学習塾4社の経費割合

【A社】
・広告　225円
・給与　1482円
・役員報酬　21円
・家賃　402円
・その他経費　699円
・営業利益　171円

【B社】
・広告　261円
・給与　1263円
・役員報酬　24円
・家賃　633円
・その他経費　627円
・営業利益　192円

【C社】
・広告　360円
・給与　795円

・役員報酬　36円
・家賃　345円
・その他経費　906円
・営業利益　558円

【D社】
・広告　414円
・給与　1245円
・役員報酬　24円
・家賃　315円
・その他経費　555円
・営業利益　447円

C社は通信衛星を利用した衛星予備校のフランチャイズを展開しており、営業利益が4社の中で一番高いです。

D社は個別指導を主力としています。

フランチャイズ事業や個別指導を行っている学習塾のほうが、利益率は高くなります。

一見、この点だけを見ると、フランチャイズ事業や個別指導の学習塾のほうが経営がうまくいっているように思えます。

しかし、これは先行者利益と考える必要があります。

現状では、フランチャイズ展開している、すべての学習塾が高利益率を上げているわけではありません。**表層で判断するのではなく、どのような収益構造になっているのかを参考にし、自分のスクールの収益構造と比較してみる**といいでしょう。

また、4社のデータからもわかるように、スクール経営では「人件費」「地代家賃」「宣伝広告費」が主な3大経費になっています。

今回は学習塾の経費割合を例に取り上げましたが、英会話スクールはもちろん、パソコン教室、ピアノ教室など、**どこのスクールであっても経費割合はしっかりと見ることが大切**です。

ちなみに私が経営していた英会話スクールは、1名当たり月額5000円の授業料なので、経費割合は、次のようになります。

・広告　1500円
・給与　1300円
・家賃　700円

・その他経費　1000円
・営業利益　500円

広告費の割合は30％、人件費の割合は26％、家賃の割合は14％、営業利益は10％を超えています。

先ほど述べた目標比率と比較すると、広告費は高いように思われますが、教室展開を早めるために広告費は多めに設定していました。

そして、生徒数は6500名だったので、1カ月に975万円、年間で1億2000万円弱の宣伝広告費を確保できました。

1カ月の営業利益は325万円、年間で3900万円になります。それ以外にイベント、年会費などの利益を加えると5000万円を超える営業利益を確保していました。

このように経費割合をしっかりと考え、1名の生徒からの利益を確保できるようにしておけば、安定した収入を得ることができます。

また、生徒が増えれば増えるほど、利益も増えていく仕組みを作ることができます。

あなたのスクールの経費割合についても考えてみましょう。

子ども英会話スクールの宣伝広告費の割合

子ども英会話スクールは、どちらかというと薄利多売のビジネスになります。

私の調査した結果では、子ども英会話スクールの平均月謝は5000円になっています。

たとえば、50名の生徒で、月商25万円、年商300万円になります。100名の生徒ならば、月商50万円、年商600万円ということです。

もちろん月謝以外に入会金、年会費などの収入もあるので、もう少し年商は上がると考えられます。

子ども英会話スクールは、宣伝広告費をどのくらい使っていると思いますか？

たとえば、経営者が講師として100名の生徒を教え、自宅を教室に使っている場合、人件費や家賃がかからないため、売り上げの20％（年間120万〜150万円程度）を宣伝広告費として計上しても、十分手元にはお金が残るでしょう。

再三申し上げていますが、スクール経営の主な経費は、人件費、地代家賃、宣伝広告費だからです。

一方、別に講師を雇い、賃貸物件を教室にしている場合、宣伝広告費を確保することは難しくなってきます。たとえ、確保できたとしても、経営者の収入は非常に少ない金額になってしまいます。

そのため、宣伝広告費を捻出できないスクールは、宣伝広告費の削減、中には、まるっきり広告費をなくしてしまうスクールもあります。

そこで、宣伝広告費を確保しなくても、ほとんど費用をかけずに行えるのが「口コミ」という募集方法です。

第5章でお伝えした通り、口コミは仕掛けをして、効果的に使えば、有効な募集方法になります。

しかし宣伝広告活動を全くせず、口コミだけに頼り切った集客体制では、生徒募集はうまくいきません。

口コミは重要ですが、あくまでも宣伝広告活動の中の1つの方法にすぎません。

ですから、口コミを宣伝広告活動の柱にしても、チラシや広告などに費用をかけ、他の宣伝広告活動もしなければなりません。

また、チラシなどの宣伝広告活動は、継続的に行うことが重要です。

実はチラシなどの広告を継続的に行うことが、口コミの発生を増やすコツだからです。

それでは、なぜチラシなどの宣伝広告活動が、口コミを増やすのでしょうか？　答えは、簡単です。

お客様がスクールを他の人に紹介する際、「誰も知らない教室」と「よく広告などで見かける教室」では、どちらを勧めやすいでしょうか？

紹介される側としても、どちらのスクールのほうが体験しやすいでしょうか？

したがって、宣伝広告活動は常に行うことが望ましいと、私は考えています。また、**広告費は、売り上げの15～20％程度を目安**にするといいでしょう。

とはいえ、スクール経営の状態が悪くなると、多くのスクールは真っ先に宣伝広告費の削減を検討します。

スクールの経営状態が悪くなる要因として挙げられるのは、次のことです。

- 過度の設備投資による借入負担
- 運転資金借入による返済負担
- 前受金の先食いによる資金不足
- 生徒減少による収入不足

これらの要因は、基本的に収支のバランスが崩れたときに起きます。

要するに収入より支出が少なければ、スクール経営の場合、手形や小切手などの入金よりも現金の入金が多いため、資金繰りは比較的に行いやすく、こういった状況にはなりにくいと考えられます。

「生徒減少」「収入が減った」などの理由で広告費を削減したとなると、宣伝広告をすることができず、より一層、新規生徒の募集人数が減り、益々収入が減るという負のスパイラルに入っていきます。

そうならないためにも、常に、宣伝広告活動は行うべきです。

また、広告費を売り上げの15~20%程度を目安に考える場合、「経常利益が売り上げの1割以下」「借入」「人件費の削減」「赤字」などのスクールは、無理して捻出することを考えないほうがいいでしょう。

本来の宣伝広告活動の目的をしっかりと明確にすれば、必ずしも新聞に折り込みチラシを入れたり、雑誌掲載したりと、資金を大量に投入しなくても目的を達成することはできるはずです。

また、開校して間もないスクールや、生徒減少に歯止めがかからないスクールも、貯めた資金を一発逆転を目論んで、広告費に使うのは控えたほうがいいでしょう。

ここ最近、特に顕著ですが、1回きりの新聞折り込みチラシや、雑誌広告の反応率は落ちてきています。

また、たとえ1回の広告で生徒が思ったより確保できたとしても、来年、再来年と安定したスクール経営をするためには、まず、継続して生徒を確保していかなければなりません。

したがって、自分のスクールにとってベストな支出比率を割り出し、安定的な経営を行いましょう。

8-2

スクールビジネスは一昔前のようにはいかない

子ども英会話スクールの危険水域

子どもを対象にした英会話スクールの経営者から、「数年前から生徒の減少が止まらない」「数年前のように生徒が思うように集まらない」と言った相談を多く受けます。

このような相談をするスクールは、過去の生徒数が多く、レッスンなどのサービスが充実していたところが多いように思われます。

一般的には、「退会防止への対策不足や生徒募集への工夫」などの原因が考えられています。

とはいえ、もっと構造的な問題が事前に起きていたはずです。

したがって、私はこれらの原因に加えて、**「構造的な問題への対処の遅れ」**もあると考えています。

順調な経営を行っていたスクールにとって、「危険水域を察知できるか、できないか」が、今後、スクール市場で生き残れるかどうかの分かれ道になります。

こういった相談を受けたときに、私は必ず「構造的な問題」を検討するために、既存生徒の年齢層の分布を確認します。

たとえば、対象年齢が1歳からであれば、1歳から順番に各年齢の生徒数を棒グラフにしていきます。

その形がほぼ二等辺三角形になっている場合（図8－1参照）、順調なスクール経営を行い、売り上げも安定していると思います。

しかし、ここから、すでに危険水域が始まります。

特に友達紹介も多く、レッスンなどのサービスの質もいいと考えられているスクールでは、退会者も多くありません。そのため、二等辺三角形は徐々に直角三角形（図8－3参照）に変化を始めていきます。

これが、対象年齢のスタートである方に向かっているのであれば、何の問題もありません（図8－2参照）。

一方、対象年齢の終わりとされる年齢が、高い方に向かっている場合、対応によっては、かなりの苦戦を強いられることになります。

あなたのスクールは危険水域に入っていませんか？

もし、危険水域に入っている状況であれば、早めに対処してください。

採算性のある生徒獲得コストとは？

スクールは生徒募集のために、テレビやラジオのCM、雑誌、新聞広告、新聞折り込みチラシ、フリーペーパー、リスティング広告など、マスメディアを

図8-1　学年別分布人数1

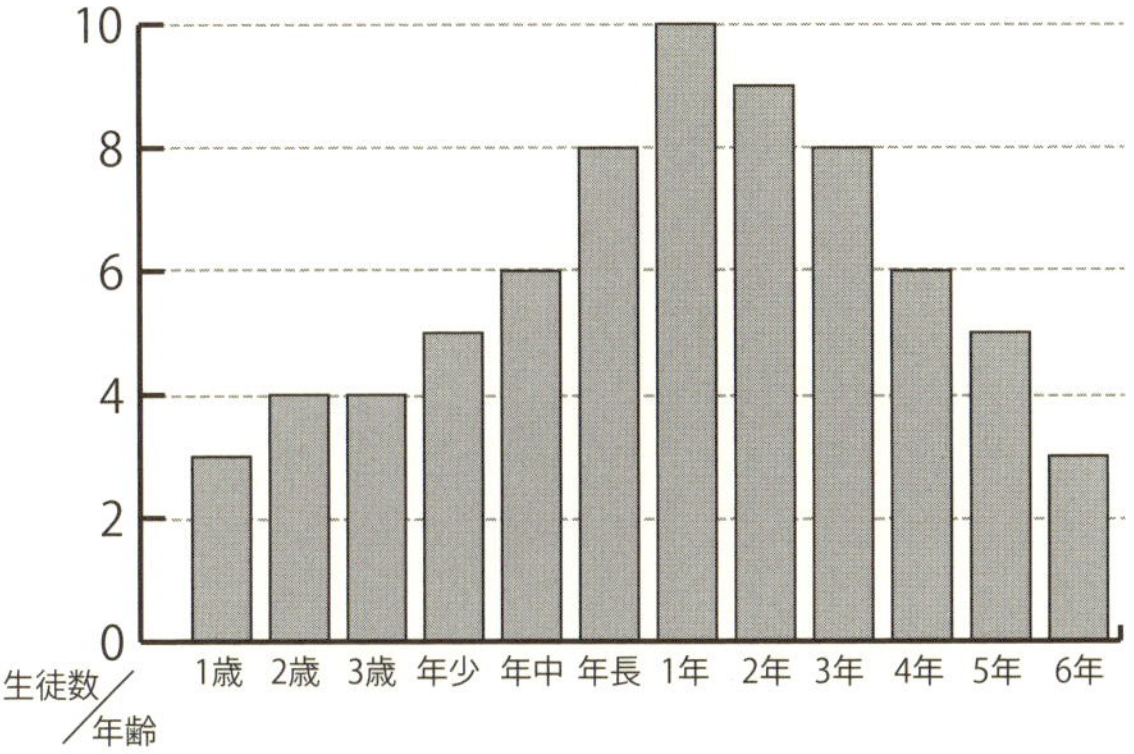

図8-2　学年別分布人数2

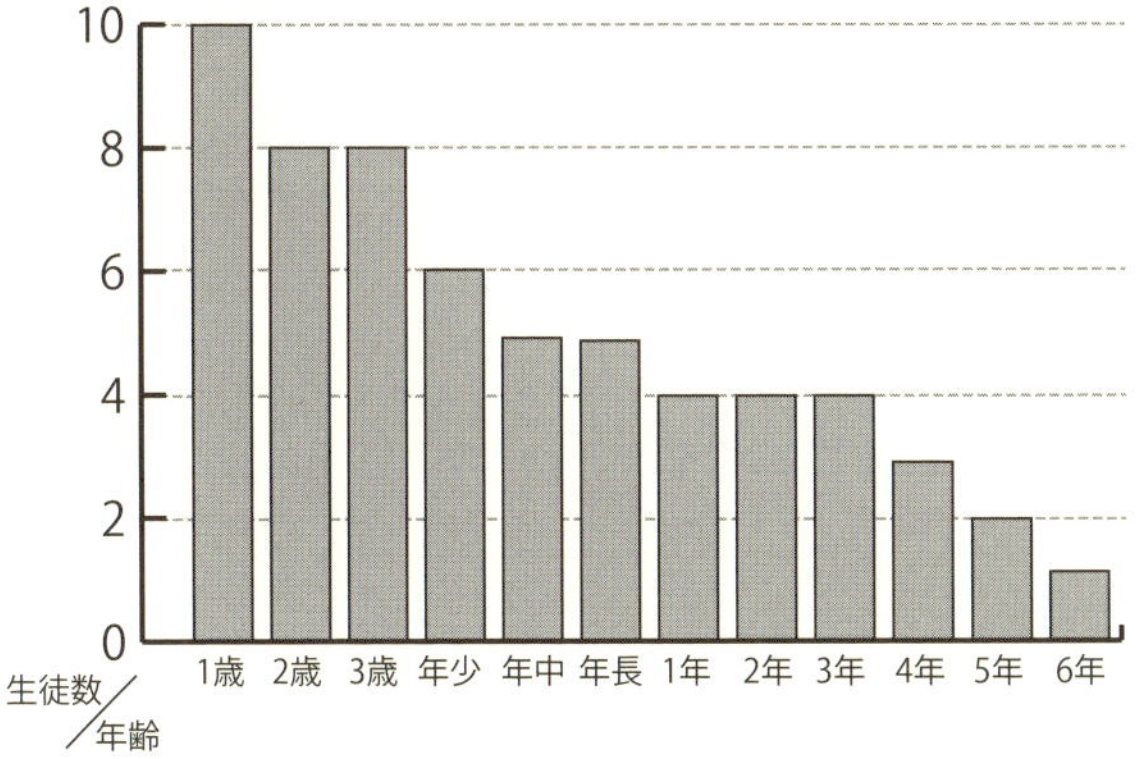

図8-3　学年別分布人数3

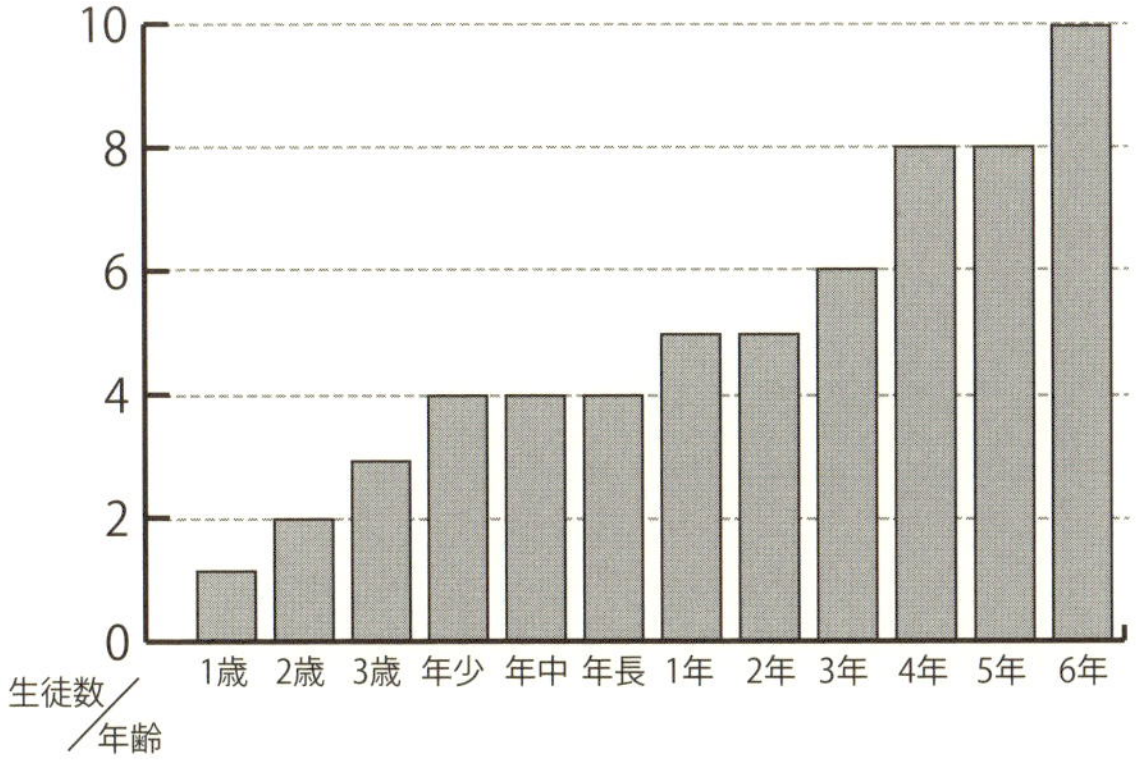

使った宣伝広告活動を行っています。

そして、これらの広告を費用対効果のもとに、スクールは独自の募集目標を立てます。

たとえば、「１００万円の広告費で、最低何名募集する」「10万円の広告費で、最低何名募集する」などです。

日々、様々なスクールが各自の経営に見合った募集目標数字を達成するために、頑張っています。

スクール業界では、「広告費を使って生徒募集の目標が達成できれば成功、達成できなければ失敗」と安易に考えられがちですが、実は大切なことを見落としていると私は考えています。

それは「生徒獲得コスト」です。

生徒獲得コストとは、１名の生徒を入会させるために必要な費用になります。

私が英会話スクールを経営していたとき、１件の体験レッスンアポイントのコストを５０００円以下、１名の入会コストを1万円以下と設定していました。

それでは、「生徒獲得コスト」についてもう少し詳しく説明しましょう。

＊「生徒獲得コスト」とは？

次の「1」と「2」は広告の費用対効果の結果です。

1．１００万円の広告費

・体験レッスンアポイント：１００件

・入会者：50名

2．10万円の広告費

・体験レッスンアポイント：20件

・入会者：10名

「1」の場合、体験レッスンアポイントコストは、次のようになります。

１００万円÷１００件＝1万円／1件

入会コストは次のようになります。

１００万円÷50名＝2万円／1名

「2」の場合、体験レッスンアポイントコストは、次のようになります。

10万円÷20件＝５０００円／1件

入会コストは次のようになります。

10万円÷10件＝1万円／1名

以上が、「生徒獲得コスト」になります。この点を抜いて目標設定すると、広告費の費用対効果を見過ごしてしまいます。

仮に100万円の広告費に対し、目標を「体験レッスンアポイント50件、入会者30名」と設定した場合「生徒獲得コスト」を考えずに目標設定すると、目標が達成できた場合でも、本当に成功したのかがわからなくなります。

確かに目標設定を達成すると、「成功した」と考えがちですが、根拠のない数字では成功とはいえません。「いやいや目標数字ばかりだけではなく、その広告費によって、問い合わせ以外にも宣伝効果がある。だから、きっと見込み客は増えたはず！」という方もいるかもしれません。

確かにその通りで、広告は実際のアポイントや入会者の数字以外に、見えない部分へも影響を与えている可能性があります。

しかし、実際にお客様が入会して、売り上げにもたらす授業料という実利で考えるとどうでしょうか？

「体験レッスンに参加したけど、入会には至らなかった。でも体験レッスンの参加者は満足してくれたから、きっといい評判が口コミで……」

このような漠然とした考えでは、ボランティアに近い行いだといえます。

もちろん、「入会はしないけど、それなりに楽しかった」という参加者の満足度を全否定するつもりはありません。

ただし、その口コミが発生するまで、辛抱強く経営を継続できればいいのですが、もし継続できないのであれば、実利を求めなければなりません。

その実利から、「成功」「失敗」を判断することも必要です。

したがって、採算性コストを算出する必要が出てきます。

採算性コストを算出するために必要なことは、マーケティングの世界でよく言われるところの、「LTV(Life Time Value／顧客生涯価値)」です。

LTVとは、「企業が一人の顧客に関わっている間に、企業へもたらす利益」のことです。

つまり、企業がある顧客に関わっている間、顧客が企業に支払う金額から、企業がその顧客を獲得するためにかけた費用を差し引いた利益を、中長期的に測定する指標が、LTVになります。

たとえば、Aさんというお客様が継続的にP社の家電製品へ買い換え、トータルで200万円の製品を購入したとします。P社がAさん（顧客）を獲得し、買い換えてもらうためにかかったコスト（製造費、販促費など）の合計が150万円だったとすると、LTVは「200万円－150万円＝50万円」になります。

この考えは小売業や飲食業など多くの業界で使われており、もちろんスクール業界にも当てはまります。

したがって、LTVは生徒獲得の採算性コストを算出するために大切なものです。

たとえば、Bさんという生徒が月々1万円の授業料で4年間通ってくれていたら、合計金額は48万円になります。授業コストと継続のコストの合計が40万円であれば、LTVは8万円（48万円－40万円）です。

Bさんという生徒を獲得するために、8万円の宣伝広告費をかけても、マイナスにはならないということがわかります。

「えっ、1名の生徒獲得に8万円も!?」という方もいるかもしれませんが、実際に4年間通っていただき、その間の講師料や家賃などの経費を除いた金額であれば、8万円の宣伝広告費で1名の生徒増でもマイナスにはなりません。

したがって、どのスクールであっても、生徒の在籍年数や支払う金額、またかかる経費を差し引き、LTVを出していくことができます。そして、LTVをもとに、1名の生徒獲得コストを出します。

ただし、このLTVは生涯に支払ってもらえる金額をもとにしているので、かなり気の長い話です。

そこで私がお勧めしているのは、もう少し期間を短くして、たとえば1年間のLTVを出してみることです。

どういうことかと言えば、Bさんは、4年間で8万円のLTVなので、1年間でいくらになるのかを計算します。

計算は単純に、「8万円÷4年間＝2万円／1年間」です。つまり、1名の生徒獲得コストを2万円に抑えておけば、2年目からはすべて利益に変わります。

私が英会話スクールを経営していたときは、半年間のLTVを算出していました。生徒継続の半年後から利益転換できるように、宣伝広告費と生徒獲得コストのバランスをとって、店舗展開を早めていきました。

このように、採算性のある生徒獲得コストを算出することによって、利益率が高く、安定したスクール経営を行うことができるようになります。

講師にかかわる採算性

多くのスクールは講師を採用する際、「日給月給制」か「完全月給制」もしくは「時給制」で契約していると思われます。

また、講師の人件費も、「固定経費」として考えているところが多いでしょう。

一方、私は人件費を「固定経費」ではなく、「変動経費」として考えています。

講師にとって、生徒の人数が1名でも100名でも、同じ報酬ではモチベーションが上がりません。

確かに、変動制では利益が減るというデメリットもありますが、生徒の増減により報酬が変動することによって、講師は生徒募集から授業料回収、さらには退会に関することにも関心を示すようになります。

そして、講師が担当クラスや教室に対して責任感を持つようになるため、トータルではメリットのほうが上回ります。

それでは、給与体系について「講師給与体系①から③」（219ページから220ページ）の表を見ながら、考えていきましょう。

「講師の給与体系①（時給制）」は、お客様からのアンケートにより時給を変動させるため、定期的なアンケートによる顧客満足度調査をする必要があります。

顧客満足度はCS（Customer Satisfaction）と呼ばれ、多くの企業が採用している方法になりますが、一定のアンケート数に満たない場合や、講師によりアンケート数がばらつくなど、不公平感が出る可能性があります。

したがって、第7章でお伝えした「アンケート作成方法」や「回収ポイント」を参考にしていただき、最低回収数を設定して実施しましょう。たとえば、生徒数の50％以上のアンケートをもとにするなどです。

次に「講師の給与体系②（時給制）」は、生徒数により時給が増減するため、給与計算が煩雑になる可能性はあります。

そのため多くの講師を抱えているスクールでは、対応が難しいと考えられるかもしれませんが、時給の査定期間を月々ではなく、3カ月間や半年間のタームにすることで対応も可能になります。

また、「講師の給与体系③（固定給制）」は、持ちクラス数により変動しますが、各クラスの生徒数にも注視しなければ、持ち生徒数はあまり多くないのに、持ちクラス数だけが増え、採算割れということも起こり得るので、注意が必要です。

つまり、50名の生徒数を20クラスで担当するのか、10クラスで担当するのかによって給与は変わります。

そのため、最低1クラスの人数を4名以上と設定し、担当生徒数が50名であれば、13クラス以内で編成するように指導をしていきます。

講師の給与体系①（時給制）

昇給

年に1回
顧客満足度に応じて時給UP

—顧客満足度がアンケートにより6割超え：100円UP

—顧客満足度がアンケートにより8割超え：200円UP

※満足度が上記指標を満たさなければ、時給据え置き＆追加研修を実施

賞与

年に1回（条件付きで有）

勤務2年目以降、週15時間以上勤務している場合、「生徒数×顧客満足度×時給単価」にする。

時給推移　昇給の仕組み

時給 ＼ 勤務年数	1年目	2年目	3年目	4年目～	
1,800					
1,700			ココからは賞与アップ		
1,600			経験者	経験者	初心者
1,500					
1,400		経験者	初心者		
1,300					
1,200	経験者	初心者			
1,100				時給UP	
1,000	初心者				
900					
800					
700					

経験者＝スクール勤務経験有　　初心者＝上記経験無

講師の給与体系②（時給制）

昇給

担当生徒数により時給UP

（時給はクラスごとに変動する）

—最低持ち生徒数１名増ごと：50円UP

※生徒数が上記指標を満たさなければ、時給据え置き＆追加研修を実施

賞与

年に1回（条件付きで有）

勤務2年目以降、週15時間以上勤務している場合、「生徒数×顧客満足度×時給単価」にする。

時給推移　昇給の仕組み（最低生徒数3名の場合）

時給 ＼ 生徒数	3名	5名	7名	8名～	
1,800					
1,700			ココからは賞与アップ		
1,600			経験者	経験者	初心者
1,500					
1,400		経験者	初心者		
1,300					
1,200	経験者	初心者			
1,100				時給UP	
1,000	初心者				
900					
800					
700					

経験者＝スクール勤務経験有　　初心者＝上記経験無

講師の給与体系③（固定給制）

昇給

半年に1回給与変更
開校コマ数に応じた給与体系

—0～12コマは一律15万円保証

—コマ数がUPするごとに、給与のUP幅も増える。

賞与

年に1回（条件付きで有）

例: 生徒数100人、満足度50%、月給24万の場合=12.0万円（100人の場合MAX 24万）

※賞与受け取り基準は翌半年勤務を確保

		ベースサラリーが15万の場合				
		給与	コマ数	時給	勤務日/週	年棒
1コマ増=+5,000円	Reg. Start	150,000	12	3,571	2.5Days	1,800,000
		155,000	13	3,407	2.5Days	1,860,000
		160,000	14	3,265	3Days	1,920,000
1コマ増=+10,000円	Good Start	170,000	15	3,238	3Days	2,040,000
		180,000	16	3,214	3.5Days	2,160,000
		190,000	17	3,193	3.5Days	2,280,000
		200,000	18	3,175	4Days	2,400,000
		210,000	19	3,158	4Days	2,520,000
1コマ増=+15,000円	Ideal	225,000	20	3,214	4Days	2,700,000
		240,000	21	3,265	4Days	2,880,000
		255,000	22	3,312	4Days	3,060,000
		270,000	23	3,354	4.5Days	3,240,000
		285,000	24	3,393	4.5Days	3,420,000
1コマ増=+25,000円	Max	310,000	25	3,543	5Days	3,720,000
		335,000	26	3,681	5.5Days	4,020,000
		360,000	27	3,810	5.5Days	4,320,000

月給は継続的に増 ベースサラリー15万

時給換算すると減額フェーズ（13～19コマ） / 時給換算すると増フェーズ（20～26コマ）

第
9
章

スクール運営のトラブルシューティング

9-1 実践で役立つ、スクール運営の決まりごと

スクール運営に役立つルールの決め方

この節では、スクール運営について、お客様からよくある質問を説明していきます。

＊レッスン日が祝日の場合、対応はどうすればいいのでしょうか？

このような質問は、私のクライアントからもよく相談されます。

1年間レッスンする場合、曜日固定で行うと、必ず祝日などの公休日に当たります。

特に月曜日は「ハッピーマンデー」といわれ、祝日になることが多いです。

この場合、振り替え日で対応しているスクールもありますが、私は年間レッスン数を決め、それに合わせる方法をお勧めします。

たとえば、「年間44回」と決めたら、すべての曜日をこの数に合わせるのです。祝日ではない平日は、「レッスン調整日」として、レッスンを休講にします。

生徒が子どもの場合であれば、春休み、夏休み、冬休みなどにそのレッスン調整日を入れます。一方、大人であれば、お正月、ゴールデンウィーク、お盆休みなどに調整日を入れます。

対象者が子どもから大人の場合は、別々に調整日を設定することもできますが、合わせておくと管理が行いやすいです。

また、レッスン調整日を設定した場合は、必ずレッスンカレンダーを作成し、お客様へ配ることを忘れないようにしなければなりません。

レッスンカレンダーを配ったとしても、お客様の中には調整日を忘れる方もいますので、次のレッスンが調整日のときは、「休講である」と伝えることを忘れないようにしましょう。

一方、振り替え日で対応する場合の注意点ですが、まず振り替え日期限を設定しておかなければなりません。

通常、期限は1週間くらいが妥当です。それ以上になると、管理が大変になります。またお客様が期限内に振り替えができない場合、「授業料の返金はない」という趣旨を受講規約などで説明しておく必要があります。

＊月によっては曜日数が変わり、レッスン数に違いが出てしまいますが？

月によっては、月曜日は5回、金曜日が4回の場合もあります。

月謝制で授業料をいただいている場合、レッスン回数に差が出るのは問題です。

このようなときは、振り替えレッスンか、もしくは年間のレッスン数を統一することによって解決できます。

「1カ月間4回、授業料○○○円」とパンフレットやチラシに記載しているスクールもありますが、振り替えレッスンで対応しているスクールも多いようです。

＊振り替えレッスンを検討したいのですが、気を付ける点はありますか？

振り替えレッスンは、一見お客様にとっていいサービスのように思われますが、注意しなければならない点が多くあります。

◉振り替えレッスンの注意点

・振り替えを受け付ける期限の設定

たとえば、お客様が20日のレッスンを振り替え希望する場合、スクールへ19日の午後8時までに連絡するなどの期限を決めることです。

この期限を設定しておかなければ、講師はレッスンが始まるまで、生徒が何名参加するのかがわからない状況になります。

また、講師はレッスンの準備もあるので、「振り替えを希望する、しない」にかかわらず、お客様がレッスンを休む場合は、必ず連絡を入れてもらうようにしたほうが管理は行いやすくなります。

・振り替えができる期間の設定

たとえば、20日のレッスンの振り替えであれば、20日から1週間以内にするなどの期限です。

この期限を設定しておかなければ、生徒はいつまでもレッスン受講の権利を保有することになります。

その権利が複数になった場合、「誰がどれだけ振り替え、レッスンの権利を保有しているか」を管理しなければなりません。

これは、管理作業が複雑になり、ミスにつながりやすいです。

したがって、多くのスクールではこの期限を、1週間以内と設定しています。

期限の設定に関しては、スクールの考え方がそれぞれあると思いますが、短すぎても長すぎてもよくないものです。

・振り替えを受け付ける理由の設定

お客様の病気などの理由以外に、たとえば「都合がつかない」などの理由をすべて受け付けてしまうと、キリがありません。

受け付け範囲を広げると、教室に行くのが面倒になったという理由で、振り替えするお客様も出てきます。

本来、振り替えレッスンはお客様がどうしても教室に行けない理由があり、それでも何とかレッスンを受講できるように最大限考えたサービスです。

また、スクール側が、レッスンの受講スタイルを「曜日、時間」と固定制にした運営上の理由もあります。

そのためにも、**最低限振り替え可能な理由を設定しておくべき**だと考えます。

とはいえ、台風や警報などの自然災害時のレッスン休講に対しては、是非、振り替えレッスンを検討してください。

さて、私が経営していた英会話スクールでは、当初振り替えレッスンを行っていたのですが、途中で廃止しました。その理由は、振り替えするクラスがなかったからです。

すべてのクラスが満員のため、その定員をオーバーしないと振り替えを生徒に案内することができませんでした。

最初のうちは2、3名くらいならと考え、振り替えを案内していましたが、生徒から「定員オーバーしているのではないか？」とクレームを何件かもらいました。

また、振り替えレッスンの受け付けを電話で行っていたので、受け付けの間際になると、電話が殺到し時間内に受け付けができないというトラブルも発生しました。

このような理由から、私は振り替えレッスンを廃止しましたが、システムがしっかりと整備されていれば、お客様に対して大変いいサービスなのは間違いありません。

振り替えレッスンを行うのであれば、前述した注意点を含めて検討しましょう。

＊教室は立地条件がモノをいいますか？

教室の立地条件は対象とする生徒によって変わってくるため、この場所であれば絶対に大丈夫という立地はありません。

たとえば、子どもを対象にする場合、主要の大きな駅前よりも、住宅地近くの駅前のほうが最適な場所になります。また小学校の前なども好立地と考えられます。

大人を対象にした場合も同じことがいえます。

社会人を対象にする場合は、オフィス街に近い主要な駅前が好立地になります。また、主婦を対象にする場合は、住宅地のほうがいいときもあります。

とはいえ、**「立地条件がいい」というだけでは、スクール運営が必ずしもうまくいくとは限りません。**

もちろん、立地条件がいいに越したことはないと私も考えていますし、長く教室を運営するのであれば、立地はしっかりと考える必要があります。しかし、それは必要条件であって、成功の絶対条件ではありません。

同じように、教室や外観の見栄えをよくしただけではうまくいきません。

見た目だけで、その場限りの集客ができたとしても、お客様が継続的に通えるスクールにするためには、ハードの部分はもちろんソフトの部分もしっかりする必要があります。

ハードの部分とは、教室の施設や外観や内装になります。ソフトの部分はレッスンなどを含めたサービスの部分になります。

立地だけにとらわれず、トータルで考えた教室を作っていただきたいと思います。

＊商圏の人口は多いほうが、生徒募集はやりやすい？

「教室を開校するなら人口が多いところがいい」
「人が多いところのほうが生徒は集めやすい」
「商圏は出来る限り広くしたほうが、対象者も増えるからいい」

このように考えている方は、たくさんいらっしゃると思います。

その証拠に人口の多い地域には、様々なスクールがたくさん教室を開校しています。

それらのスクールは、当然、「お客様が多いところがいい」と地域を選んでいるので、自ずと競合スクールが集まります。

したがって、「人口が多い」「対象者が多い」という地域では、競争相手も増えるということです。

ですから、競争条件が有利なスクールであれば、人口が多い地域でもいい戦略は取れます。

とはいえ、スクールを独立開業しようと考えている方や、力が弱いスクールにとってはいい戦略とはいえません。

私は、ある大手英会話スクールの経営者の方に「人口30万人以下の街ではスクールはうまくいかない」と言われたことがあります。

しかし、私がスクールを開校した場所は、ほとんどが人口30万人以下の街でした。

その中で、1教室に250名の生徒を集め、2年間で東海地区に30教室6500名の英会話スクールを作り上げました。

確かに、東海地区に比べ、関東地区や関西地区のほうが圧倒的に人口は多いです。立地条件で言えば、関東や関西より、東海のほうが悪いと考える方もいるかもしれません。

同じように、名古屋市内でも立地のよし悪しはあります。

しかし、「人口が少ないから生徒が集まらない」と考えるならば、人口が多い地域でも同業の他スクールに競争で勝つことはできません。

「集まらないのは人口が少ないから」などと考える前に、「どのようにお客様を集めればいいのか？」を考えたほうが得策です。

人口が少ない場所であれば、それだけ強力な競争相手もいないはずですから、逆に圧倒的な知名度を作るブランディングも可能になります。

外国人講師によるカフェでのマンツーマンレッスン

昨今、カフェや喫茶店などで外国人によるマンツーマンの英会話レッスンを受けられるスクールが多くなっています。たとえば、英会話スクールの「7アクト」は、カフェや喫茶店などで受けられるスクールとして先駆け的な存在です。

さて、カフェで受けるマンツーマンレッスンの長所として、次のような点が挙げられます。

・教室などを維持しないので、固定経費が必要ない分、安価なレッスン料を設定できること
・場所を限定しないので、お客様である生徒が通いやすい場所でレッスンができること
・カフェや喫茶店で行うことにより、アットホームなレッスンができること
・マンツーマンレッスンなので、個々の生徒に合わせたカリキュラムができること

これらの長所を読むと、マンツーマンレッスンは非常に魅力的に感じられます。

しかし、私はあえて長所だけではなく、短所（問題点）についてもお伝えします。

まず、問題点としては「管理をどのようにするのか」という点が考えられます。

管理とは、「講師管理」から始まり、「レッスン管理」「生徒管理」などです。場所がカフェや喫茶店だと管理する人間がいないので、「管理」に関する問題は出てきます。

次に「他社との差別化」という点です。すでに、多くの会社がこの方法を取り入れています。したがって、どのように差別化を図っていくのか、ということをしっかりと考えておく必要があります。

また、「講師の採用」についても、人件費はかなりポイントになります。

このタイプのスクールでは、地代家賃や教室の維持費という固定経費は必要ありません。しかし、人件費は必ずかかります。仮に生徒が2名だった場合、異なる場所で、同じ時間帯にレッスンの希望があれば、講師は最低2名必要になります。

持ち生徒人数やレッスン時間に対して講師報酬を支払う場合は、固定経費ではなく変動経費になるので人件費はかさみません。

しかし生徒が少ない場合、このような雇用形態では、講師の報酬が安定しないため、外国人講師の確保が難しくなってきます。

もし、外国人講師に最低限の報酬を考えるのであれば、人件費が固定経費になります。したがって、生徒の確保を安定させるために、生徒募集が必要不可欠になります。

他にもいろいろな問題点はあると思いますが、まずは、ここで挙げた問題点を検討して、ある程度解決する必要があります。

とはいえ、これらの問題点を上回る長所（経営者側にも生徒側にも）があるので、新しい英会話スクールの型であることは間違いありません。

ワンコインレッスンについて

ご存知の方も多いと思いますが、英会話を始めとして、ヨガやネイル、ボーカルスクールやダンススクールなどでも行われている「ワンコインレッスン」は、ワンコイン（500円）や1000円でレッスンを受けられるスタイルです。お客様にとって最大の魅力は、気軽に興味のあることを体験できることです。また、有料の体験レッスンと同じくらいの金額で受けられる価格の安さも魅力です。

「習い事を始めてみたいけど、時間もないし、まとまった授業料も負担できないし……」という方には、最適なレッスンになります。また最近では、レッスンの予約は5分前まで受け付け、レッスン中には無料の飲み物がついてくるなど、お客様に対して様々なメリットがある商品です。

それでは、スクール側にはどのようなメリットがあるのでしょうか？

まず、私が真っ先に考えるスクール側のメリットは、ワンコインという価格や気軽さが、お客様へインパクトを与えることです。

また、授業料をその場で受け取ることができる「日銭商売」も、メリットの1つです。

本来、スクール経営は会員ビジネスなので、会員数（生徒数）を増やすことにより、確実に安定した収入を得ることができます。その代わり、その日、その月に収入を一気に増やそうとしても、なかなか収入を増やすことができないビジネスモデルになっています。

ワンコインは「日銭商売」なので、当日に現金で授業料が入金（売り上げ）されます。したがって、講師の数やレッスンの定員に限りはあるかもしれませんが、1日でスクールの売り上げを一気に伸ばすことができます。

日銭商売の代表的なものは、飲食業です。スクールの場合は飲食業とは違い、材料という仕入れがほとんど発生しない分、利益率は高くなります。

とはいえ、このスタイルにも、デメリットはあります。たとえば、飲食業と同じように固定客を掴まなければ、常に新規客を必要とする状態になるからです。

また、第1章でお伝えした「会員ビジネスモデル」をメインにしているスクールとは違うので、ワンコインスタイルを取っているスクールでは、生徒集客が通常のスクールよりシビアになりますし、定期的に通ってもらうための工夫がより一層、必要になります。

マンツーマンレッスンとグループレッスン

語学スクールは、マンツーマンレッスンをメインに運営しているところが多くあります。マンツーマンレッスンのメリットは、生徒と講師が1対1なので、生徒が習っている語学を使ってたくさん話しをすることができます。また、マンツーマンレッスンは、個々にレッスンカリキュラムを組み合わせることができるので、人の目を気にせずにレッスンを受けられます。

語学系スクール以外でもマンツーマンレッスンは、学習塾では「個別指導（1対1）」という名で導入されています。また、ゴルフスクールや、ダンススクール、スイミングスクールなども、マンツーマンレッスンを取り入れています。

とはいえ、マンツーマンレッスンの場合、1名の講師に対して1名の生徒とのレッスンになるので、個人経営でマンツーマンスタイルを用いている場合は、生徒数を増やそうと考えると、グループレッスンよりも限界数は早く来ます。

これは、スクール経営においてデメリットになりますが、マンツーマンスタイルでの経営で、スクールの採算性がしっかりと取れていれば、個人経営であっても、講師数と生徒数を増やして、売り上げを伸ばす方法もあります。

もちろん、グループレッスンを併用することにより、生徒数を確保して、売り上げを増やすことも可能です。

一方、グループレッスンのメリットは、授業料をマンツーマンレッスンよりも安く設定できることです。特に、子どもの場合、レッスン内容にゲームを取り入れているならば、グループレッスンのほうが、よりレッスンを盛り上げることができます。

また、マンツーマンレッスンを受けている生徒は、子どもでも大人でも、1人でレッスンを受けているので、気軽にやめてしまうことがあります。しかし、グループレッスンならば、友達やライバルができたことで、生徒自身は意欲的にレッスンを続けます。

このように、マンツーマンレッスンとグループレッスンには、それぞれいい部分があります。

スクール経営には、「絶対に、このスタイルでなければならない」ということはありません。大切なことは、スクール経営者が、スクールのポリシーをしっかりと考えることです。また、生徒がスクールに入会したことで、よりいい方向へ進んでいける道筋をしっかりと考えましょう。そして、スクールのポリシーに合ったスタイルをお客様へ提供し、スクール経営を安定させることが重要です。

春の生徒募集の開始時期について

春はスクールにとって、最大の生徒集客の時期になります。日本は新入園、新入学、進学、就職など、4月を新年度として1年が始まります。そのため、春は習い事をスタートするお客様が非常に多いです。

実際に、私の経験では、新年度は通常の時期に比べて問い合わせも、契約数も多かったです。

とはいえ、子どもの場合、春は生徒集客の最大の時期である一方、最大の退会時期でもあります。特に、2月から5月の間に、退会する生徒が増える傾向にあります。

したがって、通常のスクールでは、毎年2月から3月にかけて、春の生徒募集を始めます。また、早いスクールであれば、1月から生徒募集を始めています。加えてこの時期は、生徒の退会やクラス編成、さらに新年度のカリキュラムなどを考える時期なので繁忙期です。

そこで、しっかりとした段取りを取っておかないと、目の前の作業に追われ、生徒募集活動が後回しになってしまいます。また、新年度のスクール開講は、早めにお客様にお伝えするようにしましょう。お客様があなたのスクール自体を知らなければ、せっかく何かを始めようと考えているお客様の選択にすら入ることができません。

一方、春の生徒募集時期に、うまく生徒を集めることができないスクールもあります。この時期はお客様の動向が活発なので、いつもは生徒募集をしていない教室や大手スクールが一気に生徒募集に力を入れてきます。

そのため、お客様の動きは活発でも、募集をしている教室は他の時期以上に多いということです。

その結果、供給が需要を超えてしまえば、生徒募集がうまくいかない教室も出てきます。

普段、「生徒募集がうまくいっていないから、何とかこの春の時期に生徒を確保しよう」と考えている教室もあると思いますが、ただ**「特需」だからという他力本願的な考えでは、うまくいくことはありません。**

しっかりとした生徒募集計画をもって、集客を行うことが大切です。

他力本願的な考え方は一旦手放し、普段からも宣伝広告活動をしっかりと行った上で、新年度の生徒募集を行いましょう。

子どもへの注意の仕方

子どもを対象にしたスクールを経営している場合、「やんちゃな子がいて、レッスンに支障が出る」というような問題が起きることもあります。

そのようなとき、その子どもにどのような対応を取るべきなのか、ということを私の経験からお話しします。

子どもを対象にしているスクールならば、必ず子どもの行儀の悪さは問題になります。また、これはどこのスクールでも起きている問題です。

とはいえ、絶対にスクール側が「この子さえいなければ……」と考えてはいけません。そのように思うことで、同じ問題が次々と出てきます。是非、頭の片隅に入れておいてください。

それでは、まず行儀の悪い子どもは、なぜそのような態度や行動を取るのでしょうか？

もしかしたら、その子なりの自己主張かもしれませんし、自己主張がうまくできないだけかもしれません。

また、あなたに甘えているだけかもしれません。

もちろん、スクール側でも何度も考えていることだとは思いますが、ケースバイケースで理由は変わってきます。

もう一度、その子と向き合って、話を聞いてみると、その子なりの理由をきっと教えてくれるはずです。

次に、注意の仕方ですが、行儀の悪い子どもは、他の子どもがいる前で注意されると「責められた」と受け止め、自尊心を傷つけてしまいます。

よって、頭ごなしに注意するのではなく、他の子どもがいない場所に呼び、よくその子の話を聞いた上で、注意する部分はしっかりと注意しましょう。

それでも全く改善されない場合は、その状況をその子のお母様に知ってもらう必要があります。

ただ、お母様には話しづらいと考えるのであれば、一度レッスンをこっそりと見てもらうのも、1つの方法です。

たとえば、「お子さまがちょっとやんちゃすぎて……」というのではなく、「今、レッスン参観をやっているので、是非一度見に来てください」など、お母様に別の用件でレッスンを見てもらい、現状を把握してもらいます。

このケースの場合、他の子どもに迷惑をかけ始めたら、お母様に相談して、今後どのようにしていくのかを決めほうがいいです。

現状をお母様にお話しすることができない場合は、「クラス移動」「プライベートレッスン」などの考え方もあります。

しかしながら、子どもがレッスン中に行儀を悪くしているのは、もしかしたらレッスンが退屈なのかもしれません。

そうであれば、グループレッスン中、その子をレッスンのアシスタントにして、よりレッスンに集中させ、退屈させないようにすることもできます。

もしくは、クラス内の男女バランスが偏っているのかもしれません。もしそうであれば、再度バランスを考えたクラス編成を作ってみるのもいいでしょう。

最後にしつけに関して、スクールがしつけについて考えるのはおこがましいかもしれませんが、子どもを預かる教育者としては、しつけの一部分を担う考え方も必要です。

そのため、たとえ生徒がお客様だとしても、きつく注意しなければならないときがあります。

またお母様がいる前でも、注意をしなければならないときもあります。その際、「こんな怖い教室には通わせられない」とお母様が考えるのであれば、それは仕方のないことです。

どこかで子どもには、「やっていいこと」「やってはいけないこと」を教えなければいけません。

それを親が放棄して、さらにそのことを教える大人を否定するのであれば、そのお客様は「招かれざる客」と判断したほうが賢明だと思います。

法人化のメリットとデメリット

それでは、法人化にしたときのメリットとデメリットを説明します。

まず、主な法人化のメリットは次のようなことです。

・資本金1000万円未満の場合、消費税が最大2年間免除される
・経営者の保険料が経費にできる
・旅費規程を作れば日当を経費にできる
・自宅を社宅にすれば家賃の一部が経費にできる
・経営者の退職金を経費にできる
・赤字を9年間繰り越すことができる
・決算期を自由に決められる
・社会的信用の増大
・銀行の融資が受けやすくなる
・助成金を受けやすくなる
・いい人材を集めやすくなる

「社会的信用の増大」を理由として、法人化にされる方は非常に多いです。たとえば、大手企業と取引する場合などは、法人でなければ直接契約してくれない場合もあります。

他にも、法人は銀行からの融資が受けやすくなりますし、助成金をもらえる可能性も高くなります。

次は、主な法人化のデメリットについてです。

・設立費用・廃業費用がかかる
・赤字の場合でも税金（均等割約7万円）がかかる
・社会保険制度の強制加入
・事務が煩雑になる

デメリットとはいえないかもしれませんが、設立費用はかかります。

大体、実費だけで22万円くらいかかります。

また、廃業の場合も清算費用が発生します。

さらに、法人の場合は赤字であっても存在している限り、毎年最低7万円の税金がかかってきます。

最後は、事務の煩雑化があります。

会社にしたら、経理は明白にしないとならないので、個人のときと比べれば面倒かもしれません。

法人化への1つの目安として、個人事業の所得額が法人化したときに、想定する役員報酬を補うことができるのかという点です。大して所得もないのに法人化してしまうと、想定する役員報酬を受け取ることも難しくなります。

「法人にすれば税金が安くなるって言われて、法人にしたんだけれど、税金が安くならないばかりか、コストも手間もかかって仕方がない」ということも起こり得ます。

節税面のメリットだけを追いかけて法人化するのではなく、しっかりと目的を持って行うことも必要です。

9-2 閉校と事業撤退

オープンした学習塾のその後

春ごろ、私の事務所の近くに、開校した学習塾がありました。小学校と中学校、高校のすぐ近くにある学習塾で、ホームページを拝見すると、複数箇所に教室がある学習塾のようです。

その学習塾は、2011年度からの新学習指導要領に対応したカリキュラムも作っていました。だから、看板には学習塾以外にも、英語とサイエンスがあることが書かれていました。

私は事務所への通り道にある、この学習塾が気になって毎日見ていました。

しかし、オープンから日が経っても、学習塾の前に自転車は並ばず、送迎している車も、生徒の姿も見たことはありませんでした。

そして開校から数カ月の秋、その学習塾は撤退していきました。

内情を知らないので何とも言えませんが、私は撤退の決断が早かったと思います。なぜなら、最低でも内装費などがかかっているはずだからです。

保証金に関しても、賃貸借契約によって戻ってくる金額は変わってきます。

何度もお伝えしていることですが、学習塾、英会話スクールなどを含め、スクール関連は比較的簡単に開業することができます。

しかし、続けることは簡単ではありません。そもそもスクール業は、生活の基礎となる「生活必需品」ではないからです。

また繰り返しお伝えしますが、スクールビジネスは教育産業ではありますが、基本はサービス業になります。

何か行動しなくても、生徒が集まり、収入が安定するということはあり得ません。

事業撤退の見極め

スクールビジネスを行っていく上で、撤退すべき見極めが必要になときがあります。

撤退すべき時期を見誤ると、無駄な投資となり、最悪の場合は大きな負の財産を持つことになります。

そういった状況にならないためにも、撤退する前には、いくつかの点をまず見直してみる必要があります。

まず、数字の見方として、1年目であれば利益よりも売り上げをチェックします。2年目は売り上げよりも利益に重点を置き、3年目には損益分岐点をチェックします。

3年経っても軌道に乗らないのであれば、事業構造と市場環境により、継続するか否かを決定します。

いずれにせよ、**撤退のタイミングは、事業を見限るポイントを事前に決めておくことが大切**です。

そのポイントを下回れば、撤退の準備に取り掛かる必要が出てきます。

スクールビジネスは他のビジネスに比べ、撤退の見極めが非常に難しいです。それは、会員ビジネスだからです。

お客様である生徒がスクールに通ってくる以上、簡単には閉鎖、撤退という決断は行えません。

だからといって、いつまでも赤字の状態を続け、資金を投入していくことは決していいことではありません。

「たとえ、1名でも生徒が通っている以上、閉鎖はできない」という考え方はすばらしいとは思いますが、資金が底をついている状態で続けたとしても、先は見えません。

私自身も教室の統廃合という「教室の撤退、閉鎖の業務」を行ったことがあります。

確かに苦渋の決断を迫られるときではありますが、採算割れの教室を維持することにより、スクール全体の収益を悪化させ、順調に行っている教室に悪影響を与えることはできません。

もし、生徒のことを本当に考えるのであれば、苦痛の中でスクールを維持していくのではなく、早めに受け入れて先のスクールを見つけるのも方法の1つです。

9-3 1人で開業を目指す方へのアドバイス

客観的な意見を持つ、相談相手を見つける

中小企業庁の委託により、野村総合研究所が行った2011年12月の「中小企業の経営者の事業判断に関する実態調査」によると、中小企業1万9437社を対象に実施したアンケート調査に、中小企業経営者の経営相談の状況を確認したものがあります。

中小企業の経営相談の状況について見ると、中小企業経営者の3割強が、定期的な経営相談をしていると回答しています。

具体的な**相談相手は、1番目が「顧問税理士・会計士」で約7割、2番目は「経営陣」で約3割、3番目は「家族・親族（利害関係者）」で約3割弱、4番目は「メインバンク」で2割弱**となっており、日ごろから接点の多い、社内外の関係者が相談相手として選ばれる傾向にあるようです。

また、私のようなコンサルタントは1割強で、7番目になっています。

現在は、いろいろな会社でコンサルタントとして携わっておりますが、以前は私も中小企業の経営者という立場でした。

そのころを思い出してみると、このアンケートの上位4番目までの中に、私が相談していた相手はいません。

アンケートで、相談相手として1番に選ばれている税理士は、私の場合、スクール業界を全く知らない税理士を選んだため、相談すら持ちかけませんでした。

税理士は会計、税務については専門ですが、「生徒募集」や「退会防止」など、スクール運営や経営のことについての知識は持ち合わせていません。

そのため、私自身、ほとんど誰にも相談することなく、多くのことを自分で決め、間違いも回り道もしてきました。

すべてを自分自身で決めていくことは、決して悪いことではありません。私自身も、自分で今まで決めてきたことに後悔はありません。

ただ、「あのとき、誰かに相談していれば、別の客観的な意見をもらえていたかもしれない。その意見をもとに、別の判断ができたかもしれない」と反省することはあります。

今では幸いなことに、私の周りには相談できる相手が複数います。

もちろん、最終的には自分で判断しますが、中小企業経営者時代とは違い、別の角度から客観的な意見をもらうことができます。

私も非常に頑固ですが、経営者の方の多くは、やはり頑固な方が多いように思います。簡単には信念を曲げない頑固さは、経営者にとって必要な要素だと、私は感じます。それは、独りよがりで、意固地になることとは違います。

あなたには、相談する相手がいますか?

顧問税理士でも、家族でも、同業の経営者でも、誰か客観的な意見を言ってくれる方を周りに見つけると、今までとは違ったものが見えてくるかもしれません。

おわりに

あなたが理想とするスクールを作るためには何をすればいいのでしょうか。

世の中には、私が本書で紹介したもの以外にも、マーケティング理論やセールス理論があります。

新しいマーケティング理論を勉強することでしょうか？　知らないセールス理論を勉強することでしょうか？

確かに新しい、知らないマーケティング理論やセールス理論を勉強することは必要です。

しかし、それだけで、あなたが理想とするスクールになるのでしょうか？

私の好きな言葉に「凡事徹底」というものがあります。

「凡事徹底――当たり前のことを当たり前に行う」

十年一昔と言われ、世の中は移り変わりが激しく、理論、方法論も変わっていきます。

しかし、あなたが理想とするスクールを作るためには、「凡事徹底」です。

お客様にあなたのスクールのことを知ってもらい、お客様が求めるサービスを提供し、お客様には継続的に通ってもらうことです。

本書では、スクール経営の「基本」を記しています。そのため、あなたが知っていることもたくさん載っているので、当たり前のことと思われるかもしれません。

では、その知っていることや、当たり前と思われることを実行しているでしょうか？

理論や方法論をどれだけ勉強しても、それだけでは足りません。

知識は書籍やテキストから得られますが、その知識を実務で使い、知恵に変えなければなりません。

理想のスクールにするためにも、まず本書で紹介したことを「実行」してみてください。そして、すぐに結果が出ないからといって足を止めないでください。

あなたが理想とするスクールを経営されている方々は、たまたまチャンスに恵まれていたから、理想とするスクールを作れたわけではなく、続けていたからチャンスに出会い、理想とするスクールを作り上げることができたのです。

あなたのスクールも、あなたの理想とするスクールになることを祈っております。

最後になりますが、本書は多くの方のお力添えのおかげで上梓できました。

今まで出会ったスクール経営者の方々、メールマガジンの読者様、いつも暖かいお言葉をいただきありがとうございます。また、前作に続き、出版のきっかけを作ってくださった斎藤治生様、編集を担当してくださった技術評論社の三橋太一様、そして、事例の掲載を快くご承諾くださった先生方、この場をお借りして厚くお礼申し上げます。

巻末付録

チェックシートを活用して、スクールビジネスをさらに効率化しよう!

第１章から第９章までの要点をまとめたチェックシート——

「スクール開校に関するチェックシート」

「入会時の書類に関するチェックシート」

「事業計画書と資金繰り表に関するチェックシート」

「選ばれるスクールになるためのチェックシート」

「退会防止策に関するチェックシート」など……。

スクールビジネスを行う上で見逃してはならないポイントを、
チェックシートを使って確認してみよう！

スクール開校に関するチェックシート

ここが重要

参入は簡単でもスクール経営にはしっかりした計画が必要

参入の壁が低く、気軽に始めることが可能なスクールビジネスですが、行き当たりばったりではなかなかうまくいきません。せっかく開校しても、すぐに立ち行かなくなってしまっては、通ってくる生徒にも迷惑をかけてしまいます。自分の向き不向きを知り、教室の場所や運営方法、開業資金準備、売り上げ目標など、開校する前にしっかりと計画を立てましょう。

Check1 □ **独自開校かフランチャイズ、どちらが合うか考えましたか?**

どちらがいいかというより、どちらが合うかという視点で考えましょう。

Check2 □ **教室は自宅か賃貸か決めましたか?**

自宅のマンションで開校する場合は、賃貸か持家かを問わず、「営利目的での使用が可能か?」を大家や管理組合などに確認する必要があります。賃貸の場合は、できるだけ1階で看板が取り付けられる部屋を選びましょう。

Check3 □ **開業資金は準備できましたか?**

初期費用と6カ月分の経費を自己資金、もしくは借り入れで調達できるかを目安にします。

Check4 □ **必要な備品は揃えましたか?**

固定電話、看板、パソコン、プリンター、ホワイトボード、CDプレーヤー、机、椅子、教材、教具、文房具など、必要なものをリストアップしましょう。

Check5 □ **スクール名は決まりましたか?**

難しい名称は避け、覚えやすいものにしましょう。

Check6 □ **スクールのコンセプトは決まりましたか?**

ただ「英語が好き」「子どもが好き」だけではインパクトがありません。教室のこだわりやポリシーを主張することが、他の教室との差別化につながります。

入会時の書類に関するチェックシート

ここが重要

受講規約のポイント―休講に関する事項

自然災害や交通機関のストライキなどに対して、スクールの判断基準や連絡方法について明記します。また休講した場合の、振り替えレッスンの有無、授業料の扱いなども決めておきましょう。加えて、レッスン調整日がわかるように、レッスンカレンダーなどを作成しておくのもいいでしょう。

受講規約のポイント―休会、退会に関する事項

スクールに連絡をもらう期限と、授業料や入会金、年会費などに関する対応について明記しましょう。第2章で紹介したサンプルの事項は、最低限必要と思われる項目です。この他、各スクールにて必要と思われる事項を盛り込んでください。

Check1 □ 入会申込書は作成していますか？

Check2 □ 入会申込書に必要な情報の項目はありますか？

Check3 □ 受講規約は作成していますか？

書類を作成していても、何年も同じものを使用していませんか？ 時代によって項目は変えたほうがいいこともあるので、作成しているからと安心せず、内容を見直してみましょう。

Check4 □ 受講規約にトラブルを未然に防ぐ事項が盛り込まれていますか？

特に「休退会に関する事項」や「授業料未納」「振り替えレッスン」などに関する事項は、後々トラブルのもとになりやすいので、確実に書面にしておきましょう。

Check5 □ 授業料は月謝制ですか？

Check6 □ 授業料は一括払いやチケット制ですか？

月謝制ではない語学スクール、学習塾、パソコンスクールの場合、契約期間、契約金額によって「特定継続的役務提供」にあたる可能性があります。その際は、「概要書面」および「契約書面」を作成することが、法律で決まっています。

例えば 私が作ったパンフレットです。２ページ目に、一目でクラスの特徴がわかるよう、キャッチフレーズとともに、臨場感のある写真を入れました。いちばん伝えたい授業料は、１ページ目に載せています。お客様からよく出る質問はＱ＆Ａ形式で紹介し、疑問点や不安などを少しでも解消してもらえるようにしています。また、スクールのイメージキャラクターを随所に登場させ、レッスンの楽しい雰囲気を伝えるようにしました。４ページ目には、当時15カ所あった教室の地図と住所、問い合わせ先などを掲載しています。

4

1

2

3

パンフレット作成に関するチェックシート

ここが重要

見栄えにもこだわり、きれいでわかりやすいパンフレットを！

　パンフレットは、スクールに興味を持ったお客様がじっくりと読むためのものです。お客様にいい印象を与えられるよう、紙質や印刷にもこだわりましょう。伝えたいことはポイントを絞って簡潔にまとめます。そして具体的なイメージが湧くように、写真やイラストも使用しましょう。

Check1 □ パンフレットは作成していますか?

新聞の折り込みやポスティング用のチラシとは別に、パンフレットを作成しましょう。

Check2 □ パンフレットの見栄えにもこだわっていますか?

お客様に安心感を与えられるようなパンフレット作りを心がけましょう。

Check3 □ 伝えたいことはポイントを絞りましたか?

何を伝えたいのかがわからないパンフレットでは、作る意味がありません。

Check4 □ パンフレットに教室やレッスンの写真を載せていますか?

写真はチラシやホームページでも使うことができるので、普段から撮っておくといいでしょう。ただし撮影や掲載に当たっては、生徒や保護者の許可が必要です。

Check5 □ パンフレットに生徒や保護者の声を紹介していますか?

生徒や保護者の声はリアリティのある推薦文になるので、できるだけ載せるようにしましょう。

Check6 □ パンフレットの色は決まっていますか?

ピンク…情熱・優雅・優しさ・芸術　ブルー…冷静・伝達・愛・理解力
イエロー…ユーモア・陽気・幸福　グリーン…平和・働き者・向上心
ホワイト…誠実・純粋・超自然
色のイメージは、上述のような印象を人に対して与えます。ちなみに、男性が経営する学習塾のチラシは、ほとんどがブルーを基本に構成されています。私の場合は、チラシはピンクとイエローのカラー用紙で作っていました。これは、対象の顧客が子どもであるため、意識的に優しい色を選んだからです。

Check7 □ 予算と期間は決まっていますか?

チラシやパンフレットに金額をたくさんかけることもできますが、金額をかければ必ずいいチラシやパンフレットになるわけではありません。いいチラシやパンフレットとはデザインがきれいなものではなく、問い合わせや入会につながるものがいいチラシやパンフレットなのです。

事業計画書と資金繰り表に関するチェックシート

ここが重要

5W2Hを考えて事業計画書と資金繰り表を作成してみよう

事業計画書と資金繰り表の作成は、それを専門にする仕事もあるくらいなので、自分で作ることは決して簡単ではありません。最初から精度の高いものを目指すのではなく、まずは作成してみて、スクール経営を客観的に見ることが大切です。このとき、以下のような「5W2H」をもとに考えるとわかりやすいでしょう。また、各地域の商工会議所や税理士、コンサルタントなどに相談することもできますが、自分のスクールの運営に関する計画書なので、すべてを人任せにせず、できるだけ自分でやってみましょう。

Why……開校の動機、スクール経営を続ける理由

What……商品・サービスの具体的な内容

Where（Whom）……対象となる市場や顧客について

When……商品・サービスを展開する時期、
いつ、どのくらいの資金や人材が必要になるのか？

Who……誰が商品やサービスを提供するのか？
また、どのような人材が必要になるか？

How to……お客様に支持してもらうためにはどうすればいいか？

How much……必要な資金と売上高・利益の目標

Check1 □ **スクールの1カ月の収入を把握していますか？**

生徒の人数により1カ月のスクールの売上高を計算します。

Check2 □ **家賃や人件費、水道光熱費など、毎月かかる固定経費を把握していますか？**

Check3 □ **宣伝広告費、印刷代など、売り上げに比例してかかる変動経費を把握していますか？**

普段から領収書やレシート、請求書などを、経費ごとに仕分けしましょう。

Check4 □ **5W2Hは明確ですか？**

Check5 □ **1年間の事業計画は決まっていますか？**

どう事業を展開すれば、業績が上がるのかが整理されます。是非、考えてみてください。

Check6 □ **事業計画書の根拠を説明することができますか？**

根拠には、漠然とした予定ではなく、予定の年月日や数値などをできるだけ具体的に書きましょう。

授業料に関するチェックシート

ここが重要

授業料は生徒集客の鍵。根拠や目的を明確にして決めよう

お客様がスクールで最初に目がいくのは授業料です。授業料は漠然と決めるのではなく、他のスクールのケースを調べ、同じくらいの額にしてスクールの特色を明確にアピールするか、利益を基準にして割り出すか、授業料を数通り設定するかなど方法を検討して、効果的に生徒を獲得できるような授業料を設定しましょう。

Check1 □ 授業料の設定根拠はありますか？

根拠なしに授業料を設定すると、後々スクールの運営に支障を来す可能性があります。

Check2 □ 授業料は近隣のスクールとあまり変わらない金額ですか？

他のスクールと授業料があまり変わらない場合、スクールの特徴をしっかりアピールする必要があります。

Check3 □ 授業料で他のスクールとの差別化を図っていますか？

授業料を安くするなどして差別化を図っている場合は、周辺のスクールの授業料を確実に把握しておくようにしましょう。

Check4 □ 他のスクールにはない強みがありますか？

強みは付加価値として、授業料に反映できます。できるだけ強みは持てるようにしましょう。

Check5 □ 授業料は数通り設定していますか？

授業料が数通り設定してあれば、より生徒を集めやすくなります。

Check1 □ **生徒はお客様であることを常に意識していますか?**
生徒には通っていただくという気持ちを忘れないようにしましょう。

Check2 □ **教室の掃除は行き届いていますか?**
乱雑な教室では、生徒も気持ちよくレッスンを受けることはできません。特に、トイレの掃除はしっかりと行い、清潔に保ちましょう。

Check3 □ **生徒達が楽しい気分になれるような配慮をしていますか?**
生徒が楽しい気持ちになり、学習意欲が湧くようなスクールにしましょう。

Check4 □ **その日の体調や気持ちでレッスンにばらつきが出ていませんか?**
生徒には講師の体調やモチベーションを意識させてはいけません。

Check5 □ **常に新しい情報を収集していますか?**
情報を知っているのと知らないのとでは、大きな差が出ます。また情報があっても、活かす努力をしなければ意味がありません。

選ばれるスクールになるためのチェックシート

ここが重要

選ばれるスクールになるための３つのポイント

ポイントを押さえて、生徒に選ばれるスクールを目指しましょう。
①お客様が喜んで通いたくなるスクール作りを心がける、②いつでも安定したレベルのレッスンを提供する、③情報収集をしてスクール運営に役立てる。

選ばれるスクールになるためのワンランク上のヒント

✱自分のスクールの強みを知る

「強み」はスクールの売りです。他のスクールが多数存在する中で、自分のスクールに入会してもらうには、「入会することによってどんな効果やメリット、楽しいことがあるのか」を明確に訴える必要があります。強みを知れば、他のスクールとの差別化も図りやすくなり、自ずとお客様に選ばれるようになります。

✱お客様の要求に合うレッスンを用意する

自分がやりたいレッスンではなく、お客様がどのようなレッスンを必要としているのかを見極め、具体化します。レッスンの開発に当たっては、他のスクールの真似をせず、生徒の要求をダイレクトにキャッチして、反映させられるようにしましょう。

✱生徒を集める技術を複数持つ

選ばれないスクールには、「新規客を集める技術がない」という共通点があります。新しい生徒の獲得に、既存の生徒の紹介を見込むスクールも多いですが、広告を出したり、ホームページを作ったりして、複数の手段を活用しましょう。

✱スクールのＰＲをしっかり行う

人は情報が多ければ多いほど、安心して意思決定しやすいといわれています。レッスン内容がよくても、お客様の知りたい情報を的確に伝えられないと、入会の決定に至らない場合もあります。信頼され入会に結びつくようなＰＲを心がけましょう。

✱既存の生徒の管理やケアも忘れずに

新規の生徒を集めることに集中しすぎると、既存の生徒のケアがおろそかになりがちです。在籍する生徒が満足して通えなければ、新規の生徒にとっても魅力のあるスクールとはいえません。

クレーム対応のチェックシート

ここが重要

クレームが出たときこそ、お客様である生徒や保護者との信頼関係を築くチャンス

クレームが出ると、生徒からの信頼を失ってしまい、退会やスクールのよくない評判につながります。スクールビジネスを行っている以上、「クレーム＝イヤな意見」と考えるのではなく、「クレーム＝お客様の声」と考え、誠心誠意対応していきましょう。クレームが出たときこそ、お客様である生徒や保護者との信頼関係を築くチャンスだと考えてください。またクレームが発生した場合は、必ずその内容と対応方法を記録して、残しておくことをお勧めします。

Check1 □ **教室近隣に車を停車できる場所はありますか?**
Check2 □ **駐輪場の場所は確保していますか?**
Check3 □ **駐輪場は何台まで駐輪が可能ですか?**
Check4 □ **保護者に送迎の際に注意してほしいことを伝えていますか?**
Check5 □ **教室が2階以上の場合、騒音など下の階への配慮はできていますか?**
Check6 □ **防音に対する取り組みを何かしていますか?**
Check7 □ **振り替えレッスンを受けられるようにしている場合は、振り替えのレッスンが受けられそうなクラスを他に設けているか、または振り替えが可能な時間帯はありますか?**
Check8 □ **教室管理運営上、生徒の数を常に把握していますか?**
Check9 □ **生徒管理が煩雑にならないように注意していますか?**
Check10 □ **授業料の回収に時間を取られすぎないようにしていますか?**
Check11 □ **今まで受けたクレームへの対応策はまとめていますか?**

11個のチェック項目、すべてにチェックが当てはまる場合は、あなたのクレーム対応は完璧です。1つでも当てはまらない項目があった場合は、クレーム対策を速やかに立てましょう。

クレームチェックは一度で終わりにしない

クレームチェックは一度で終わりにせず、半年や1年に一度、生徒数が多くなったときなど、定期的にチェックしましょう。

さらに、あなたのスクールをよく知っている人に、このクレームチェックシートを使ってチェックしてもらい、客観的な評価を得ることも大切です。自分では対応しているつもりでも、大切な部分を見逃している場合があるからです。

また、誰でもクレームを受ければいやな気分になるものです。まして自分なりに一生懸命に取り組んでいるときに、クレームが来ると、気分も落ち込むでしょう。ではクレームが来なければ、万事うまく運営されているのでしょうか？　答えはノーです。不満を抱えたまま、クレームをつけずに、スクールをやめていく生徒や保護者もいます。それでは遅いので、日ごろから常に客観的に、お客様の立場になって自分のスクールを見る目が必要になります。

体験レッスンに関するチェックシート

ここが重要

問い合わせから体験レッスンの参加につなげ、入会率アップを図る

入会率を上げるためには、体験レッスンの参加率を上げなければなりません。そのためには、ただ体験レッスンの質を上げればいいというわけではなく、その前段階の問い合わせからが重要です。問い合わせが来たら、確実に体験レッスンに来てもらえるような対応を心がけましょう。

体験レッスン当日は、説明用のバインダーやパンフレット、アンケートなどを用意し、クロージングでうまく活用すると入会率もアップします。

Check1 □ **体験レッスンの参加率を把握していますか？**
参加率が悪いときは理由を考え、今後の対策を検討します。

Check2 □ **体験レッスンの日時設定をお客様任せにしていませんか？**
Check3 □ **体験レッスンの日時は、問い合わせ日を含めて3日以内に設定していますか？**
お客様の都合に合わせて体験レッスン日を決めようとすると、レッスン日までの期間が開いてしまう可能性があります。必ずスクール側から特定の日時を２、３日告げ、お客様に選んでもらいましょう。

Check4 □ **体験レッスンの参加人数を決めていますか？**
体験レッスンの人数は在籍している生徒を考慮して決めましょう。

Check5 □ **体験レッスンの際、参加者にはレッスン開始時間より早めに来てもらっていますか？**
体験レッスンの子をいきなりクラスの中に入れると、緊張して固まってしまうことがあるので、必ずレッスン前に話しをして安心感を与えましょう。

Check6 □ **体験レッスン中に体験レッスンを受けているお子さまの名前を呼んでいますか？（子ども対象の場合）**
参加者が複数いて名前を覚えにくい場合は、名札をつけるといいでしょう。

退会理由に対するトークとは？

✱子ども英会話スクール編

お客様から退会希望が出た場合、保護者と話しをする前に、退会理由をおおまかでも把握しておく必要があります。それは理由ごとにトーク内容が異なるからです。

たとえば、「子どもが教室に行きたがらない」という理由であれば、レッスンがおもしろくないのか、それともクラス編成に問題があるのかを考えます。また交通手段や時間などが問題の場合は、英語学習を継続する重要性について話をします。

✱退会防止のトーク例

お客様

子どもがレッスンについていけないので、
教室に行きたくないと言っています。

スクール側

レッスン状況を一度確認して、レッスン内容が難しいようであれば、
レベルに合ったクラスへの変更を検討させてください。
もう一度、お子さまを教室に連れて来ていただけますか？

お客様

成果がなかなか見えないので
退会させたいです。

スクール側

英語を聞き取る力も話す力もつき始めていますし、何より
お子さまも英語に対する興味が出てきています。
一度、お子さまがどのようにレッスンへ参加されているかを
ご覧になれば、その成果をご確認いただけると思います。
それからご判断いただけませんか？

退会防止策に関するチェックシート

ここが重要

いつもお客様に必要と思われるスクール作りを

お客様が退会したいということは、理由はともあれ、スクールに通う必要性を感じなくなったということです。お客様にとって、スクールに通うことは義務ではありません。必要ないと思えば退会します。そして退会を決めてからでは、スクールに残るよう説得することは困難です。そのため、お客様に「退会したい」と思われないように、日ごろからどうすればいいかを考え、退会防止策を巡らしておくことが重要になります。

生徒が自発的にレッスンに来たがるように働きかけるのはもちろん、保護者にもレッスンの楽しさや重要性を認識してもらうように務めましょう。発表会やイベントの開催、英会話スクールであれば英語検定試験なども、モチベーションアップにつながります。

Check1 □ 生徒がレッスンを欠席した際のフォロー体制はできていますか？
レッスン内容などを知らせるとともに、欠席理由も確認しておきましょう。

Check2 □ 出席カードなどを作成していますか？
Check3 □ 子どもが続ける意欲を持てるような工夫をしていますか？（子どもが対象の場合）
本人が続ける意欲を持てるような工夫をしていますか？（大人が対象の場合）
出席カードにシールやスタンプがもらえるというだけでも、子どもはうれしいものです。皆勤賞などを設定するのもいいでしょう。

Check4 □ 保護者に子どもの成果を見せる機会はありますか？（子どもが対象の場合）
自分の成果がわかるような機会はありますか？（大人が対象の場合）
発表会や英語検定試験などの目標があれば、保護者の意識も高まります。

Check5 □ レッスン参観や個人面談は行っていますか？（子どもが対象の場合）
子どもや保護者の気持ちを把握するためにも必要です。

Check6 □ 退会理由を把握していますか？（生徒が退会を望んだ場合）
理由を把握していなければ、対策も取れません。

Check7 □ スクールの退会率を把握していますか？
退会率が不明では退会を抑える目標が立てにくく、対策もうまくいきません。

著者紹介

佐藤　仁（さとう・ひとし）

スクールコンサルタント

大学卒業後、名古屋が本社の中部地区最大手英会話教室に入社。経理・財務担当役員、営業本部長を兼務。最盛期2万5000名以上の生徒管理システムなどを作り上げ、中部地区最大規模の子ども英会話教室にする。2003年、同社の子会社を設立して代表取締役に就任。東海・北陸地区にて2年間で30教室6,500名の生徒を集め、単月黒字化を達成。

その後スクールコンサルタントとして独立し、個人経営スクール、中小企業、上場企業が経営する各種スクールの教室立ち上げから生徒募集、退会防止、外国人採用、資金相談まで多岐にわたる指導・アドバイスを行い、80%以上の高確率でクライアントを成功に導いている。アルク発行の雑誌『子ども英語』、音楽之友社発行の雑誌『ムジカノーヴァ』をはじめ、さまざまな業界紙にて執筆・連載を行い、ベネッセコーポレーション、アルク、茅ヶ崎方式英語会でのセミナー実績がある。

弁護士、司法書士、税理士、社会保険労務士、行政書士が集うコンサルティング会社に経営コンサルタントとして参画し、法律、税務、労務面からのサポートも行っている。

■ホームページ「スクールコンサルタント佐藤仁公式サイト」
http://www.no-border.com/

■メールマガジン
http://i-magazine.jp/bm/p/f/tf.php?id=pi0901

■コミュニティ「キッズ英語教師」
http://mixi.jp/view_community.pl?id=509276

■Twitter
http://twitter.com/hitoshisato

■Facebook
http://www.facebook.com/hitoshi.sato.121

■メールアドレス
info@no-border.com

カバーデザイン
一瀬錠二（Art of NOISE）

本文デザイン+レイアウト
矢野のり子+島津デザイン事務所

本書の内容に関するご質問は封書もしくはFAXでお願いいたします。
弊社のウェブサイト上にも質問用のフォームを用意しております。

〒162-0846
東京都新宿区市谷左内町21-13
(株)技術評論社　書籍編集部
『生徒に恵まれるスクール＆教室開業・経営バイブル』質問係
FAX　03-3513-6181
Web　https://gihyo.jp/book/2015/978-4-7741-7645-1

生徒《せいと》に恵《めぐ》まれるスクール&教室《アンドきょうしつ》
開業《かいぎょう》・経営《けいえい》バイブル

2015年10月31日　初版　第1刷発行
2025年　5月16日　初版　第3刷発行

著　者　　佐藤《さとう》　仁《ひとし》
発行者　　片岡 巌
発行所　　株式会社技術評論社
東京都新宿区市谷左内町21-13
電話　03-3513-6150　販売促進部
03-3513-6185　書籍編集部
印刷／製本　港北メディアサービス株式会社

定価はカバーに表示してあります。

造本には細心の注意を払っておりますが、万一、乱丁（ページの乱れ）や落丁（ページの抜け）がございましたら、小社販売促進部までお送りください。送料小社負担にてお取り替えいたします。

ISBN978-4-7741-7645-1 C2034
Printed in Japan

スクールコンサルタント

佐藤仁の好評既刊

現役経営者・開業希望者に読み継がれるロングセラー

生徒集客なら
この1冊で決まり！

選ばれるための
戦略＆戦術！

生徒がやめない
スクールが
やっていること！

スクール&教室運営のための
「生徒集客バイブル」

佐藤 仁・著

A5判・272頁 本体2,380円+税